国家出版基金项目
“十三五”国家重点出版物出版规划项目
安徽省文化强省建设专项资金项目

高尔基传

Горький

[苏联] 格鲁兹杰夫◎著
力冈 济凯◎译

安徽师范大学出版社
·芜湖·

图书在版编目(CIP)数据

高尔基传 / (苏) 格鲁兹杰夫著; 力冈, 济凯译. — 芜湖: 安徽师范大学出版社, 2018.1

(力冈译文全集;2)

ISBN 978-7-5676-3279-0

Ⅰ. ①高… Ⅱ. ①格… ②力… ③济… Ⅲ. ①高尔基(Gorky, Maxim 1868—1936) - 传记 Ⅳ.①K835.125.6

中国版本图书馆CIP数据核字(2017)第258884号

高尔基传　　[苏联]格鲁兹杰夫◎著　力　冈　济　凯◎译

GAO'ERJI ZHUAN

责任编辑: 王一澜

装帧设计: 刘　畅　桑国磊

出版发行: 安徽师范大学出版社

芜湖市九华南路189号安徽师范大学花津校区

网　　址: http://www.ahnupress.com/

发 行 部: 0553-3883578　5910327　5910310(传真)

印　　刷: 浙江新华数码印务有限公司

版　　次: 2018年1月第1版

印　　次: 2018年1月第1次印刷

规　　格: 880 mm×1230 mm　1/32

印　　张: 13.25

字　　数: 313千字

书　　号: ISBN 978-7-5676-3279-0

定　　价: 82.00元

力冈先生文学翻译的历史意义

——序《力冈译文全集》

刘文飞
中国俄罗斯文学研究会会长

在力冈先生诞辰91周年的今天，在力冈先生去世20年后的当下，在洋洋19卷23册的《力冈译文全集》面世的此刻，我们终于可以试着归纳一下他的文学翻译所具有的历史意义了。

一

力冈先生的文学翻译苦行僧形象是具有典型意义和感召力量的，这是中国老一辈俄苏文学翻译家留下的一个苍凉背影，也是他们为自己建起的一座“非人工的纪念碑”。翻译是一项苦差事，是需要坐冷板凳的，是一项付出和回报往往不成正比的工作，是一种注定要与孤独和寂寞为伴的工作。文学翻译至少需要出色地掌握两种语言，而好的外语或许能让人找到另外一种更为轻松、更有利可图的工作，好的翻译家若用其母语来进行创作，大约自己也能写出像样的文学作品来。可是，文学翻译似乎像电子游戏、像吸食鸦片一样是一种能让人上瘾的事情，一旦上手，一旦品味到其中的甘苦，往往便欲罢不能。始自玄奘的翻译姿态和翻译精神，似乎成了中国一代又一代译者的宿命，即专注和吃苦，苦修和执着。

力冈先生1926年生于山东乡间，自幼失去母亲，生活贫苦，到他上中学时，家乡被日寇占领，他流亡河南、甘肃、陕西等地。1950年，他考入哈尔滨外国语专门学校俄语专业，毕业后志愿来到安徽师范大学任教，不久就开始了文学翻译工作，陆续在报刊上发表一些短篇译作，至1956年，他的单行本译作《里雅希柯小说集》已由上海新文艺出版社推出。然而次年，他便在反右运动中蒙冤，被开除公职，押往新生耐火材料厂劳教。1960年7月，他因“劳动表现突出”被摘掉右派帽子，重返学校，他在教学之余立即重拾译笔，在短短数月间便译出苏联作家艾特马托夫的中篇小说《查密莉雅》，这篇译作在《世界文学》杂志1961年第10期刊出，引起轰动，“力冈”这一译家大名从此进入人们的视野。就在力冈先生准备大展宏图、施展拳脚的时候，“文化大革命”却突如其来，1968年，他再度被逐出校园，下放至宣城地区新田公社劳动改造，直到“文革”结束后的1978年方得以重返讲台，此时他已过天命之年，用他自己的话说就是：“噩梦醒来，已是人生的黄昏。”文学翻译需要天赋，但也是一种力气活，在对于一位翻译家而言的黄金时期，即30—50岁，力冈先生却两度蒙冤，两度再拾译笔，重新开始，这需要何等的勇气和坚韧！他两落三起的翻译经历，几乎就是20世纪五六十年代中国的俄苏文学翻译家们跌宕起伏的人生经历的缩影，就是那一时代中国知识分子命运的象征。令人惊讶的是，重返译坛的力冈先生以超乎常人的工作激情和翻译速度，在1978年后的20年间陆续出版20余部译著，平均每年一部，总字数达700余万。在20世纪80年代，最初几部译著的出版使力冈先生挣到了以当时标准看相当不菲的稿酬，甚至成为所谓“万元户”，但他似乎无暇也无意去享受自己的劳动成果，依然粗茶淡饭，素衣裹身，与此同时却以更大的热情继续译事，终日伏案，不懈地爬格子。1997年2月，力冈先生因肝癌病在芜湖弋矶山医院逝世，据家人说，他在生命的最后时刻仍在念叨着未译完的最后一部译作《罪与罚》。我们或许可以说，他是被文学翻译累死的；我们肯定可以说，文学翻译是他最为看重的毕生事业。

力冈先生少年时四处漂泊，中年时命运多舛，老年时病魔缠身，他的一生似乎都不是给最需要安宁和平静的翻译家所准备的；力冈先生的职业是教师，他偏居小城，又不善交际，这些似乎都不构成他迅速成长为一位全国著名翻译家的前提条件。但是，正如吴笛教授在他纪念力冈先生的文章中所言：“他的一生就是用出人意料的成就表现了悲怆的境界。面对种种意想不到的遭遇和不公，他并没有沉沦，也没有片面地记恨，而是在艰难的岁月中怀着对人性的憧憬，将厄运升华为创作的动力，在逆境中不忘呼唤人性和仁爱，将种种遭遇视为生命中的财富，在悲怆的境界中抒写诗意人生，毫不气馁地追求生命的意义，在自己所献身的俄罗斯文学翻译事业中，做出了杰出的贡献。”

普希金说过：“译者是文明的驿马。”笔者曾对此说法加以引申：“如果说广义的译者是文明的驿马，那么专事文学翻译的人士便是‘文学的驿马’了。凑巧的是，在汉语中，译者的‘译’和驿马的‘驿’不仅同音，而且在词源、词形和词义上也很相近，区别似乎仅在于后者为‘马儿’而前者是‘文人’（言者）。……用在驿站间往复奔波的马儿来形容译者，每个有过译事经验的人大约都能在这个比喻中品味出某种艰苦和辛酸，甚至是束缚和无奈。……既要有出众的能力还要有忍辱负重的秉性，日复一日的奔波只能换得微薄的粮草，还得时刻提防路途中遍布的坑洼和沼泽，能善此业者非驿马莫属也。”力冈先生就是这样一匹忍辱负重、砥砺前行的“文学的驿马”。力冈先生以他的作为告诉我们，文学翻译是一项可以托付终生的事业，是一种富有意义的存在方式；力冈先生及其文学翻译活动是一种燃烧生命的举动，一个与命运抗争的典范，同时是他的翻译意志奏出的一曲凯歌。

二

力冈先生是在中国改革开放的热潮中展开他最积极的翻译活动的，他的大部分译作出版于20世纪80年代。浏览一下力冈先生的译作书目，可以发现出版于80年代的译著有十余部之多，计有格鲁兹杰夫的《高尔基传》（与济凯合译，江西人民出版社1980年版）、冈察尔的《爱的归宿》（安徽人民出版社1983年版）、巴巴耶夫斯基的《野茫茫》（浙江文艺出版社1983年版）、艾特马托夫的《白轮船》（外国文学出版社1984年版）、阿列克谢耶夫的《儿时伙伴》（山东文艺出版社1984年版）、波利亚科夫的《别林斯基传》（黑龙江人民出版社1985年版）、普希金的《暴风雪》（春风文艺出版社1985年版）、肖洛霍夫的《静静的顿河》（漓江出版社1986年版）、帕斯捷尔纳克的《日瓦戈医生》（与冀刚合译，漓江出版社1986年版）、帕斯捷尔纳克的《含泪的圆舞曲——帕斯捷尔纳克诗选》(与吴笛合译,浙江文艺出版社1988年版)、卡里姆的《悠悠儿时情》(安徽文艺出版社1989年版)和格罗斯曼的《风雨人生》(漓江出版社1991年版)等。从这个目录还可以看出,力冈这一时期的译作总体上以苏联当代文学作品为主要翻译对象。

20世纪80年代是中国当代史上的一个特殊时期,那是一个文化转型期,甚至可以说是中国现当代的一场文艺复兴,是一个文化觉醒的黄金时期。在那场汹涌壮阔的思想解放运动中,在整个改革开放后中国当代文化的建构过程中,对外国文学和外国文化的翻译和介绍起到了无可替代的重要作用,中国当今的现代化,从某种意义上说就是一种"被翻译过来的现代化"。那是一个文学的时代,也是一个翻译文学的时代;那是一个开放的时代,更是一个对外国优秀文学和文化开放的时代,在精神上饥寒交迫的国人首度面对外国文学的盛宴,饕餮之余,最应该感谢的就是那一时代的翻译家。在中国改革开放后出现的外国文学翻译热潮中,俄苏文学也是重要的译介对象之一,力冈先生的译著也和其他众多翻译作品一样,是对改革事业的添砖加瓦,是为思想解放运动注入的燃料,对当时中国社会的文化重建、国民文化性格的重塑起到了重要作用。

中国的俄国文学翻译始自19世纪末,在五四时期出现第一个高潮,如今人们在探讨五四运动的起因时,常将俄国的文学与德国的马克思主义和法国的启蒙思想并列为三大思想资源,由此不难看出俄国文学在当时中国社会所发挥的强大思想作用。后来,在抗日战争时期,在新中国成立之后的50—60年代,俄苏文学再度发挥“军火”和“样板”功能，而在改革开放时期，包括俄苏文学在内的外国文学，又一次成为国人解放思想、放眼世界的意识形态工具和思想武器。如果说，鲁迅那一代翻译家是“给起义的奴隶偷运军火”的人，那么，改革开放时期的这一代中国翻译家同样是为国人“盗火”的普罗米修斯，功莫大焉，没有包括力冈先生在内的这一代翻译家的辛勤工作，国人的思想解放就是难以想象的。如果我们把出生在19、20世纪之交的翻译家如鲁迅、瞿秋白、蒋光慈、茅盾、巴金、耿济之等视为中国第一代俄国文学翻译家，那么20世纪第一个十年前后出生的姜椿芳、曹靖华、戈宝权、查良铮、汝龙、满涛、叶水夫等就是第二代，而力冈以及去年去世的草婴和刚刚去世的高莽等人则构成中国的俄国文学翻译家的第三代方阵，这一代翻译家同样以自己的辛勤努力为中国的思想启蒙和文化构建做出了历史性的贡献。

中国第三代俄国文学翻译家的工作也对当代中国文学的发展进程产生了深远影响。在20世纪80年代初起，俄苏文学在中国的译介出现一个“井喷”现象，十余年间，全国近百家出版社先后出版的俄苏文学作品多达近万种，在译作的种类和印数上，可能要高出此前所有同类出版物的总和。在这样一种铺天盖地的外国文学译介热潮中，受益的不仅仅是中国的读者，自然也包括中国的作家。王蒙在他的《青春祭》（作家出版社2006年版）一书中写道：“我们这一代中国作家中的许多人，特别是我自己，从不讳言苏联文学的影响。是爱伦堡的《谈谈作家的工作》在50年代初期诱引我走上写作之途。是安东诺夫的《第一个职务》与纳吉宾的《冬天的橡树》照耀着我的短篇小说创作。是法捷耶夫的《青年近卫军》帮助我去挖掘新生活带来的新的精神世界之美。在张洁、蒋子龙、李国文、从维熙、茹志鹃、张贤亮、杜鹏程、王汶石直到铁凝和张承志的作品中，都不难看到苏联文学的影响。张贤亮的《肖尔布拉克》、张承志的《黑骏马》以及蒋子龙的某些小说都曾被人具体地指认出苏联的某部对应的文学作品；这里，与其说是作者一定受到了某部作品的直接启发，不如说是整个苏联文学的思路与情调、氛围的强大影响力在我们的身上屡屡开花结果。”这里提到的张承志，就对力冈先生的译作赞不绝口，曾感慨：“我恨不得倒背如流！”由此不难窥见力冈先生的译作对改革开放时期中国作家产生的影响。

三

1984年，漓江出版社推出力冈先生重译的《静静的顿河》，这是新时期名著重译的第一部，而自90年代起，力冈先生更将名著重译当成首要任务，相继重译了多部俄国文学经典，如托尔斯泰的《复活》（译林出版社1992年版）和《安娜·卡列尼娜》（浙江文艺出版社1992年版）、屠格涅夫的《猎人笔记》（河北教育出版社1994年版）、莱蒙托夫的《当代英雄》（河北教育出版社1994年版）等，他作为翻译家的最后一项工作，就是重译陀思妥耶夫斯基的《罪与罚》。力冈先生是俄国文学经典著作重译的倡导者和先行者之一，他几乎将他翻译艺术炉火纯青的最后十年都用在了名著重译上。

文学名著重译始终是译界的一个有趣话题。中外文学史上的名作原著，无论出现在什么时代，一代又一代读者捧读的均为同一个文本，而文学名著的译本，即便是著名的译本，却常常会随着时间的推移而“衰老”，会被所谓“新译”所取代。日本著名斯拉夫学者、契诃夫的日译者沼野充义有一次曾对笔者说，被译成日语的契诃夫作品每20—25年便要新译一次，以适应新一代的读者。他的话让笔者大吃一惊，可转而一想，外国文学作品的汉译其实也有着大致相同的命运，尽管其存活期未必一定就是20—25年。汉语文学中的原创名著，如唐诗宋词元曲，如《三国演义》《水浒》《西游记》《红楼梦》，自然在任何时代都不需要也不允许做任何文字加工，可汉语文学中的翻译名著，即便是近现代翻译大家们的著名译作，如严复译的《天演论》、林纾和魏易译的《黑奴吁天录》、鲁迅译的《死魂灵》等，如今也会让人觉得不无“过时”之感，至少会让当下的读者阅读不畅。也就是说，文学名著是永恒的，不朽的，它们的译作却是相对短命的。笔者曾在一篇文章中对名著重译现象作过一番思考：首先，从读者方面看，读者为什么会在面对原作和译著时持有不同的阅读态度呢？他们对于原作和译作这种不同的阅读取舍究竟源自何种阅读心理呢？这种厚此薄彼的取向究竟是先天的还是后天的，是产生在翻译活动出现之后还是之前，这种倾向与文学名著重译这两者之间究竟存在着什么样的互动关系呢？其次，从译者的角度看，在进行重译和新译时究竟该如何面对已有的译作，尤其是已有的优秀译作，是刻意回避，还是尽量汲取原有译作的经验和精髓呢？如果对原有译作尤其是名译作的经验和精髓有所汲取，又该如何避免抄袭的嫌疑和版权的纠纷呢？如果对前辈翻译家宝贵的翻译经验视而不见，每位新译者均另起炉灶，真的能做到青出于蓝吗？如果新译在翻译质量上无法与旧译比肩，甚至不如旧译，那么重译的意义和价值又何在呢？最后，从翻译实践活动自身来看，用16、17世纪的汉语去翻译莎士比亚当然是可笑的，但是，用21世纪的汉语网络语言去翻译莎士比亚就一定具有历史的必然性和合理性吗？不断地重译、新译，会在多大程度上减少或抹去原作的时代感和历史感，把每一部新译作都作为当下的作品来读，是不是一种最大程度的误读呢？

力冈先生在进行文学名著的重译时，不知是否也曾遭遇此类问题，但他在晚年义无反顾地执着于重译，一定是一种有意识的抉择。我们猜度，他在他翻译事业的黄金时段做出这一重大转向，可能有如下几种原因：首先，他觉得在他之前的译本还有继续加工的余地，还有再度提升的空间。力冈先生重译的这几部俄国文学名著在他之前早已有过出自名家的名译，它们是不止一代中国读者捧读的对象，但力冈先生却不畏权威，另辟蹊径，公开与多位前辈翻译大家打擂台，这或许是力冈先生个人性格的一种显现，但他敢于“叫板”，无疑因为他自信他可以比之前的译著译得更好，或至少能译出他自己与众不同的特色。其次，在译出十多本书后，作为一名富有经验的翻译家，力冈先生大约也会产生出如何超越自己的问题，重译名著，既可以与前辈译家一较高低，同时也能时刻与俄国文学史上的名著及其作者进行跨越时空的深度交流，这无疑是一种更富有挑战也更富有趣味的工作。最后，名著之所以成为名著，就因为它们往往具有更为完满的艺术价值和更为恒久的艺术生命，翻译这样的作品，无疑更能呼应社会的阅读需求，赢得更大的社会意义。

力冈先生晚年重译的多部名著如今仍在一次又一次地再版，这说明力冈重译的俄国文学经典具有长久的生命力，也说明他当年重译名著的抉择是正确的。一位翻译家，只要他的译作还能出版，还能被人阅读，这位翻译家就还活着，好的译作就是译者的生命之延续。从更为广泛的意义上说，力冈先生是我国改革开放之后名著重译之风的倡导者之一，而名著重译，对于深化我们对外国文学经典的理解和认识、对于发展我们的翻译实践和理论而言，都是极具历史意义的。

四

力冈先生是一位翻译家，也是一位大学老师，教书育人是他的本业。作为恢复高考后步入安徽师大外语系俄语专业的20名学生之一，笔者有幸受教于王老师(力冈本名王桂荣，我们当时都称他“王老师”)。记得先生1978年从插队的宣城乡村回到安徽师大后，不久就开始给我们授课，他教的是“文学选读课”。先生是一个颇为“另类”的老师：他上课不用现成的教材，没有固定的教案，就以他当时正在进行的翻译工作为授课内容；他在教室里不来回走动，几乎不做板书，仅端坐讲台，摊开那本他正在翻译的原著，一旁摆着一摞他最新出炉的译稿，按部就班、一句一句对照着讲下去。对文学没有兴趣、对文学翻译没有兴趣的学生，听这样的课或许会感到无味，当时王老师课的课堂气氛也的确有些沉闷单调，但王老师并不在意，只管自顾自地讲下去，他会讲他为什么要这样译，讲到兴奋处，他会突然提高嗓门，用带有山东腔的口音高声朗读他最得意的译文段落，读完后，他会抬起眼睛，久久地盯着天花板，似在掩饰眼里涌出的泪水。记得是在讲解《当代英雄》时，他时时指出其他译者，甚至是非常著名的翻译家的错误，并向我们分析这些错误之所以出现的可能的原因，他也时常让我们在他的译文中“挑错”或为他的译文“润色”，如果我们偶有所得，他往往显得比我们还要高兴。与王老师的文学选读课构成呼应的，是我们在大三时学的翻译课，翻译课教师张本桂先生常常给我们一些原文片段，让我们动手翻译，并在下一次翻译课上让译文出色的同学朗诵其译文，并对他认为好的译文再逐字推敲。正是在力冈先生以及张本桂先生和其他老师的精心培养下，安徽师大俄语专业涌现出一大批俄罗斯语言文学专业的人才，其中多位如今已成为国内知名的翻译家，有译著面世的人更多达十余位，如吴笛、张杰、周启超、吴嘉佑、冯华英、朱少华、陈建硕和刘文飞等。名不见经传的安徽师大俄语专业，在短短二三十年间居然成为中国的俄语文学翻译家的摇篮，王老师在天之灵也会因此而深感欣慰！

我们这个俄国文学译者群体的崛起，在很大程度上要归功于力冈先生及其同事们的言传身教。首先，他在课堂上逐字逐句的中俄文对照讲解，他关于译者甘苦的诉说，对于有志于文学翻译的学生而言弥足珍贵，这其实就是一个文学翻译的工作坊和实验室，让我们当年在初步掌握俄语后不久便接触到了俄语翻译的真谛，亲眼目睹了一位翻译家的工作过程和工作方式。其次，他既与我们分享他的翻译过程，也与我们分享他的翻译收获，记得我们在校时，他和济凯先生合译的《高尔基传》已经出版（江西人民出版社1980年版），他送给全班同学每人一本译著，并用规整的笔迹在扉页上题字签名，不难想象，我们接到这样的馈赠时会多么激动，同时也会觉得译书和出书不再是一件遥不可及的事情。最后，他以他的翻译行为和翻译意志告诉我们大家，庙小并不妨碍念经，更不妨碍修身。他在翻译课上不畏权威，真诚地点出翻译名家们的长处和短处，让我们较早地感受到某种翻译民主精神，并从而确立自己的翻译人格。在他之前的大翻译家往往都生活和工作在大城市，而他在成名后却安居小城，潜心译事，他的存在方式构成一种垂范和激励，使我们很早就意识到，一位翻译家原本可以在任何环境里成长和工作。力冈先生作为一位翻译家的作为和风骨，为他的学生们树立起一个光辉的榜样。

五

力冈的文学翻译有着其鲜明独特的文字风格。译者作为一部作品中的“被动创作者”，究竟应不应该体现其风格，这也是翻译学中一个争论已久的问题，一个见仁见智的问题，有人认为，译者的责任就在于原封不动地传导原作的风格，而不能擅自发挥，喧宾夺主。但是，译作毕竟是由译者用另一种语言进行的文学再创作，译者个人的修辞习惯和语言风格不可避免地会在其译作中得到体现，也就是说，所谓“译者风格”实际上是难以避免的。在这种情况下，如何让译者的风格与作者的风格相互接近、相互吻合，往往就成了决定译作成败的关键因素之一。译者无法在作品的风格范畴里肆意妄为，但译者毕竟有权利选择与自己相近的原著，或者说，选择自己较容易处理的翻译对象，或者说，在一部作品的翻译过程中更注重在自己的风格较易发挥的地方施展拳脚。原作风格和译者风格的吻合虽是一个可遇不可求的事情，但一旦相遇，便是译者的幸事，也是原作者的幸事，更是读者的幸事。

在力冈先生的译著中，较之于人物对话和心理描写，大段落的抒情和大场面的写景似乎得到了译者更为精心的处置，他往往能借助这些段落营造出一种悲凉壮阔、哀婉抒情的氛围，更确切地说，他往往能细腻精准地传导出原作中的此种氛围。力冈先生钟情于这样的段落，钟情于这种文学氛围的营造和传导，无疑与他饱经沧桑的生活经历相关，也是他既刚正不阿又侠骨柔情的性格使然，更是他的审美趣味和文字风格的要求。他的几部译著在书名翻译上的处理，就在一定程度上体现了他的这一追求。巴巴耶夫斯基的小说原名 ***Приволье***，这是一个很“地道”的俄语单词，意为“广阔的地方”“无拘无束”等，力冈成功地将其译成《野茫茫》，这个译名既契合小说描写苏联斯塔夫罗波尔草原地区生活的主题，也暗含着我国著名的北朝民歌《敕勒歌》所具有的苍茫壮阔的抒情力量。卡里姆的小说原题 ***Долгое-долгое детство***，力冈先生最初发表在《世界文学》上的译文题为《漫长漫长的童年》，后来出版单行本时，他将书名改为《悠悠儿时情》，

“漫长漫长的”和“悠悠”这两种均使用了叠词的译法都是对原文题目中的修辞手法和诗意情绪的准确再现，但“悠悠”较之“漫长漫长的”似乎更符合中文习惯，再加上之后的“儿时情”，无疑更有抒情味。冈察尔的小说 *Берег любви* 通常被译为《爱的彼岸》或《爱之岸》，力冈先生却译为《爱的归宿》，译者似乎也是在有意地“拓展”作为小说描写对象的爱情的辐射范围。力冈最重要的译作之一《生活与命运》最初的译名是《风雨人生》，力冈是在20世纪80年代末结束此书的翻译的，想必他在译完这部作品时，回顾自己和社会遭遇的种种磨难，不禁百感交集，故将格罗斯曼的原书名 *Жизни и судьба* 译成《风雨人生》。需要说明的是，在广西师范大学出版社不久前再版力冈先生的这部译著时，笔者建议将译著的书名改为《生活与命运》，因为这部小说如今已与托尔斯泰的《战争与和平》并列，而作者格罗斯曼在为这部小说取名时也的确是对托尔斯泰那部史诗的有意模仿，“生活与命运”和“战争与和平”，都是对人类生活最高程度的归纳和概括。

我们或许可以将力冈先生的文学翻译风格概括为“大气的诗意”或“壮阔的悲凉”，即一种融悲剧与抒情于一炉、广阔的画面感与内在的节奏感相互呼应、一气呵成的连贯调性和力透纸背的史诗感相映成趣的译文风格。在他精心翻译的《静静的顿河》和《日瓦戈医生》等巨著中，他的译笔很好地传达出了原著中原本就饱含的由抒情性、悲剧性和史诗性抱合而成的小说整体氛围，而在《生活与命运》的翻译中，他的这一风格又得到了更为充分的彰显。请读一读这部史诗长篇的结尾：“在这种宁静中，会想起去年的树叶，想起过去的一场又一场风雨，筑起又抛弃的窠巢，想起童年，想起蚂蚁辛辛苦苦的劳动，想起狐狸的狡诈和鹰的强横，想起世间万物的互相残杀，想起产生于同一心中又跟着这颗心死去的善与恶，想起曾经使兔子的心和树干都发抖的暴风雨和雷电。在幽暗的凉荫里，在雪下，沉睡着逝去的生命——因为爱情而聚会时的欢乐，四月里鸟儿的悄声低语，初见觉得奇怪、后来逐渐习惯了的邻居，都已成为过去。强者和弱者、勇敢的和怯弱的、幸福的和不幸的都已沉睡。就好比在一座不再有人住的空了的房子里，在和死去的、永远离开这座房子的人诀别。但是在寒冷的树林中比阳光明丽的平原上春意更浓。在这宁静的树林里的悲伤，也比宁静的秋日里的悲伤更沉重。在这无言的静默中，可以听到哀悼死者的号哭和迎接新生的狂欢……”这一史诗性的小说结尾写得好，译得也好，善于再现悲剧抒情风格的翻译家力冈先生的功力和风格在这里体现得淋漓尽致，炉火纯青！

俄国诗人叶夫图申科在1986年访问中国之后，深为中国俄苏文学翻译家们忍辱负重、坚持不懈的精神所感动，写下一首题为《中国翻译家》的诗作，在由笔者译成中文的这首诗的最后，诗人写道："知识分子的良心，/就是一家出版社，/它仍能工作，/即便没有印刷机，/无论监狱、瘢迹还是侮辱，/它仍能用诗句的春燕/把各个民族连系。/翻译家们在做什么？/他们让各国人民相互走近，/越过国境，/越过谎言的沼泽地。/总有一天，要用他们的姓氏/为巨轮命名，/稻穗和麦穗，/会向他们鞠躬致敬。/伟大的译文，/就像神的预言。/翻译过来的细语，/会成为震耳的呼喊。/但愿能有一座纪念碑，/献给无名的翻译家，/那最为可敬的基座，/就由无数的译著垒成！"我们相信，力冈先生的译著，应该也被垒入这座纪念碑的基座；力冈先生的名字，应该也被刻上这座纪念碑的碑身！

二〇一七年初秋于京西

目 录

第一部

第一章

一

阿列克塞·马克西莫维奇·别什柯夫（马克西姆·高尔基）一八六八年三月十六日（新历二十八日）生于尼日尼-诺夫戈罗得。他的父亲马克西姆·萨瓦季耶维奇·别什柯夫，是伏尔加航运局修船场的细木工，他和瓦尔瓦拉·瓦西里耶夫娜·卡什林娜结婚，女方的父亲卡什林老汉是很不如意的。

瓦西里·瓦西里耶维奇·卡什林过去做过纤夫，后来当染坊业公会会长，如今是一家染坊的老板，他不许女儿和一个不摸根底的外来小伙子结婚，一心想把女儿嫁给一位贵族；但是一对年轻人的爱情的火焰将生米煮成了熟饭，因此，固执的染坊老板也就只得遂其心愿。

马克西姆·萨瓦季耶维奇·别什柯夫有一手家传的好技艺，他是一个聪明、善良、开朗的人。

可以想见，他是一个有文化的人，因为结婚七年之后，他在阿斯特拉罕谋得了一个轮船码头主管的职位。一八七一年春天，他便带了家眷来到这座城市。

别什柯夫一家在阿斯特拉罕并没有住多久。马克西姆·萨瓦季耶维奇因害霍乱病死去了，因此遗孀便带着幼小的儿子回到故乡尼日尼，回到了卡什林家。

在尼日尼，孩子开始了一种新的生活，这种生活同别什柯夫一家在阿斯特拉罕那种温暖、和谐的生活根本不同。

胡作非为，恃强凌弱，酗酒打架——这一切在染坊老板卡什林家的日常生活中简直没完没了。卡什林两个成年的儿子就在自家染坊里干活。

那时候，机器纺织业生产的发展和工厂印花布的畅销，不断地在排挤家庭手工纺织业，同时也在排挤家庭手工印染业。这种排挤沉重地压榨着卡什林一家，使得家庭中每一个干活的人，都拼命想把这家过去十分赚钱的染坊所剩下的一点家底搞到自己手里，为此引起了不断的争吵，甚至无情的厮打。

高尔基后来在回忆起卡什林家的生活时，觉得好像是“一位善良而又一丝不苟的高手所叙述的一篇悲惨的童话”那样。在这种家庭日常生活中，在私有者毫无人性的争夺中，他这个卡什林家很不喜欢的马克西姆·别什柯夫的儿子，也时常会成为出气的对象，但他对这一切决不肯逆来顺受，而是尽力地进行反抗。

在卡什林家里，只有一个面容与众不同，像是冷酷生活的一片黑暗的底色上的一线光明。这便是高尔基的外祖母阿库琳娜·

伊万诺夫娜·卡什林娜。她那壮严的、令人难忘的形象，高尔基在自传性的小说《童年》里已经作了叙述。

阿·伊·卡什林娜年轻时做过乡村织花边女工；这种织花边女工要出名，得靠自己的手艺，同样也得靠唱歌。她记熟了大量的诗歌。那些民间创作的收藏者和演唱高手，在我们那里通常叫作“说唱家”，卡什林娜算得上其中的一员；只是因为偶然的原因，她没有引起文学家和口头创作搜集家们的注意。

其实，她不只是在自己周围一个圈子里有名。

阿列克塞·马克西莫维奇在一封信中写道：

“精通歌唱的外祖母曾对我讲过，有一个尼日尼的地主，同时是个戏剧爱好者，名叫杜尔恰宁诺夫，他曾来‘记录’过她唱的歌。有些好听的、亲切的歌儿，那个傻瓜却不喜欢。”

那些“好听的、亲切的歌儿”，唱的是农民的痛苦和悲伤，对徭役的怨恨和对苛重租赋的控诉，总而言之，就是控诉地主的。

孩子喜欢听外祖母讲“圣母怎样遍访人间，救苦救难，告诫女盗延加雷契娃‘公爵娘娘’不要杀戮和抢劫俄罗斯人；喜欢听关于天之骄子阿列克塞和武士伊万的诗歌；喜欢听关于聪慧的瓦西丽莎的故事和公羊神甫与上帝教子的故事；喜欢听关于女寨主玛尔费、强盗头子乌斯塔婆婆、埃及有罪女人玛丽娅和关于强盗妈妈的悲哀等等令人可怕的童话……”

毫无疑问，在这些歌曲、诗歌和故事里，有一些是“编外”的民间创作，由于具有社会意义，这些民间创作通常是不收进已出版的颂歌和故事集的。

“从小外祖母便教给我一些说唱诗，我往往会用这种诗句讲一些‘反叛的话’……”

阿·伊·卡什林娜不仅是民间创作的搜集者，而且有理由可以说，她本人就是出色的人民诗人。阿列克塞·马克西莫维奇说过，《童年》里引用的“苦行僧米罗的故事”，就是“从外祖母那里听来的”。这个故事在任何文章中，在任何版本里“我都没有见到过，尽管我钻研民间创作颇费了一番苦心”。

高尔基回忆说：“我满肚子都是外祖母的诗歌，就像蜂房里装满了蜂蜜一样；甚至在我思考问题时，好像也是在用她的诗歌的形式。”

外祖母使他同民间创作的源泉，同民间创作中诗意的形象和深刻的思想结下不解之缘。用高尔基的话来说，因为她高尚的精神境界，她始终是高尔基“最贴心的朋友”“最知己和最亲爱的人”；她对世界无私的爱，极大地丰富了他的精神世界，“为迎接以后艰难困苦的生活积蓄了坚实的力量”。

母亲对儿子的生活并没有多大的影响。她曾不止一次离开卡什林家，将儿子留给外祖父抚养。

高尔基六岁时便跟外祖父学教会斯拉夫文字，课本是圣诗和东正教的日课经。远在封建罗斯和莫斯科罗斯时代就是这样学习的。外祖父对外孙的成绩十分满意，他看出“他有‘石头’一样的记忆力，如果在上面刻点儿什么，那才来得牢靠”。

不过，对教育儿子的事，母亲也是插手的。有一次，瓦尔瓦拉·瓦西里耶夫娜回到卡什林家里，用自己的方式热心地开始教儿子读起书来了。

高尔基回忆道：“她买了一些书，我读了其中的一本《国语》，几天工夫便掌握了阅读世俗字体的本领，但是母亲马上又要我学着背诵诗歌，从此引起了我们彼此间的不快……她要我背的诗歌越来越多，可是我的脑子越来越不善于接受这些整整齐齐的诗句，于是想把这些诗改动一下，变个样子，配上一些别的词儿，这种无法克制的愿望日益增强，而且越来越强烈……许多不必要的字眼蜂拥而至，一下子就把必要的书本上的字眼给搞混了。”

就这样，在和书本上非口语化诗歌的“斗争”中，出现了高尔基最初的口头创作。

同时，正如上面已经讲到的，从外祖母口中听来的非书面的民间创作——故事、传说和诗歌——高尔基却很容易就记住了，而且记得很多很多。一八七八年，当尼日戈罗得的主教赫里桑弗来库那文城郊小学讲课的时候，他惊奇地发现学生阿列克塞·别什柯夫能凭记忆用诗歌的形式给他讲述不少民间故事。

高尔基就读的库那文城郊小学是为城市贫民子弟办的一所学校，这是资产阶级贵族俄罗斯的教育体系中最低级的一个环节。但是就连这一级，即高尔基跨上的第一级，也是不牢靠的。

外祖父卡什林，过去是个富有的染坊老板，这时已经完全破产了。如今他住在本城最贫穷的地方，在河对岸库那文郊区租了一间窄小的房子，几乎落到了求乞的地步，变成了一个不近人情的吝啬鬼。

为了对外祖母多少有点帮助，孩子干起了捡破烂的营生，每逢节日和在平日放学以后，他走遍库那文郊区的街道和宅院，捡骨头、破布、碎纸、铁钉。

一八七八年春天，高尔基受到学校奖励，得到一本福音书，一本精装的克雷洛夫寓言，一本平装的、连书名他都弄不懂的小册子，叫作《海市蜃楼》，还有一张奖状。

“我带了这些奖品回家，外祖父很高兴，很感动，并且说，所有这些东西必须好好保存起来，他还说，要把书锁到自己的小箱子里。外祖母已经生病卧床数日了，她没有钱，外祖父唉声叹气，尖着嗓子大叫：

“‘你们把我喝穷了，吃得我只剩骨头啦，你们啊呀呀……’

“我把书送到一家小铺，卖了五十五个戈比，钱交给了外祖母，奖状呢，被我涂了一些词句，涂得不成样子，我马上还给了外祖父。他小心翼翼地将它藏了起来，并没有打开来，因此没有发现我的调皮捣蛋。”

“涂得不成样子”的奖状保存下来了。奖状的正文是：

奖　状

H. C. 库那文小学为表彰学生阿列克塞·别什柯夫在学业与品行方面俱臻优异，特颁发此奖状，以资鼓励。

一八七八年六月十八日

这位受奖者调皮地亲手改了日期，在姓氏“别什柯夫”旁边加了一个绰号“巴什雷卡”，“品行方面”的旁边加了“在捣蛋方面”[①]，校名——H.C. 库那文小学——改成“我们的猪的库那文小学”[②]。

①查原奖状（影印件），高尔基系将“品行方面”涂掉，改为“在捣蛋方面”。——译者注

②H.C. 本是 Нижегородское Слобопское（尼日戈罗得郊区的）的缩写，高尔基故意把它改成 Наше Свинское（我们的猪的）。——译者注

“巴什雷卡”这个绰号是有来源的，一位强盗首领的名字叫马克西姆·巴什雷克，外祖父曾经给高尔基讲过他的“丰功伟绩”。

奖状上这些调皮捣蛋的字迹，便是我们所能看到的高尔基亲笔书写的最早的手迹。

高尔基就此离开了学校，正如后来一些文献资料中所说的，“由于贫穷，他未能在该校卒业”。

秋天，他被送到商人波尔胡诺夫的鞋店里当“学徒”，这家鞋店在波克洛夫大街上，这是尼日尼的一条主要街道。

除了店里的工作外，老板家里各种家务事他都得做，这是所有小商店里的规矩。刚熬过一个冬天，沸滚的菜汤又烫伤了他的两只手，这样一来，他进入“人间”的第一回合便以进医院做了结局。

接着给他在建筑工程制图师兼营造师谢尔盖耶夫家里找到一个新的职位。

他是来当学徒的。可是并不教他制图的手艺，而是叫他干婢女和洗碗女工的活儿，还要给两个好挑眼的女主人做小听差。

高尔基天天擦洗茶炊的铜器，每逢星期六擦洗全部房间的地板和两座楼梯，还要劈柴，搬柴火生炉子，洗菜，带孩子，跟老板娘上市场，给她提篮子买东西，当跑腿。他回想起来说：“我干的活儿很多，搞得我简直晕头转向，平时和节日全都一样，净是些琐碎的、无聊的、毫无意思的活儿。”

谢尔盖耶夫家的规矩加上干不完的活儿，不允许高尔基离开家门一步。可是主人家却要他经常上教堂，这么一来，教堂倒成了他能够自己支配自己的唯一去处了。

尽管他站着熬过长时间的彻夜的祈祷和弥撒，可是他决不祈祷，而是在编造着自己的“祷词”，他毫不费力地把许多词儿挺自然地组成了诗句，叙述他的苦闷，“快点长大哟”“生活呀——忍受不下去”“当学徒，学不到手艺”，老板娘简直“像个鬼玩意儿”“叫起来像个狼崽子”“这生活，实在没意思”。

无论是同主人“针锋相对”的顶嘴，还是孩子气的恶作剧，无论是激烈的控诉性祈祷，还是在教堂阴暗角落里产生的一些炽热而又模糊的梦想，所有这一切，在这种屈辱的、浑浑噩噩的生活中，都是维护自己，维护自己人格的一种办法。

他对社会有着强烈的求知心，而他得以满足自己求知心的方式也是别具一格的，有时他可以不站在教堂里做晚祷，而在冬夜星光之下，在城里空旷的大街上到处走走：要是玻璃窗上并未结起冰花，里面没有放下窗帘，就能看到底层屋子里许多景物。

“窗子里五花八门的许多景致展现在我的面前：我看到，人们在祈祷，在接吻，在打架，在玩牌，有的在心事重重地、悄悄地说话——在我面前展现出无声的、游鱼般的人生，就像一幅幅花一戈比看一看的西洋镜。”可是在谢尔盖耶夫家里，他生活在“苦恼得令人发蒙的沉沉浓雾之中”，在那里“语言、思想和一切事情，都显得单调而又僵化，只能引起沉重、难熬的苦闷”。

有时候他想：应该逃走！“但眼下正是该死的冬天，夜里风雪交加，顶棚上狂风呼啸，屋架冻得咯咯直响，——往哪儿跑呢？”

春天，他跑了。高尔基不好意思回到外祖母身边，因为他答应过她“不到长大成人，就要忍耐下去”。因此高尔基没有回家，他在春水泛滥的伏尔加河岸上住下来了，和装卸工人们同吃，和他们一起在码头上过夜。

他在那儿找到一个新的职位。

他进了他父亲做木工的那家航运局，在“善良号”轮船上做“洗碗小伙计”。

在以往时代，判处苦役和流放西伯利亚的犯人，总是成批地顺着有名的符拉基米尔公路，从莫斯科步行到符拉基米尔。一八六二年莫斯科至尼日尼的铁路铺成后，这条铁路部分地代替了犯人传统的成批步行押解的方式：如今他们可乘火车到尼日尼，从尼日尼再坐驳船，顺伏尔加河、卡马河、托波尔河前往流放地。

高尔基在上面干活的“善良号”轮船，拖的便是“囚船”，有定期的航程：尼日尼—别尔姆，往返各一个星期。

高尔基回忆自己在“善良号”的生活时写道：

“我们的船走得很慢，有事的人总是搭邮艇，那些慢性子的没事的人都来搭我们的船，他们从早到晚吃呀，唱呀，用脏许多碗碟……我的工作就是刷碗碟，洗刀叉，我干这种活从早晨六点差不多接连干到半夜……轮船后面用长长的缆绳拖着一只驳船……驳船甲板上罩着铁笼，铁笼里面是判处流放和苦役的犯人……驳船上静悄悄的，月光慷慨地洒落在驳船上，在铁格栅黑色的网眼后面，一个个灰白色的圆点隐约可见，这是犯人们在观看伏尔加的夜景。”

除了用这种方式押解大批刑事犯以外，这几年里增加了大量的政治犯，因为沙皇政府被革命的民粹派运动吓破了胆，在十九世纪七十年代对民粹派进行了残酷的镇压。

许多革命者因为“图谋潜逃”被杀害，许多革命者经过审讯或者不经过审讯便被绞死，几十人一批、几百人一批地送去服苦役，或者流放到西伯利亚最边远的地带，特别是在一八七八年五月二十四日的“圣旨”和其他一些专制诏令颁布以后，情形更为严重了。伊·柯罗连科[①]曾将这些诏令称作“不法的法律”。

一八八〇年夏天，也就是高尔基在船上当洗碗伙计的第一个夏天，柯罗连科作为政治犯，也乘了“善良号”的囚船前往西伯利亚流放地。

二

在这新的地方，在“善良号”轮船上，高尔基碰到了好运气：他的顶头上司，船上的厨师，成了他“第一个老师”。

高尔基不止一次地指出，“善良号”轮船上的厨师，近卫军军士米哈伊尔·阿基莫维奇·司穆雷，对他的一生起了良好的作用。

高尔基写道：“是他激起了我读书的兴趣。司穆雷有满满一箱子书，里面大部分是皮面精装的小册子。这可真是世界上最奇异的书库。”

艾卡尔茨高津和涅克拉索夫的书平放在一起，安娜·拉得克里甫的书和一本《现代人》放在一块儿，里面也有一八六四年的《火花》杂志，有《虔诚的石头》和一些用乌克兰文写的小册子。

司穆雷显然是个爱书入迷的人，可是不善于辨别书籍。他的书大都是谁也不要的十八世纪的书，是一些江湖书商胡乱卖给这位文化水平不高的读者的。

①伊·柯罗连科——著名俄国作家。——译者注

所有这些书，司穆雷都不加选择地叫高尔基朗读给他听。他对书籍如此热情和信赖，从而激发了高尔基对读书的极其强烈的兴趣，促使他“相信书籍具有极其伟大的意义并爱上了书籍”。

在司穆雷的书籍中也有一些古典文学作品。譬如，果戈理的中篇小说《塔拉斯·布尔巴》，就曾经给朗读者和听者留下了极其感人的印象。

也有时候他们的口味显得大不相同。有一本十分通俗的《一个士兵拯救彼得大帝的故事》，开头高尔基读得津津有味，却受到厨师极其蔑视的评价，书被他揉成一团，摔到船外去了。

一八八〇年秋天，高尔基不得已又回到制图师谢尔盖耶夫家里。

除了由司穆雷所引起的对读书的爱好外，出外干活的第一个夏天在船上度过的这段生活，使高尔基对人间事留下了许许多多极有意义的印象。“我觉得，这一个夏天，我经历了许多事情，我好像老成多了，也懂事多了，可是主人家里的苦闷气氛，在这段时间里也变得更加浓重了。”

与司穆雷的相识，对高尔基的一生有深刻的影响。从这时起，他读书的热情一直没有低落。自他回到谢尔盖耶夫家做事以后，凡是他能搞到的书，他都读。

这种读书的热火劲头儿，带给他从未有过的享受，同时也带给他许多难以忍受的苦恼。在谢尔盖耶夫家里，读书被当作有害的事情，是犯禁的。冒着很大的风险弄到一本书，高尔基爬到顶楼上，钻进棚子里，夜里想办法借着月光或是自制的灯盏读书，因为对他来说，蜡烛已经成了没有资格享受的奢侈品。

高尔基究竟读了些什么呢?

那时候,许多公共图书馆都塞满了单一的书籍,这类书在外省十分受欢迎——那就是惊险小说,其中大多数是法国作家写的。

因此,年轻的高尔基想方设法从尼日尼公共图书馆弄到的第一本书,便是一本这样的小说——《巴黎的悲剧》。

“这是克萨维耶·杰·蒙杰片的小说,和他所有的小说一样,很长,里面写了很多人物和事件,描写了一种没有见过的、瞬息万变的生活……立刻产生了一种强烈的愿望,得帮助这个,得反对那个,竟忘记了这种骤然展现的生活纯粹是空中楼阁;故事波澜重叠,使人眼花缭乱,读这一页眉开眼笑,翻到下一页又愁眉紧锁,使人如痴如醉。”

这类小说使他着迷了,因为小说中描写的生活和他周围的环境大不相同。他回忆道:“瓦盆、茶炊、胡萝卜、老母鸡、烙饼、过生日、葬死人,吃就吃得饱到耳朵根,喝就喝到醉得像死猪,喝到呕吐方休——这便是人们生活的全部内容,我就是在这些人中间开始生活的。”

这些小说以其人物桀骜不驯的精神以及人物命运的波折起伏和情节的迅速变化,使高尔基着迷了。这些小说展示出另一种生活,即充满巨大希望和感情的生活。

自然,这些“英雄人物”都是臆造的,因此他们创建的“英雄业绩”也都是虚构的。但是这些小说给在像“铅一样沉重而龌龊的生活”中喘不过气来的、敏感的孩子,介绍了另外一些坚强而勇敢的人物。

高尔基后来回忆道：

“罗庚保黎[1]教我做一个坚强的人，决不向环境屈服，大仲马小说中的人物，使我产生了献身于庄严伟大事业的愿望。”“虽然还是一个小孩子，干的是肮脏活儿，受的是窝囊气，可是我对自己立下了庄严的诺言，等我长大成人时，一定要有益于人类，要诚心诚意地为人类出力。”

作家高尔基虽然是俄罗斯古典文学的伟大继承者，但是由于他在少年时代，因为生活和环境关系，大量阅读的是五花八门的书籍，其质量大都是不怎么高的。只是由于自己的求知精神和创造性的想象力，不论是在相当粗糙的惊险小说中，还是在专供“家庭”阅读的有插图的杂志中，他到处都能采到知识的花蜜。

经常将书籍与生活对照比较，这就增加了他的知识。

“我看到，有些人日子过得比我还坏，比我还艰难，因此我也就心安了一些，但绝不是安于这屈辱的现实；我同样也看到，有些人日子过得很有意思，兴高采烈的，不像我周围的人那样死气沉沉。”

不过，“惊险”小说那一套手法，高尔基很快便了然了。

“往往只要读开头几页，就能猜到谁将获胜，谁将失败；事件的焦点刚刚露头，凭自己的想象力就能猜出结局。”

这些千篇一律的小说，臆造的英雄人物，杜撰的凶犯恶棍，“不仅使人觉得枯燥乏味，而且使人产生了团团疑云”。

高尔基已经十三岁了，这时他在读书方面正处于危机的境

①罗庚保黎——十九世纪法国作家庞桑·久·捷拉尔的小说《罗庚保黎历险记》中的人物。——译者注

地，整天埋头在惊险小说堆里，忽然看到巴尔扎克的小说，这些小说给了他“奇迹般的印象”。

《欧也妮·葛朗台》使他惊倒的是其真实性——“没有恶人，没有善人，都是一些普普通通的人，分外地栩栩如生”。

“葛朗台老头子活像我的外祖父，遗憾的是，这本书的篇幅太小，可是令人吃惊的是，里面包含了那么多的道理。这些道理是我十分熟悉，在生活中看够了的，这本书却用完全是新的——心平气和、轻声漫语的方式把它讲明白了。”

高尔基在读艾·龚古尔、福楼拜、斯汤达尔的作品时，对其艺术真实也有同样强烈的感受。

“我记得，在三一节时我读福楼拜的《朴实的心》的情景。傍晚，我坐在板棚顶上，爬到这上面去，为的是躲开节日里闹哄哄的人们。书中故事使我神魂颠倒，我好像成了聋子、瞎子，——一个普通妇女，一个厨娘的身影站在我面前，盖过了春天节日里喧闹的一切，这个妇女并没有成就任何功业，也没有犯下任何罪行。难以理解的是，为什么那些朴实的，我十分熟悉的语言，被人放进了小说用来叙述一个厨娘“没有意思的”生活，会使我如此激动？……”

对巴尔扎克、福楼拜、斯汤达尔的作品，高尔基一生都十分推崇。他对这些法国作家光辉的现实主义，给予了高度的评价。他本人学习他们的创作方法，并且劝导青年作家经常学习他们的作品。

但是美妙无比的俄罗斯古典文学作品，给予他的影响要大得多。

他读起了普希金的诗。"我一口气便把那些诗全部读完了，我充满了一种贪婪的心情，有时来到一个风景无比幽美的地方，便会有这样一种心情，——总想一口气跑遍这个地方。就好像你在林深、苔滑、沼洼片片的草地里走了好久，面前骤然展现出一片干爽的平地，鲜花盛开，阳光灿烂。"

普希金使高尔基重新去接近他童年就熟悉的民间创作，只是普希金将这些素材变得空前丰富、完美了。

"《鲁斯兰》[①]的序诗，使我想起了外祖母讲的一些优美的故事，这首序诗将这些故事巧妙地压缩成了一首诗……一行行音韵铿锵的诗句把所描述的一切都修饰得那么完美，朗朗上口，易于熟记……这些诗句听来有如新生活在召唤的铛铛的钟声……普希金许多优美的童话，我感到最亲切，最容易理解；只读几遍，我就能背诵了；我躺到床上，闭上眼睛，小声地背诵诗句，直到进入梦乡。"

其他一些俄罗斯诗人和散文作家的作品，增强了他的信心："我在世界上并非单枪匹马，因此，我绝不会完蛋！"

不过，"不会完蛋"这一愿望，特别是在一个势不两立的敌对社会威胁着你的生存的时候，必须十分坚韧才行。

"到处苦闷：覆盖着泥泞雪堆的大地，屋顶上灰色的积雪，房屋的肉红色的砖墙，到处冷冷清清，令人生厌；苦闷化作灰色的烟云从烟囱里升起，钻进灰蒙蒙的低矮而又空旷的天空；马也苦闷，人也苦闷。苦闷有它自己的气味——这气味像汗，又像油脂和大麻油，又像烤饼和烟，浓烈而又重浊；这气味，有如一顶闷热、窄

①即普希金的故事诗《留得米拉与鲁斯兰》。——译者注

小的皮帽，箍住人的头脑，又渗进胸膛引起一种奇怪的醉意，一种迷迷糊糊的愿望，但愿两眼闭上，绝望地发声大叫，绝望地奔跑，只要碰到一堵墙，就一头栽过去。”

这便是尼日戈罗得商场给高尔基留下的令人苦恼的记忆。高尔基在谢尔盖耶夫家干了三年活儿以后，便在尼日戈罗得商场，当了商人萨拉巴诺夫开的圣像铺的店员。

在同一个老板的圣像作坊里，情形也好不了多少，——高尔基每天晚上在作坊里工作。不过，使高尔基感到新鲜的是，他第一次觉得自己处在一个劳动集体之中，自己虽然还是一个不大的孩子，别人大多数都比自己年纪大很多，却意识到自己应该成为对人们有用的人，应该把自己的知识传授给他们。

作坊里处处笼罩着一片令人难忍的苦闷。画圣像的工作分成许多单独的、机械的工序，“它引不起对这活儿的热爱，引不起兴趣”。

有时候，高尔基讲几个故事，这多少能冲淡一点儿沉闷的气氛。

大家很器重他这位故事员和朗读人。只要他能弄到手的东西，他都拿来读给匠人们听，如戈里津斯基的一些短篇小说，布尔加林、布拉姆别乌斯男爵、拉法伊尔·佐托夫的长篇小说，——在一个圣像画师箱子里找来的所有的书，全都读了。

要是说，戈里津斯基的《工人生活散记》在十九世纪七八十年代竟被列入民粹派的推荐书目，那么，布尔加林描写风俗习惯的《通俗小说》和辛柯夫斯基（布拉姆别乌斯男爵）的幻想小说，在市民阶层中，却让位给法国人粗制滥造的一些东西。

有人曾经从别的地方搞到一本莱蒙托夫诗集，高尔基还记得，当他在给圣像画师们朗读《恶魔》的时候，他真正体会到了诗歌的感染力，体会到了诗对人们的强烈影响。

高尔基和圣像画学徒巴维尔·奥金左夫十分要好。这是一个非常聪明、活泼的小伙子，是一个有才能的素描画家和漫画家。

在风雪弥漫的冬天，在苦闷特别沉重、难熬的日子里，连读书也无济于事的时候，高尔基便在奥金左夫的帮助下，用其他办法，使匠人们开开心。

他们用锅灰和颜料将脸一抹，头上挂几绺大麻，算是假发，演起"滑稽戏"来了。

高尔基记起了粗俗小册子《一个士兵拯救彼得大帝的故事》，便将这个故事改编成了"对话的形式"。两位演员爬到台子上，演起戏来，咔嚓一声砍掉假设的瑞典人的脑袋，逗得大家捧腹大笑。

"大家特别喜欢一个叫陈友东的中国妖魔的神话故事；巴什卡扮演这个想做点儿好事，但是不走运的妖魔，别的一切都归我扮演：演男的、演女的、演行善的神、演各种东西，甚至扮演一块石头，每当这个中国妖魔在行善失败之后，总是垂头丧气地坐在这块石头上休息。"

"关于中国妖魔的神话故事"，毫无疑问，可能就是拉法伊尔·佐托夫的小说《陈故东》，或者《黑煞神的三件善事》，可能是他自己写的，也可能是一种粗俗的改编本[①]。

①大概这是佐托夫写的一本小说。旧俄国人眼里，中国是一个遥远的、神话般的国家。因此假托是在中国。高尔基在回忆中将"陈故东"误写为"陈友东"。——译者注

有一个魔王叫作陈故东，乃是谪降下凡的一个天神，他和其他妖魔不一样，他考虑的是，不要在人间干恶事，而要行善。所以他给人们搞来了很多黄金；可是，谁知道，这样好心行善，却使人变得骄奢淫逸，原来穷人需要的不是黄金，而是顺从，是对皇家、对法律和宗教的忠诚。

要将这样一种难以忍受的、枯燥庸俗的、道德说教式的剧情，变成一出引人入胜的滑稽戏，必须具有出色的、善于逗人欢乐的想象力才行。

可是，作坊里黑暗的生活，无休无止地酗酒，凶恶的吵嘴和打架，还是使人感到十分苦恼和反感。

“在我周围，一锅不干不净的粥沸滚着，我觉得，我要慢慢地给煮烂了。

“我想，难道整个人生就是这个样子？我难道也得像这些人一样生活下去，找不到，也见不到任何更好一点的东西？”

离开作坊之后，他又到谢尔盖耶夫那里去干活，在他那里当商场建筑工地的工长，他和农村来的合作工人——木匠、泥瓦匠生活在一块儿。

他在这里同样十分想弄清楚，他还不甚了解的这些人究竟是怎么回事。高尔基亲眼看到这些人因为失意，落到了城市生活的“底层”，高尔基本人常常在米尔良大街上漫步，细细观察住在这条大街上的流浪汉。

“这都是一些被排挤在生活之外的人，可是，看起来，他们建立了自己的生活，不受老板管束，十分自在。他们无忧无虑，天不怕，地不怕，使我想起了外祖父讲的纤夫的故事，那些纤夫一转身便成了强盗或修道士。”

但是，不管是在那些“被排挤在生活之外的人”当中，不管是在那些确信生活好像为他们安排得十全十美，将一个钱看得像天上的太阳那样的人们当中，他都没有找到自己立脚的地方，而且，在他看来，他这短暂的一生，就要以惶惶不安为结局而告终了。

高尔基回忆道：“十五六岁的时候，我感到自己站在大地上那么不踏实，不稳当，我脚下的一切都好像在摇晃，在塌陷，特别使我不安的是，在我的心中不知不觉地产生了一种对人们反感的心情。

“我很想成为英雄，可是生活却大声地开导我：

“‘你应该做个骗子、小偷，这不见得没意思，而且好处不会少……’”

在这种彷徨的时刻，有一个名叫克列肖夫的饭馆歌手，使他产生了一种跃跃欲试的梦想。克列肖夫有一种神秘的、罕见的魔力，能够使饭馆的一些常客非来听他歌不可。他的这些歌以亲切、悦耳的歌喉唱出了另一种生活，一种更耐人寻味、更纯洁、更富有人情味的生活。

“那时我曾想过，即使像我这样的人，在圣像画作坊里，在商场工地工人当中，有时也能给人们的生活带来某种使他们感到愉快、也使我自己感到满意的东西……也许，我真应该进马戏团，进戏院去[①]，——在那里我能否给自己找到一个可靠的立足之地？”

高尔基进了商场戏院，当了个跑龙套的角色。他那绘声绘色的说白，再一次轰动了整个戏院。

①圣像画作坊的同伴们曾劝高尔基进马戏团或戏院。——作者原注

“热恋中的子爵、侯爵、不幸的演员雅柯甫列夫、英勇的涅夏斯里甫采夫、堂·谢萨尔·杰·巴桑、卡尔·摩尔、强盗、商人与克瓦齐莫多，所有这些勉强拉扯到一起的，充满浪漫主义情调的角色，使我如痴如醉，读书时产生的种种感情如今又出现了。不用说，我认为自己已经扮演了多才多艺的克恩[①]的角色，并且我觉得，我已经找到了合适的岗位。有三四个星期我生活在兴高采烈、激动万分的云雾之中。”

后台发生的一桩极其粗野的事情[②]，给高尔基留下了极坏的印象，因此他离开了戏院，他的演员“生涯”也就到此告终。

各种各样印象的大量积累，这就是尼日尼市侩们的所作所为，他受的欺压，给“生活的主人”无休无歇的劳动，这样的实际生活，和书本上的生活，虚构的、浪漫主义的、格调较高的生活——所有这一切在高尔基的脑海里互相纠结，互相交织，使他产生了一次次十分强烈的，虽然是十分矛盾的感情冲动。

在书籍的浪漫主义精神激励下，他想寻找一种明确的真理——“像利剑一样明快，坚不可摧的真理”：要用真理之剑武装起来，穿过矛盾的重重迷雾，满怀信心地前进！但是矛盾是无法克服的。现实生活将许多卑鄙龌龊的东西摆在他的面前；他对人们开始怀疑，开始厌恶，表示惋惜，感到无可奈何，极力想置身事外，幻想过“宁静的埋头读书的孤独生活，离群索居，进修道院，住守林棚，铁道守望亭，在城郊某处做守夜人”。但与此同时，生活越是黑暗，习惯势力越是强大，他斗争的劲头也就越强，越加不

①克恩——著名的英国演员。——译者注

②指有一次一些人侮辱一个女演员。——译者注

可动摇。于是他立即行动，毫不退让，“像法国小说里勇敢的主人公那样，三言两语，便拔剑出鞘，站上战斗岗位”，在黑暗势力猛烈扑来时，“咬紧牙关，握紧拳头，誓死保卫阵地”。

但是双方力量毕竟悬殊，于是他越来越多地想到：“须得想点儿什么办法，要不然我就要完蛋了……”

《在人间》这本小说，叙述的便是他在冷酷、黑暗，看起来无路可走的市侩社会里，摸索出路的故事。

到十六岁那年，高尔基拿定主意要去读书、上大学，也算是“由必然王国向自由王国一次飞跃”，虽然这不过只是从尼日尼来到了喀山，也正是在喀山，他才真正落到了完全可能“完蛋”的地步。

三

一来到喀山，高尔基就明白了，上大学就是休想。他为了谋生，便开始拼命挣扎起来。

起初，他寄居在原来在尼日尼认识的一个中学生家里；这一家本身也过着半饥半饱的生活。

为了不拖累他寄居的人家，他一清早便出去找活儿干，遇到雨雪天气，便躲在一座半颓圮的楼房中空无一人的地下室里。

“在那里……耳听着暴雨阵阵和狂风怒吼，我立刻就清楚了：上大学仅仅是梦想……那间地下室——乃是我所上的大学之一，留给我的印象太深了。”

为了找活儿干，高尔基来到了伏尔加河上，走遍了各个码头，在伏尔加河口干起活来了，劈柴，搬运货物，生活在那些流浪汉中间。过去在尼日尼，在“米尔良大街”上，这些人的生活和心理状态已经使他很感兴趣。但是在那里，高尔基仅仅是一个旁观者，在这里他却直接接近了他们，和这些人融为一体了。

那是极其严重的经济危机时期。十九世纪八十年代初期和中期的工业危机，将大批的失业工人抛到了大街上；而农村贫困化过程的加剧，又把那些一直靠一点可怜的土地勉强维持生活的农民挤出了农村。

几乎在所有的城市里，甚至在集镇上，或是大一点的村庄里，到处都可以看到流浪汉的居民点。不过，“居民点”这字眼在这里很不贴切，因为成千上万的流浪汉，是没有条件进入人类住宅的。

他们住在城市的公园里，岸边的坑窖里，甚至树洞里，住在木排上，桥底下，码头上，市场小摊贩的台子底下，睡在废旧的车厢里、草棚里和各种各样的库房里，或者干脆睡在“洛普霍夫①将军”家里，就是说，睡在沟渠中牛蒡草丛里。这种现象在辽阔的国土上比比皆是，尽管这些人在各地有不同的称呼：穷光蛋、跑街的、光棍儿、混吃的、混穷的、夜飞鸟、流浪汉……但他们有一个统称，叫作“流民”。

伏尔加河沿岸许多码头，是流浪汉特别集中的地方，因为这些地方，在通航的季节，可以找到装卸货物的活儿。到了冬天，他们就流浪在伏尔加沿岸的一些城市里，挨饿，受冻。

各地都有一些会想点子的人应时出现，搭一些昏暗的贫民窟，作为过夜的地方；在里面宿一夜二至三个戈比，铺干草宿一夜

①俄语中лопух(音为洛普霍)一词，意思是牛蒡草。——译者注

五戈比。好些人在这里面胡乱挤着睡,有的窟主每月能得到几十卢布的收入。

但是,不管是城市议会筹建的、只是在少数中心城市才有的住宿站,也不管是私人棚窟,都无法容纳所有无家可归的人,而且并不是所有的人都付得起住宿费。

沙皇政府十分担心这些亡命的不安分的人越来越多,担心这股一触即发的力量在各处越积越大,因此对这些失业的、贫困的人群千方百计进行镇压。为他们建立了定有囚犯制度的“工棚”,监狱里关满了没有身份证的人,“身份不明的人”要用树条赤身抽打、做苦工,“无业游民”则被戴上手铐脚镣送到西伯利亚东部地区。

人们从做零工到进贫民窟和睡沟渠,从贫民窟、沟渠到进监狱,从监狱到做苦工,从做苦工到被押送去西伯利亚,从西伯利亚回来,重又在俄罗斯大地和街道上流浪,然后又是混不饱肚子的零工和睡沟渠,成千上万人群的这种流动,带有极其独特的性质,创造了前所未有的生活场面。

这些人像是命中注定要受冻挨饿似的,他们偶然碰运气才挣得几个钱,还经常要用去喝酒,这种生活使那些无声无息的人群中,涌现出许多个别的、备受压迫的反抗者。

对那伙酒足饭饱的人,即生活的主人,他们怀着强烈的仇恨和鄙视,他们从不顾情面地咒骂转而进行不顾死活地反抗。他们当中有时成立一些友谊团体,这些团体出现得很快,但是散得更快。

在这些年里,在喀山这样一个巨大的商埠城市,十二万居民中，就有近两万人不得不为生存而进行激烈的挣扎。

高尔基这时看清楚了，他上学的愿望不过是一种空想，对他来说，大学的大门是紧闭着的，而敞开着的，则是人人都不难享受到的喀山贫民窟和码头。他于是进入了流浪汉的行列。

“生活在装卸工人、流浪者、无赖汉中间，我觉得自己像是塞进灼热炭火中去的铁块，——每天都使我增添许多剧烈的、炽热的印象。在那里，饿花了眼，为吃穿急疯了的人们，在我眼前急得团团乱转，——我喜欢他们对生活是那样憎恨，对世界上的一切是那样鄙夷仇视，而对自己的一切却满不在乎。我过去切身经历的一切，促使我接近了这些人，使我想进入他们那样一个大染缸。”

令人厌烦而又沉闷的市侩剥削者的生活，引起高尔基无比强烈的仇恨，“一些惊险小说”又引起他幻想去建立“不平凡的事业”。

在这一切印象之中，最使他心潮激荡，引起他浮想联翩的是流浪汉苦难深重的生活。

高尔基回忆说：“……就我的经历而言，要是我同他们走向一条道路，那也是十分自然的。想上进，想上学的希望受到挫折——也迫使我走他们的路。”

在饥饿、愤恨、苦闷的时候，几次决绝的贸然行动[①]，便是“沉沦”的开端，便会从此陷入这些身无立锥之地，冷漠无情，满腹怨恨，但是束手无策的“大染缸”。

警察的镇压，敌人的法庭，绳子和镣铐，使流浪汉遭受着无法

①这里指的是偷窃等行为。

逃脱的磨难，将流浪汉压得透不过气来。

这种必然的遭遇甚至往往导致人们心灵的毁灭，高尔基在晚年的一封信中曾谈到这个问题，他写道：

“总而言之，俄国的流浪者——是一种可怕的现象，比我所说的还要可怕，这种人所以可怕，首先和最主要的是，他们对自己绝望的处境不以为意，自己看不起自己，自甘潦倒。”

旺盛的意志和青春的活力，帮助高尔基战胜了灰心绝望；而生活中现实的感受，帮助他冲出了文学虚构的空中楼阁。“除了……一些低级趣味的小说以外，我已经读了不少严肃的书籍，这些书籍唤起我一种模糊的憧憬，这种憧憬要比我所看到的一切有意义得多。”

接近这种“模糊的，却有意义得多”的憧憬的机会来到了，因为偶然的机缘，使他跟喀山小商人安德列·斯捷潘诺维奇·杰林柯夫的食品杂货铺接近起来了。

这是一家不寻常的小店铺。在老板的住宅里，就在小店铺的秘密储藏室里，有一个“地下”图书馆，这是喀山的青年们年复一年逐渐搜集起来的。

杰林柯夫因受大学生们宣传的影响，自愿把自己的房子让给倾向革命的青年人，供他们吵吵嚷嚷地开会和争论。这个地方十分合适，因为每个人都可以装作顾客走进来，因此警察在很长时间里都没有猜想到这家小店铺“犯罪”的性质。

那时高尔基也常来参加这些人热热闹闹的聚会，这些人“十分关心俄罗斯人民，对俄罗斯的未来怀着无限的忧虑。他们因看到报纸上的一些文章，因刚读过的一些书里的某些结论，或因城里和大学里所发生的一些重大事情，便激动万分，一到晚上，便从喀山的各条街道，跑到杰林柯夫的小店铺来聚会，进行热烈的争论，或在角落里窃窃私语”。

高尔基感到耳目一新，不仅因为言论新鲜，而且因为这一类人是他前所未见的。

他后来回忆道：

“……我破天荒第一次看到了这样一些人，他们的生活兴趣大大超出了对个人的温饱，对安排舒适的个人生活的关心，他们完全懂得劳动人民正处在水深火热之中，他们所谈论的是必须改变这种生活，同时他们确信能够改变这种生活。”

高尔基觉得，他自己整个的生活经历，同这些人的用心是相吻合的。“他们所要完成的使命，我是很清楚的；而且感到，这些使命能否顺利完成，和自己有切身的关系。我常常觉得，大学生的话，说出了我说不出的一些想法，因此我见到这些人简直兴奋极了，就像一个俘虏听到要释放一样。”

喀山的青年人在杰林柯夫的小店铺里究竟议论些什么呢？

革命的民粹派，在组成了“民意党”之后，依然相信农民具有社会主义的本性。“民意党”和沙皇政府曾进行过英勇的斗争。但是，它最高的成就，就是在一八八一年炸死了沙皇亚历山大二世，这同时也是它的失败，是它完全崩溃的开始。

虽然在一八八五年民意党叶卡捷林娜斯拉夫代表大会上，还有人发言说，“斗争进入了持久阶段”，同时，“为了动员社会，动员广大群众，必须广泛地开展文艺宣传鼓动工作”，但是，实质上，这不过是在“社会”上的自由主义者中间和在具有一般的“激进”情绪的人们中间进行宣传的一个纲领而已。

如今，只能在青年工人、大学生、教会中学学生、师范学院学生的一些小组里进行工作了，这些小组，开始是搞自修的，而后渐渐转向政治方面，在当时，这样的小组不仅已经遍及各省省城，甚至在一些比较荒僻的地方都有。

这一类小组所以普及的强大推动力，那是因为十九世纪七十年代初期古典中学新章程的出现，新章程规定必修两门古典语言，照托尔斯泰部长的意思，学习古典语言，就可以使青年人不关心政治。这个章程在谢德林的“为了使感情暂时沉睡，必须塞住耳朵”的方案中受到了辛辣的嘲笑。

同样作为直接对策的，是青年们到处组织“地下”图书室，因为中学、大学和公共图书馆中所存十九世纪六十年代启蒙主义著作，经常被查禁和取缔，青年们便利用这些“地下”图书室来恢复那些受到政府破坏，而对他们来说是必需的精神食粮。

杰林柯夫小店铺里的图书室，便是喀山这类图书室之一。

高尔基回忆道：

“里面有一部分书是厚厚的手抄本，——有拉甫洛夫的《历史的通信》，有车尔尼雪夫斯基的《怎么办》，有皮沙列夫的一些文章，有《饿皇帝》《狡猾的把戏》，——所有这些手抄本都被读得破烂不堪，揉得不成样子。”

而图书室的基本核心，则是精心收集到的革命民主主义者车尔尼雪夫斯基、杜勃罗留波夫、谢德林等人的政论性作品。

喀山这类小组得到特别的发展，是因为喀山有几所学校，其中还有一所历史悠久的大学，同样还因为喀山是西伯利亚政治流放者必经之地，因此，在这里所发生的许多事情更激发了这些小组对政治的关心。

在领导小组活动的是一些年纪较大、最有学识的同志。小组成员每周集会两次，共同阅读和学习政治书籍，小组成员就书中题意写读书报告。

高尔基也曾在小组里做过读书报告。

可是，他所做的关于符列洛夫斯基的《社会科学入门》一书的读书报告，照他自己的说法，做得“大出洋相”。对在民粹派青年中大家都知道的这本书，本来简单地叙述一下就行了，他却加进了自己的论点，说是不同意“牧人和与世无争的民族，对文明能起什么作用”，认为他们还不如猎人部落和暴徒之类，为此，他受到了当地一些权威人士“无情的嘲笑”。

民粹派的领导人，神圣不可侵犯地保持和维护着一种信念，认为农民公社权力的和平发展，和“公社观念”的增强，可以直接过渡到社会主义，因为“天生的社会主义者”——俄国农民具有高尚的道德品质。

民粹派这种抽象武断的定理，和高尔基实际的生活经验是大相悖谬的。“在他们看来，人民就是智慧、高尚精神和善良心肠的化身，是和神差不多的、统一的整体，里面容纳着美好、正义、尊严的所有因素。我可没见过这样的人民。我见过木匠、装卸工人、泥瓦匠。我了解雅柯夫、奥西普、格里戈利[①]……”

模模糊糊地意识到自己的切身经历和民粹派书本上的定理之间存在着矛盾，根据那种定理，人民，也就是农民，是“几乎和

①都是《在人间》中提到的几个工匠。——译者注

神一样的、统一的整体”——这种渐渐产生的疑虑，并没有影响高尔基热烈的向往心情。“民粹派的言论，像是清新的雨珠，滴进了我的心田；那种描写农村阴暗忧郁的生活，描写农民多灾多难处境的朴素的文学作品，也使我得益不少。我感觉到，只有坚定不移地、非常热烈地爱戴人民，才能从这种爱里汲取足够的力量，去探索和理解生活的含义。”

高尔基在几次秘密小组座谈会之后终于明白了：“很久以来，到处都有人试图改变生活现状，而且现在也还有人正在作这种尝试。”

在这个问题上，他得到了一个一显身手的机会。他在喀山，在流浪汉圈子里，在痛苦难熬的处境中，在过夜客栈里和各路码头上漂泊流浪之中度过了一年，在“马鲁索夫卡”贫民窟里住过一段时间之后，终于给自己找到一个固定的“位置”，如没有这个位置，他的生活势必更加痛苦难熬。

这个位置，就是在喀山商人谢苗诺夫的面包铺里当面包工人。高尔基在自传性中篇小说《老板》中，写到他就雇于谢苗诺夫的情形：

“……我看得出，他醉得厉害。在两眼上方隆起的部位，一片绯红，长满了隐约可见的黄毛，他整个样子奇怪得像一只肥大的丑母鸡。”

“喂，滚开！”他以愉快的声调对我说着，朝我喷过来一股浓浓的酒气……我转过身子，背对着他，不慌不忙地朝大门走去。”

“喂，三个卢布一个月，干不干？”

我年富力强，十七岁的一条汉子，而且有文化，给这个胖酒鬼干活一天就挣十戈比？可是——冬天不是闹着玩的，有什么办法呢；我横了横心，说道：

“好吧。”

第二章

一

面包作坊阴暗的、熏得漆黑的地下室，好像一堵密不透风的高墙，把高尔基那么喜欢倾听的热烈议论，那么热闹的世界隔在了墙外。可是他向自己的同事所做的那种“宣传”，却成了墙外那些热烈议论的回声。

“鬼才晓得，我给这些人讲了些什么，可是，不用说，讲的都是能够激发他们信心的一些话，使他们看到，有希望能过上另一种比较轻松的、有意义的生活。”

面包工人中有些人对他很友好，很亲热，可是并不认为他的“宣传”有什么意义；而另一些人则认为他是怪物，是个傻子，最多不过把他当作一个滑稽可笑的故事员罢了。

关于高尔基的新老板，他们向他作了准确的介绍：

“他是个胡闹莽撞的家伙，喜欢作弄人寻开心，同时显示自己手中的权力；他是个吝啬鬼，伙食坏极了，只是逢年过节菜汤里才加几片咸肉，而在平时则放一点牲口内脏……可是每天要做七袋面粉的活儿，——和成面团就是四十九普特[①]，做完一袋面粉要花两个半钟头。”

但是那种富农宗法制度残余的束缚依然如此强烈，致使这些受尽奴役的半工半农的人，尽管受着敲骨吸髓的剥削，可还是丢不掉旧观念，认为“老板就是自己的兄弟”，只不过他运气比较好些，是老板“养活”他们的，“必须卖力做事……我们是在吃谁的饭呀？”

高尔基回忆道：

“……看着在一块儿干活的这些逆来顺受的人，我有时候恨得冒火。特别使我气愤的，是他们那种忍耐的本事和百依百顺的听天由命精神，他们就凭这一点听任醉醺醺的老板任性的侮辱。”

高尔基和谢苗诺夫面包作坊的工人一起，到过一些别的做小面包的城市，因为有些“老板”接到一些数量很大的紧急订货，就互相“借用”烤面包的工人。他注意地观察了无数面包工人的生活，到处都看到工人处于同样无权的地位，遭受着残酷的剥削。

高尔基接受了同伴们的邀请，跟他们一起回家去住几天过复活节，他去玩了两个礼拜，从一个村子“散步”到另一个村子，他亲眼得到了证实，在农村里也同样存在着逆来顺受和因循守旧的现象，而民粹派却在极力赞美这是农村居民所具有的崇高的、玄而又玄的道德品质，说他们是天生的社会主义者。

①普特是俄重量单位，一普特等于16.38公斤。——译者注

面对农村的生活实际，高尔基“把那些将农民生活描写得十分甜蜜、十分美好，赞美农民‘朴素的智慧’的一些小册子，把那些振振有词地论述公社中包含着社会主义，论述‘劳动组合精神’的文章，一齐丢到了脑后。令人看了觉得难过的印象太多了，这些印象和一些文学作品所描述的有天壤之别……”

这类文学作品——如兹拉托夫拉斯基、扎索季姆斯基、涅非道夫、卡罗宁[①]以及七十年代其他民粹派小说家的一些小说中的一些唯心主义概念，之所以黯然失色和溃灭，不仅由于和比比皆是的现实形成了对照，而且，另外一类文学作品也和它迥然不同。对民粹派出现之前的一些平民作家，高尔基曾经用一些很有代表性的修饰语提到过他们，如：“恨透一切的、粗野的自然主义者尼古拉·乌斯宾斯基”“忧郁的列萧特尼柯夫”“谦虚谨慎的怀疑派斯列普左夫”“天才而严谨的现实主义者波米亚洛夫斯基”——他们才对俄国现实社会的矛盾和俄国劳动人民世代所受的苦难，作了真实的描绘[②]。

高尔基把列萧特尼柯夫的作品（还有一些其他作家的作品）

---

①兹拉托夫拉斯基（1845—1911年）俄国民粹派作家。在他写的《农民陪审员》《基础——一个村庄的历史》等作品中，描写了农民的苦难生活和阶级分化，同时也美化了农村公社。扎索季姆斯基和涅非道夫都是俄国民粹派作家。卡罗宁（1853—1892年）是俄国作家彼得罗巴甫洛夫斯基的笔名。他的作品主要描写改革后的农村，宗法社会基础的崩溃，农民的分化，富农的出现，等。他的晚年作品表现出的民粹派错误观点特别明显。——译者注

②尼·乌斯宾斯基——著名的民主主义作家。列萧特尼柯夫——民主主义作家。斯列普左夫——革命民主主义倾向的作家。波米亚洛夫斯基——接近民主派的作家。——译者注

读给在一起干活的伙伴们听,他渴望通过读书和交谈,“激发他们的信心,使他们看到,有希望能过上另一种比较轻松的、有意义的生活”。

“有时候我讲得很成功,看到一张张水肿的脸上现出深沉的悲伤,眼睛里冒出怨恨和愤怒的火花,这时候我感到挺高兴,并且自豪地认为:我是在做‘群众工作’,是在‘教育’人民。”

不过,过另一种生活的现实可能性,正由历史通过其他途径创造着,而不是按民粹派的纲领进行“教育”得来的。

在老板谢苗诺夫家地下室里的生活,种种骇人听闻的剥削手段,证明了无法掩盖的激烈的阶级矛盾,促使高尔基走上了另外的道路,所以后来他在同民粹派论战时写道:

“您说是个马克思主义者! 不错,可是马克思主义者不能照搬马克思的话,因为这样只能学到一些辞藻。喀山面包店老板谢苗诺夫教给我的马克思主义,要比书本上教得又多又好……”[①]

高尔基在谢苗诺夫作坊里的工作,在他的生活中占有特殊的地位,因为他在这里成了工人罢工的发起者和组织者。

高尔基眼前是有先例的。不久以前,一八八五年有名的莫洛佐夫大罢工曾经轰动一时,这次罢工为一系列反对老板,反对沙皇政府的俄国工人广泛的群众运动奠定了基础。

莫洛佐夫大罢工,在俄国社会运动史上曾起过巨大的作用,这次罢工是俄国解放运动第三阶段——无产阶级阶段——的序

①高尔基想以此说明的是:他走向马克思主义,不仅是,而且主要不是通过学习书本和理论,而是生活本身。工人同阶级敌人的斗争,引导他接近了马克思主义。——译者注

幕。(列宁语)

不过,这种维护被剥削者利益的革命斗争方式,和后期民粹派的世界观是大为抵触的,这时他们大多数已经滑到资产阶级自由主义和“渐进主义”的立场,滑到烦琐的理论和实践中去了。

因此高尔基在这里是孤独的,他组织罢工是违反喀山自己那些老师的教导的,因为那时候他确实已经学过一些“辞藻”。

在小说《老板》中,那些受压抑的、还受着农村种种成见束缚的工人,起来保卫自己了,这一罢工场面,乃是俄罗斯文学中唯一的、有很强感染力的、表现无产阶级早期斗争的艺术插图。

这部自传体小说的结局是众所周知的:老板一心想用老办法把工人拖住在自己身边,便约工人在小饭馆里聚会,“端上”啤酒,甜言蜜语地哄骗工人,说什么大家本来是很亲近的:“我们都是自家人……在这里我们差不多像是一家人,本乡本土的……”

一颗颗渴望得到爱抚、被生活磨碎了的工人的心,一遇到所谓“老板就是自家人”这种假惺惺的亲热,便顿时软化了。

当然,问题在于,面包工人的阶级意识远不像高尔基自己那样敏锐。

符·伊·列宁在描述“中世纪剥削方式”时写道,这种剥削“被个人关系掩盖着,认为只是某位老爷对自己底下人的关系,是本地富农和收购商人对本地农民和手工业者的关系,一个世代相传的、‘谦逊有礼、道貌岸然的富翁’对自己‘伙计们’的关系……”

看到工人和老板“和解”,高尔基心灰意冷,觉得谢苗诺夫的面包房不是他待的地方,便离开了这里。他干过花匠和扫院子工,后来又在地方戏院做过合唱队队员;要不是一些老熟人帮忙,他还得干不少别的行当。

安德列·杰林柯夫照旧真心实意地同情具有激进倾向的青年,他打算开一座面包店来援助他们。

这个想法乍一看有点儿奇怪,但进行得倒是十分顺利。面包店名义上的老板算是杰林柯夫的父亲,而经管收益分配的实际主人却是一些学生小组的代表。

高尔基因为已经有相当的技术经验,担任了面包匠的“助手”。除此以外,他还得以“自己人”的身份,监视着面包匠,以免他们偷货。

高尔基在面包店里虽说是“自己人”,可是这种状况并没有能使他摆脱大量的、繁重的体力劳动。

“下午六点干起,一直到第二天中午,我下午便睡觉,因此我只能见缝插针读点书,揉好一作面,一批面包也已经上炉,下一作面还没有发好,就在这等待发酵的空隙里读一会儿书。”

可是这种生活上的变化对高尔基来说,毕竟是有很大意义的。和大学生们的进一步接触,也就是进一步接触图书室,进一步接触知识宝库,这会使他思想上苦心探索的问题得到解答。小伙子又“像饥不择食者那样扑向了书本”。

毫无疑问,高尔基在这几年里,读遍了十九世纪六十年代和七十年代所有启蒙性的和学术性的著作,也正是在这一段时间,他对科学发生了浓厚的兴趣和毫不动摇的信念,他相信科学有无限的威力,这种信念在作家一生中都没有改变。

高尔基花费了巨大的劳动,顽强地克服了一切障碍,忘我地竭力追求知识。正是这种精神,才使他后来成了一位学识渊博的、具有极其广阔的视野、并在俄罗斯和世界文化历史领域里具有灼见真知的思想家。

高尔基在喀山这几年里读过的书很多,其中有谢钦诺夫的《延髓反射》和马克思的《资本论》。

他也重新参加了小组集会和争论,跟以前杰林柯夫食品杂货铺房子里的情形差不多。

过了两年,发生了第一件涉及高尔基的政治案件,这时喀山的宪兵才断定杰林柯夫的食品店是一座"开办目的极其可疑"的商号,"然其真实情形尚未确悉"。

宪兵只查出:这家食品店"系学校青年可疑的集会场所,他们在那里一起阅读带倾向性之文章和作品,借以自我培养反政府思想,阿列克塞·别什柯夫亦参加在内"。

不过,小组活动并没有使高尔基感到满足。如往常一样,除了书籍以外,高尔基对人的兴趣并不亚于书籍。

他走出了大学生的圈子。在难得的空闲时间里,他跑到克列斯托夫尼柯夫工厂和阿拉弗左夫工厂工人中交朋友去了。

高尔基将当时两个工人——尼基塔·鲁布左夫和雅可夫·沙鲍什尼柯夫——写进了《我的大学》。

两个受尽生活摧残、被骇人听闻的剥削榨干了血汗的工人,一个是害肺病濒临死亡的钳工,另一个是双目渐渐失明的纺织工;一个对上帝怀着强烈的憎恨,另一个对沙皇还抱某种指望,指望沙皇会来"管束一下老板",——他们两人都是无产阶级中那种尚未成型的不满情绪的代表者,这在无产阶级的阶级意识觉醒的最初阶段是十分典型的。

高尔基在喀山大学生中间开始产生一种不舒服和窒息的感觉，就像一个人已经有了极其丰富多彩、千变万化的感受，却无意中落进了他人的包围圈，这些人被民粹派呆板的思想这只熨斗熨得服服帖帖，却未免有点儿单调乏味。

可是在这些人中间，这种“呆板的思想”还是很顽强的，所有意见不同的人或表示怀疑的人都要受到民粹主义者的斥责或被“革出教门”；在《我的大学》中有一个场面——有人读普列汉诺夫的《我们意见的分歧》[①]一书，惹起正统民粹派对该书作者拼命地攻击，便是此事一个最好的注脚。

高尔基参加的这次读书会，是在一八八七年八月，在城郊秘密进行的。

就在这里，在“虔诚的”民粹派集会上，高尔基遇到一个“异教徒”——马克思主义者。

这就是费多塞也夫，他是俄国最早的马克思主义者之一，符·伊·列宁后来在谈到他时写道：

“……在伏尔加流域，以及在俄罗斯某些中心地区，费多塞也夫当时所起的作用简直大极了，当时许多人在向马克思主义转变过程中，无疑受到了这位非常有才能、非常忠于自己事业的革命者极大极大的影响。”

那时候，这位十八岁的八年级的学生费多塞也夫，已经是一个坚定不移的马克思主义者了，他很注意青年工人别什柯夫，因

---

①普列汉诺夫原来参加民意党。一八八〇年到国外接受马克思主义，就和民粹派断绝了关系，并根据马克思主义观点和民粹派进行论战。《我们意见的分歧》就是一八八五年写的论战文章。——译者注

为在喀山大家已经在议论这个人了。

高尔基回忆在读普列汉诺夫著作的那一天,他和费多塞也夫相识的情景时写道:

"……窗台上一个青年俯下身问我:

"'您是面包工人别什柯夫吧?我是费多塞也夫。我们应当认识认识。老实说,在这儿没什么事情可做,这么一吵就要大半天,吵不出多少结果来的。我们走吧,好吗?'

"……我们在田野里走着,他问我在工人中间有没有熟识的朋友,问我在读什么书,空闲时间多不多,接着他说:

"'我听说过你们这个面包店,奇怪的是,您怎么干这种没意思的事。您这是为了什么呢?'

"若干时候以来,我自己也感到这样做是没什么意思的,我把这种心情也讲给他听了。听了我的话他很高兴;他紧紧握住我的手,爽朗地笑着,告诉我,后天他要到别处去,要离开三个星期左右,等回来后再通知我在什么地方以及怎样跟他会面。"

高尔基未能有机会跟费多塞也夫在一起工作。这位极有才能的青年人,在第二年才开展组织和发展喀山的马克思主义小组的活动,那时候,高尔基已经离开了喀山。也正是在这段时期,列宁(当时叫符·乌里扬诺夫)在被驱逐出喀山以后,于一八八八年又获得了重回喀山的可能,在这儿,他一面研究马克思的《资本论》,跟费多塞也夫的一些小组接上了关系,同时为自己革命的世界观奠定了基础。

高尔基既未能同费多塞也夫建立起密切的关系,也没机会在那时就同列宁认识。从一八八七年秋天起,他的生活越来越走进死胡同。这时候他同工人的直接交往只是偶然性的、短时期的。他处在民粹派大学生中间，是不能和他们身份相等的，正如他们在自己圈子里称呼他的那样，只是把他叫作“人民的儿子”；对他们来说，他好像只是他们信奉的“相信人民”的一个明显的例证罢了。

高尔基在这些人中间没交到朋友。他探索的力量是很强的，可是孤独和陌生感越来越使他受不了。年复一年的过度的体力劳动和一次又一次的痛苦折磨，损伤了他的精神力量。

处在这难熬的现实环境中，他面对的整个世界，和他的夙愿全然相反。对这个冷漠世界的残酷无情他是感受颇深的。由于体力上受尽了摧残，他不可能有足够的精力去寻找新的关系，旧的关系已经进一步断绝了。

一八八七年十二月十二日，他在市场上买到一支旧手枪，对准自己胸膛打了一枪，本想射穿心脏的。

子弹没打中心脏，射穿了一叶肺，留在脊背上皮肉里。高尔基被送进医院时气息十分微弱，几乎失去了知觉。

初诊时，按了按脉搏，断定患者是没有救了。甚至怀疑值不值得给他动手术。

不过，外科医生布柳什柯夫给他做了手术，手术后，情况大为好转，到第六天高尔基就能坐起来，到第十天他便出院了。

二

前来杰林柯夫家参加集会的人当中，有一个人特别引起了高尔基的注意。

“平常他总坐在随便哪个角落里，抽着短短的烟斗，一双灰色的、若有所思的眼睛静静地望着大家。他的眼光经常全神贯注地停留在我的脸上，我感觉，这个十分严肃的人，心里正在掂量我有多少斤两……”

这便是米·安·罗马斯，他因为进行革命工作已经在雅库茨克度过了一段艰苦、漫长的流放生活。一八八五年流放回来之后，他来到喀山住下，参加了青年人的秘密小组，也常到杰林柯夫的小店里来。

看来，铁路工人罗马斯很清楚，这个工人小伙子，加入能说善辩的大学生团体，主要不是来斗嘴的，而是要做点儿实际工作，他那倔强的脸色，便是不容置疑的证据。

罗马斯本人就不喜欢斗嘴，他认为，在理论上不管怎样争论农民有没有崇高的道德品质，都不能进行实际的革命工作。

为了帮助喀山一个小组建立印刷所，他跟小组商量好了，从经费中拿出一些钱，到伏尔加河边克拉斯诺维多夫村去开展工作。他决定在农村住下来，身份是农村小铺掌柜。

这还是革命知识分子为了进行宣传，在农村落户的那种过时的经验。这样的落户，在七十年代，在伟大的“到民间去”运动时期，是十分常见的。为了在农村落户，革命者得有一技之长。

一八八八年高尔基再一次见到罗马斯的时候，他在克拉斯诺维多夫已经工作了一年左右，在此期间他极其用心地调查研究了周围环境和各种人物。

他感到周围有些人对他怀疑和不信任，便挑了几个对他忠心的人做帮手，这几个人是敬佩他刚强的性格和他这个外来人的一片好心的。

罗马斯看到这个工人小伙子如饥似渴地倾听那些“想使生活变好”的人高谈阔论，早就想把他吸收过来协助自己了。可是，只是在他看清楚了，高尔基和大学生的交往以及在秘密面包店的工作，并不能使这位年轻人避免重大的精神危机的时候，罗马斯的这一想法才付诸实现。

这两个人之间的友谊就是这样产生的，高尔基每回忆到这一友谊时，始终都怀着感激之情。

一九二一年，他想到罗马斯时写道：

“如今他还健在吗？我不知道。在很多事情上我是多亏了他的——那是在我企图自杀，自己射穿了一叶肺之后，他立即邀请我到克拉斯诺维多夫他那里去。在当时我所有的熟人当中，只有他对我十分关切，十分诚心。”

高尔基回忆到在克拉斯诺维多夫第一天的生活，回忆到他和罗马斯长谈到深夜的情景时，这样写道：

“我破天荒第一次尝到了与人交往的欢乐。打从自杀事件之后，我变得非常自卑，觉得自个儿是个十分低下的人，觉得对不起人，没有脸再活下去。罗马斯一定是明白这一点的，因此很亲热、很恳切地开导我，使我看到了生活的前途，使我重新挺起了胸膛。真是永远难忘的一天哪！”

这里的环境，安静得和喀山无法相比。高尔基在这里读了很多书。罗马斯在克拉斯诺维多夫的图书室，在这方面给了他极大的方便。来到克拉斯诺维多夫的第一天，罗马斯便将自己的书介绍给高尔基看：有巴克尔、莱伊尔、哈特波尔·勒启、拉布克、太罗、穆勒、斯宾塞、达尔文等人的著作[1]。俄国的有：皮沙列夫、杜勃罗留波夫、车尔尼雪夫斯基、普希金、冈察洛夫、涅克拉索夫等人的作品[2]。

“他用那宽大的手掌抚摸着那些书，就像抚摸小猫儿那样爱怜，有点儿动情地低声细语地说：

“‘全是好书啊！’”

所有这些“好书”，高尔基全部用心地读过了，全都成了他的渊博学识的构成部分。

关于和罗马斯的友谊，以及在克拉斯诺维多夫跟罗马斯一起工作的情况，高尔基在小说《我的大学》中做了精彩的描写。

正是这些篇章，是我们据以判断罗马斯革命活动性质的可靠史料。分析一下罗马斯宣传的方式和实质，我们便可以断定，他并不是从民粹派所想的和所讲的那种情况出发，说什么农民公社是社会主义体制的最初阶段，农民的集体主义思想已经在公社中培养成熟了，等等。

罗马斯希望“唤起农村的觉醒”。这就意味着，他要组织力量反对警察的疯狂迫害，反对行政当局的农奴制度，反对行政当局和富农上层相互勾结，——这种勾结在农村中乃是农奴制度直接而又可靠的支柱。

他和继承车尔尼雪夫斯基、杜勃罗留波夫精神的十九世纪六

①以上全是十九世纪英国学者，从自然科学到社会科学各种学科都有。——译者注

②这里列举的都是十九世纪俄国民主主义作家和文学评论家。——译者注

十年代民主主义传统,保持着密切的思想联系,为“革命”而工作,事实上他是高风格的、有点儿像柯罗连科那种类型的文化活动家。但是他所做的“启蒙”工作,使他和农民发生了直接联系,而这种“启蒙”工作,无论是沙皇政府,还是农村中新的资产者——富农柯鲁巴耶夫和杰鲁诺夫之流,都是不能容忍的。

不能否认罗马斯对农村的种种关系是切实理解的。那些十九世纪七十年代民粹主义的追随者们认为农民是“智慧、崇高精神和善良的化身”,大言不惭地宣称自己忠于农民,热爱人民,罗马斯对这些人只是轻蔑地付诸一笑而已。

高尔基记得罗马斯这样说过:“对农民应当教育——就如你,老弟,虽说本人倒是不坏,可是你生活过得却很糟,而且怎样才能使你的生活变得轻松一些,变得好一点呢,对此你也是毫无办法。说不定一只野兽照料自己都比你聪明有本事,野兽都会很好地保护自己呢。”

罗马斯的宣传工作,正如高尔基根据回忆所描述的,是在农村中组织民主运动,反对富农和警察形形色色压迫而进行斗争的一种尝试。

在农村,唤起农民的政治觉悟,宣传启发他们起来反对专制压迫和警察统治——是一项十分艰巨的工作,这一点,并没有将罗马斯吓倒。他对自己的助手也不隐瞒这种艰巨性。

刚来到没有几天,高尔基就看清楚了,这家乡村小店铺,一到晚上就成了被包围的堡垒,看到罗马斯在这种仇视和猜疑的环境中,心中保持着如此高度的镇定,只有坚信自己的事业十分正义,并且一定能够胜利的人,才会这样。“要是所有的人干自己的事业都能这样镇定那就好了!”——高尔基钦佩地想。

高尔基在《我的大学》一书中,十分鲜明地描述了十九世纪八十年代农村阶级分化的情景。

“……显然,村里所有的人都像瞎子一样摸索着过日子,大家总是担惊害怕的,互相猜疑,有些人像狼那样狠毒。”

阶级斗争的尖锐化,对城里来的罗马斯和高尔基不可能没有影响。如果说,普通的“本分的庄稼汉”对他们猜疑和不放心的话。那么富农确实“像狼一样”地仇视他们。

高尔基回忆说,罗马斯的货物售价比其他两家农村小店铺便宜得多,那两家老板自然恨他抢了生意,因此他们决定用“家常办法”来收拾他。

有一天夜里,他们拿了削尖的木棒来打罗马斯和高尔基,有两次罗马斯遭到他们的枪击,劈柴里被他们装满了火药,把他房里的炉子炸掉了,他们本想炸死罗马斯本人和他的助手的;有一个农民叫伊左特,是拥护罗马斯的,在打鱼时被人用斧头劈死了。

所有这一切都没有吓住罗马斯。

“他说过,既然做革命工作,就不能怕花人力气,必须记住:说到的,就要做到。”

依靠村子里朋友们的支持,罗马斯又在动脑筋,不能只局限于小组宣传方式,要办一件对全村都有影响的事情。

如《我的大学》中所写的,罗马斯“几乎是建成了”一个果农合作组,以便合伙到城里去推销苹果,这样就可以撇开水果收购商人,这些人贩卖水果发了大财,成了村里财主。

就这样,谨慎从事的罗马斯所举办的各种事业都具有完全合法的性质，如果办这种事业使他和高尔基在克拉斯诺维多夫的生活以一场惨祸告终的话，其原因便是以村长为代表的村行政当局勾结当地的财主疯狂地仇视他，同时还有村里中间分子摇摆不定的态度；建立合作组对他们是有利的，但是他们害怕一切新生事物，他们是列宁所说的"'本分的庄稼汉'没出息地担惊害怕"心理的代表者。

一八八八年八月，快要采摘苹果的时候，在一个闷热的早晨，罗马斯的小店铺被人纵火，连同所有的货物全部被烧光了。高尔基写道："我差一点被烧死，为了抢出一箱子书，我在阁楼上被火包围住了。便拿一件羊皮袄将身子一裹，从窗口跳了出来。"

这场烧掉十一家宅院的大火的那些组织者，还有一个离间计——利用农民的愤恨心情，来收拾罗马斯。

"他们栽诬说是罗马斯放的火，要把他扔到火里去，但是一向十分从容镇定的罗马斯，这时神态自若地抽着烟斗，将一口口的烟向杀气腾腾的庄稼汉脸上喷去，这使得他们只好乖乖地向后退去。在我砍邻居已经燃烧起来的篱笆时，那些人也朝我围了上来，可是我手里有斧头，农民早就晓得我力气大得很，动起手来也很灵活，米哈依尔·安东诺维奇又不慌不忙地走到我跟前帮忙来了，就这样一切都平安无事地过去了。"

三年之前高尔基初次遇到那些说出了他"想说而说不出的一些想法"的人，听他们说"必须改变生活，同时相信能够改变这种生活"。

他自己，只要有机会，也大力宣传必须改变生活。对那些被沉重的劳动压弯了腰的面包匠，他就宣讲一定要进行反抗的道理,甚至采取了新的斗争方式——罢工,而其结果在当时条件下必然是遭到失败。

来到克拉斯诺维多夫,高尔基曾经以为,这是新的生活和工作的真正开端。“莫非我已经开始从事那种重大的活动了吗?莫非我如今就要跟一些干大事的人一块儿工作了吗?”

这些希望所得的结局怎样,我们现在是看到了。但是在农村里的生活和工作,却给高尔基带来了大量新的知识。克拉斯诺维多夫村和谢苗诺夫面包铺一样,也成了他的“大学”之一。

三

罗马斯一离开克拉斯诺维多夫,他在极其艰苦的条件下创建的工作猝然中断,高尔基重新陷入了孤独和莫知所从的境地。

他和克拉斯诺维多夫的农民巴林诺夫一起“下了”里海,在那里的一个渔业合作组干活,后来去莫兹多克,在莫兹多克草原上流浪了一阵之后,于一八八八年深秋时候,他来到了察里津[①]。

高尔基在这座城市里耽下来了。

这时候,格里亚齐—察里津铁路当局提出要一些平民知识分子担任一些职务。这时有不少平民知识分子,被认为政治上不可靠,受到监视,虽然服满了流放刑期,可是仍不许回京城,他们住在伏尔加沿岸各城市,——总之他们是一些还不能享受全部公民权,而且抱着反政府态度的人。

提出要各种各样受监视的、政治上不可靠的人担任职

①1925—1961年,察里津改名为斯大林格勒。——作者原注

务，——照铁路经营商人米·叶·阿达杜洛夫的意思，——其目的是想尽量吸收一些忠实可靠的人到格里亚齐—察里津铁路上工作，以便跟极其严重的偷窃行为做斗争。

在高尔基来到察里津之前，铁路上已经有一大批受监视的人在工作了。

曾经在雅卢托罗夫斯克流放过的民粹主义者马·雅·纳恰洛夫，十分同情这个外地来的小伙子的遭遇，靠了管理局里有一定影响的其他一些“不可靠分子”的帮助，纳恰洛夫将他安插在一个偏僻的多布林卡车站当了守夜人。

经营商人阿达杜洛夫的点子，不可谓不高明。他向当局建议用这些政治上“不可靠”，但明明十分忠实可靠的人，全力去对付小偷小摸，这样一来就可以使其不再注意大规模的盗窃活动了。

在铁路网的建设和经营当中，许多乌七八糟的事情，是载入了十九世纪六七十年代历史的。五花八门的投机倒把和肆无忌惮的盗窃，受到了民主主义文学的猛烈的抨击，难怪谢德林将那些“铁路人员”和神气活现的“富农”[①]暴发户算作一路货。

因为这种名声，民粹派和激进民主派的平民知识分子，长期以来不肯在铁路上工作。甚至到十九世纪八十年代，譬如说，在农民银行任职，或者在地方自治机构工作，在这些知识分子看来，都要比在股份公司或在铁路部门任职光彩些。

不过，对于阿达杜洛夫所注意到的那部分工作人员，和其他一些人相比，是没有多少选择余地的。他们受到知识分子普遍失

①这里的“富农”是指1861年俄国取消农奴制度后，靠收买败落地主的土地而发财的人。——译者注

业的威胁，遇到任何工作的机会，便认为是自己难得的幸运。除此之外，有一种“论调”，即要同坏人坏事作斗争，“要造福社会”，这种论调吸引了不少人。在“注意小事情”这一理论风行的时代，在铁路部门做这样一种工作，好像成了“光荣的”任务。

这种工作对于高尔基来说，没有一丝一毫的光荣感。他面前的问题很简单：度过这个冬天。此外，就他工作本身性质来说，他和阿达杜洛夫处工作的那批知识分子是没有接触的。

“我当了多布林卡车站的守夜人；从晚上六点到早晨六点，手里拿着一根棍子在货栈周围走着；风从草原上吹来，像是千百只野兽咧着嘴在咆哮，飞舞着团团的雪花，在风雪弥漫之中，一辆辆机车缓缓地，喘着粗气，拖着一节节黑色的列车开来开去……钢铁碰撞的叮当声，挂钩哗啦哗啦的响声，一种奇怪的轧轧声，低沉的汽笛吼声，伴随着风雪声阵阵传来。”

高尔基的本职是守护面粉和其他一些货物，防备周围一些哥萨克来偷窃，“和盗窃做斗争”，在他来说，是采取了最直截了当的形式。但是，如他后来所讲的，他作为一个守夜人，其处境是“相当微妙的”。

“我提了棍子在货栈周围走着，防备外人盗窃，可是就在货栈内部，我的顶头上司——站长开了一个小店铺，将茶叶、糖和其他一些从车厢里偷来的货物，出售给附近一些车站的哥萨克们。”

他通宵不能睡觉，等下了班，又要叫他去给站长做家务：倒脏水，劈柴，将木柴搬进厨房和房间，擦洗铜器，生炉子，照料马匹，还得做很多别的事情，这些事差不多要占去他半天时间，以致连读书和睡觉的时间都没有了。

和这种家长制传统不同的是，当时，在阿达杜洛夫的管理局办事处，一种自由主义“风气”颇占优势，所以这位多布林卡的守夜人，无须费多大周折，可以按级给波利索格列布斯克的上司送上这样一类的信件：

“我照旧过得很好，跟同事们（守夜人）和睦相处，我完全明确我的职责，而且我总是一丝不苟地完成自己的任务。站长对我很满意——而且为了表示他对我的好感和信任，要我每天早晨给他倒厨房里的脏水。我请求做出回答：给站长倒厨房里的脏水，是否是我职责范围内的事？”

在一个知识分子——高尔基在管理局办事处的一位同事——手里，保存着他的一封信，信里面以一种讽刺的笔调谈及“阿达杜洛夫一伙”的防盗窃活动。

“我有幸向您报告：我是干守卫的，谢天谢地，干得还不错。面粉袋子给搞掉的不算太多。如今我一直在想着一个问题——我干这种事是否适宜，是否有益。

“问题是，无论如何我弄不清楚，在这种有组织地出卖面粉事件中，究竟是谁有功，谁有罪，是手段十分狡猾的偷面粉的贼呢，还是我，因为我更为滑头地装着睡觉，装着没看到。就这件事，也请讲一讲您的看法……

在那里，在管理局办事处，不用说，一切情形您都是十分清楚的！……”

在写这封信以后，高尔基还寄去一件申请调离多布林卡车站的报告。在这份申请报告里，他用一首诗描述了他两面听命的情景：既要听站长的，又要听他的厨娘的。

要是这份申请报告能保存下来的话，那可算是高尔基的第一篇文学作品了，而且这还是一篇完全成功的作品，因为作者从多布林卡车站调到了波利索格列布斯克货站，负责保管铁路上的扫帚、麻袋和防雨布。

高尔基在这里有了较多的空余时间，他能够多读一点书了，但是观察人的范围几乎没有扩大。

在这座凄凉而又肮脏的城市里，依他的理解，人们分为不相联系的两大类：一类是你争我夺达到可笑程度的庸俗的市侩，还有一类就是像阿达杜洛夫那样的知识分子群，是一些“戴着近视眼镜和夹鼻眼镜的眼光短浅的书贩子，穿着撒腿裤和各式各样的上装，但说的都是千篇一律的书上话，像是穿着一色的法衣。”

他们当中大多数都有“思想危险”[①]的历史，或是坐过牢，或是被流放过；如今他们都十分卖力地在揭发过磅员、乘务员和工人们的舞弊行为，并且还互相炫耀捕捉小偷的成果。

高尔基写道：

“我觉得，他们这些人能够而且应当做一些别的事情，做一些与他们身份、能力以及以往的经历相称的事情……”

无论在这些铁路上的“文明人”当中，无论在这些市侩气十足的偏僻小城里“不文明”的居民当中，高尔基都感到格格不入。

“我一面在看管麻袋、防雨布、闸板、枕木和木柴，防备附近车站的哥萨克人来偷窃，一面向往着干一番伟大的事业，向往着一种光明欢乐的生活。我在阅读海涅和莎士比亚的作品时，每到夜晚常常突然想起周围无声无息地在烂下去的社会现实，便半天

①这是帝俄时代对革命人士的用语。——译者注

半天地坐着，或者躺在那里发呆，像是头上给打了一闷棍似的。”

高尔基又调到克鲁塔雅车站担任过磅员。克鲁塔雅离察里津十二俄里。这次调动并未改变他总的生活状况，但是很快给他创造了一个新的环境，这就冲淡了他在多布林卡和波利索格列布斯克所体验过的那种可怕的孤寂之感。

在克鲁塔雅，高尔基亲自组织了一个“自修小组”。加入这个小组的有五个人：除了高尔基自己，还有费洛诺沃车站的电报员、“农民出身的技术人员”尤林，普姆兹加的电报员雅洛斯拉夫采夫，钳工维林，排字、装订工人拉赫麦特卡。

小组内是极为民主的，这和喀山知识分子的小组完全不同。不受强制性的民粹派教条的约束，这里没有那种自作聪明的导师，他们把高尔基带去的感性材料“又剪又缝，使之适合于他们那种政治哲学体系的式样和传统，他们做惯了这种政治哲学体系的裁剪师和缝衣匠。”

这是年轻工人和职员组成的一个亲密无间的团体，这些人在宪兵眼里显然都是“可疑”人物。

小组是在宪兵密切监视下进行活动的。高尔基写道：“从卡拉奇派来了密探监视我、监视电报员尤林、哥萨克装订工拉赫麦特卡和曾被流放过的帝俄陆军中尉马特维叶夫。”

高尔基在波利索格列布斯克时，当地宪兵就向警察署报告过，说什么“现有人去米哈依洛夫镇频繁活动，经查有波利索格列布斯克的瓦西里·阿拉贝舍夫和阿列克塞·别什柯夫、费洛诺沃车站的电报员尤林和女教员安娜·多尔玛特，另有尚未查明的分子数名。”

高尔基在克鲁塔雅车站讲过一些什么样的话呢，这从他一九三四年写给自己在克鲁塔雅时的同事、车辆检查员А.Л.瓦西里耶夫的信中，是可以看得出来的：

“你的来信我收到了，这使我清楚地记起了巴萨尔金、库尔纳舍夫、柯甫绍夫、看守人乔尔诺戈罗夫，以及你寄来的照片上几乎所有的伙伴们。就是说，我们都健在，你说是不是，巴尔芬内奇？而且我们生活得不错，还要一年胜似一年，因为我们国家正在飞速发展。你可记得，那时候我说劳动人民应当成为生活的主人，你们这些鬼东西，是怎样打趣和笑话我的？只有乔尔诺戈罗夫一个人用低得可怕的嗓门儿应了一声：‘对啊。’”

宪兵的监视，上司的专横，终于使高尔基无法忍受下去，一八八九年春天，他辞掉了铁路上的差事，便时而步行，时而乘坐货车，顺着察里津—波利索格列布斯克—唐波夫—梁赞—土拉—莫斯科这条路线出发了。

高尔基在回忆起他辞去铁路上职务后的艰难岁月时，在一篇回忆卡罗宁的特写（初稿）中写道：

“离开察里津的时候……我写了一首辛辣的讽刺诗，诅咒世上的一切，向往建立一块农垦移民地。我在徒步游历期间，阴郁的心情多少消散了一些，幻想着移民的生活，幻想同两位善良的伙伴和一位可爱的小姐[1]一起生活，这种想法越来越强，越来越清晰了……我怀着这种幻想走了一千多俄里，想啊，想着和朋友们在一起的自由生活，想着土地，这土地将由自己来开垦、播种，并

①两位善良的伙伴和一位可爱的小姐”指电报员尤林和雅洛斯拉夫采夫以及站长的女儿巴萨尔基娜。——作者原注

将由我亲手来收获，想着一种新生活，即没有长官，没有老板，也就是没有屈辱的一种新生活，这种幻想简直使我陶醉了。”

高尔基以农垦移民地志愿参加者的名义，给列夫·托尔斯泰写过一封信，因为那几年托尔斯泰正在鼓吹组织农垦移民地。信末是这样签署的：“总代表——尼日戈罗得市民阿列克塞·马克西莫维奇·别什柯夫”。

这封信所表现出来的，倒不是看清大势所趋，而是年轻人的决心。

阿列克塞·别什柯夫给列夫·托尔斯泰的信中写道：

“……您有许多土地，听说还没有耕种。我们请求您将这些土地给我们一块。”

不用说，既然有这种打算，就有必要面见列·尼·托尔斯泰，亲自同他商量商量。这就是高尔基为什么取道土拉和莫斯科这条路线的缘故。离开克鲁塔雅车站的时候，他将一本诗稿，还有一篇“用散文和诗体写成的出色的长诗”——《老橡树之歌》装进了自己的背包。

高尔基后来在《我怎样学习写作》这篇文章中回忆说，这首长诗篇幅是很“大的”，是用韵文形式写成的。高尔基写道：“如果我没有记错的话，写这首诗是因为一本科学杂志《知识》上刊登了题为《生命的周转》一文的缘故，那篇文章是谈演化论的。”

“这首长诗我只记得一句了：

“我来到世上，就是为了不赞成，

“看起来，对演化论，实在也无法同情。”

促使高尔基产生写这首长诗动机的那篇文章，笔者已经找到。这篇文章不是刊登在《知识》杂志上，而是刊登在《言论》杂志上，文章题目是《历史的循环》。

高尔基在长诗里反对的是什么，不同意的又是什么——是反对文章作者所持的、合理的发展进化中的阶段呢，还是反对那种认为"一种社会制度与劳动压迫会变为另一种社会制度与劳动压迫"的可怕的"生活循环"理论呢，——这我们就不知道了，显然，今后我们也无法弄清楚了。

不过可以肯定地说，这首"长诗"的情致是面向世界的，它号召人们英勇奋斗，使"渗进了血泪"的大地苏醒过来。

高尔基在回忆起这首长诗时幽默地说："我从来没有犯过过分自信的毛病，况且那时候我觉得自己是个文化程度很浅的人，但我确信，我写了一篇十分出色的作品：十年来，在五花八门的困苦生活中所感受到的一切，我全给塞了进去。我相信，有学问的人，读了我这首长诗，会因我讲的事情新颖别致而惊叹不已，我的故事所反映出来的道理，将震撼世上所有人们的心灵，这么一来，正当、纯朴、愉快的生活便会立即一跃而出，——除此之外，别的什么事情我是全不想的。"

高尔基正是怀着这样的心情走向生活的新阶段的，——就是说，要"躲进一个安静的角落，细细思考一下过去的事情"。

但是，列夫·尼古拉耶维奇·托尔斯泰是不会挑中他作为自己的门徒的。且看这位青年工人，身背油布背包，雄赳赳，气昂昂，要想验证"勿抗恶"这一原则，找不出比这更不利的材料了。

从童年时代起，他就"咬紧牙关，握紧拳头"，迎着生活前进，为了保卫自己，保卫世界上他认为最可贵、最崇高的一切，"准备迎接任何论战和搏斗”。

高尔基先到雅斯纳斯-波良纳，又到莫斯科哈莫夫尼基街，想见见托尔斯泰，但在两处都未能见到。

“索菲亚·安德列耶芙娜[1]告诉我说，他已经到特洛伊采-谢尔盖耶夫修道院去了。我是在院子里看到她的，她站在满满地塞着一捆捆书的板棚门口；她领我到厨房，倒了一杯咖啡，拿了一个小白甜面包，亲切地款待我。谈话中，她对我讲，有许许多多‘来路不明的闲人’来找列夫·尼古拉耶维奇，还说，总而言之，俄罗斯游手好闲的人是太多了。”

走访托尔斯泰未遇，高尔基便决定回尼日尼。

①托尔斯泰的夫人。——译者注

第三章

一

在那些年里，在西伯利亚流放地和中央地区之间，喀山是一个中途转运站，却还不如尼日尼。

有大批“政治移民”（这是当时人们的称呼）在这里居住。在一八八八至一八八九年间，在一八八七年大学学潮之后，从喀山遣送来不少人，“政治移民”的数量便大大增加了。

其中有高尔基在喀山时的一些熟人。一八八九年夏天，他曾经同其中两个人一起住在茹可夫大街里克家的厢房里。这两个人一个是乔金，原市立中学教师，因思想危险被解聘，一个是索莫夫，原来就被流放过的。

俄国最早的马克思主义者之一——谢·伊·密茨凯维奇曾经在喀山见过高尔基，后来回忆说：

“我在乔金那里认识了阿列克塞·马克西莫维奇·别什柯夫……乔金说：‘你们认识认识吧！这是一位很有意思的人，人民中间来的，叫别什柯夫。’站在我面前的是一位高高的年轻人，戴着一副蓝眼镜，蓄着长长的头发，穿着一件黑色的衬衫和便裤，足蹬一双高筒皮靴。我们畅谈起来了。我对他们谈到，我对莫斯科大学生的思想情绪，有一些不以为然的看法。乔金说，这类思想情绪在尼日戈罗得一些人中间也是有的，这些人不久前还是革命者，如今却反对走革命道路，认为现在最要紧的是做一点简单的文化工作，如当时人们所说的，要做文化传播者。别什柯夫有时插几句话，从他的插话中可以看出，他完全赞同乔金对这些重新出现的文化传播者所持的反对态度。别什柯夫的插话是极其犀利，极能击中要害的，对知识分子的动摇性表现了极大的鄙视。”

乔金和索莫夫都是“受监视”的人物，因此他们的房子自然受到“暗中观察”。

在宪兵们的视野中，在宪兵们看惯了的那些危险的知识分子中间，出现了一个年轻工人，这么一来，观察到的资料就更有意思了。

这故乡的城市，对高尔基的归来，并不表示亲热。为了糊口，他不得不去啤酒仓库工作，在阴湿的地窖里搬酒桶，洗酒瓶，推着小车给一些小店铺和客户分送巴瓦里克瓦斯①。

宪兵们看来很清楚，这一切都不是什么伪装。但是必须弄清

①啤酒在外国是一种笼统的名称。凡酒精含量低、冒泡、酒味带酸的饮料，都属于这一种。巴瓦里是德国城市，所产克瓦斯极有名。故称巴瓦里克瓦斯。——译者注

这些现象的背后究竟是什么。因此，高尔基一来到尼日尼，调查信就飞向萨拉托夫、察里津和喀山，去查询这位神秘莫测的"油漆作坊手艺人"(他在身份证上这样写的)的来历。

萨拉托夫的复函没有保存下来，只知道是有过复函的。察里津的复函十分空洞。

宪兵大尉乌斯基诺夫向尼日戈罗得宪兵司令波兹南斯基少将报告说，无论是宪兵，还是当地警察，都无法断定漆匠阿列克塞·马克西莫维奇·别什柯夫是不是在察里津住过，并且，他还请求"赐函见告：别什柯夫系何年何月，住察里津何处，系他人作坊工匠，抑本人单独开业"。

然而喀山方面却对他十分清楚。

喀山宪兵司令甘加尔特上校向尼日尼报告说，"漆匠阿列克塞·马克西莫维奇·别什柯夫"干的并不是油漆手艺，而是在宪警们都十分清楚的杰林柯夫面包铺里"当送面包工人"。

甚至还搞到了高尔基在喀山居住时留下的一些东西。原来，在一次搜查中，确定下列罪证是属于高尔基的：

一，一个笔记本。里面有阿列克塞·别什柯夫手抄的米尔托夫文章的一段摘录，题目是《现代关于道德的一些学说以及道德的沿革》，该文登在《祖国纪事》上。

二，别什柯夫的一本铅印的《优秀书目及一八五六至一八八三年杂志文章索引》。

指控高尔基参与革命活动，这点证据是极为不足的。尽管如此，可是既然宪兵们已经这么草木皆兵地搞了起来，甘加尔特上校从自己的角度来说，也乐得向波兹南斯基证实一下自己的推测，他认为这个青年工人是喀山和尼日戈罗得“可疑分子”之间的联络员。

但是，在收到甘加尔特的材料之前，宪兵机构“暗中观察”获得了一些材料，认为这是十分重要的一些材料。

宪兵判定，“这三个人（索莫夫、乔金和别什柯夫）的生活与彼此之间关系，都是遵循共产主义原则的”，他们不仅自己不雇用女仆，而且每次出门，自己将房门一锁，甚至“不许房东里克先生的女仆为其收拾房间”。

这种做法当然给宪兵进行暗探活动造成了不便。可是，发生了一个新情况，如波兹南斯基将军给尼日戈罗得省长的信中所讲的，这一情况使他“大为满意”：从彼得堡警察署突然来了一个电报，命令逮捕索莫夫——因为喀山费多塞也夫的地下印刷所被“破获”，发现他与此案有关。

一八八九年十月十二日，在接到命令后，立即对“共产小组”进行搜捕，可是房子里一个人都没有。

“书籍与纸张散得满地都是，一部分撕毁了，其中并未发现任何重要罪证。”

正在搜查的时候，别什柯夫回到房里来了，立即受到审问。

执行搜查的一个宪兵报告说：“别什柯夫在受讯时态度极为无礼，甚至十分嚣张。”高尔基被逮捕了，并关进了尼日戈罗得城堡。

据阿列克塞·马克西莫维奇讲，宪兵来的时候，他从二楼跳到了邻居的花园里，过了一会儿又回来了，好像根本就不晓得有这些不速之客似的。从这点可以看出，宪兵一到房里就被混乱情景吸引住了——书籍和纸张都被匆忙地收拣过，“散得满地都是，一部分被撕毁了”。

宪兵一看这情形，就立即断定有人事先给索莫夫通了风。波兹南斯基写道：“所搜查者系弃置之物，书刊文件业经挑选处置。”

宪兵们断然认为，索莫夫已经“潜逃”。波兹南斯基给尼日戈罗得的省长送去一份如下的报告，报告“潜逃”情形：

“未查获索莫夫的任何财物（外衣、内衣以及其他物品），同时，关于他离开尼日尼，离开里克家住房一事，他不仅未对里克先生及其家庭成员谈及，甚至其女仆亦一无所知……”

然而，索莫夫向来是不用转移或隐匿“任何财物”的，……因为他没有任何财物。

完全可以肯定，波兹南斯基在报告中这么绘声绘色地描述“潜逃”情形，其目的是要制造逮捕高尔基的根据，追查他“窝藏逃犯”。

可是，不论收集到的情报，还是直接的侦查，都未能提供可靠的证据。

没有证据便不能“起诉”。从“十分无礼”的市民别什柯夫那里搜查来的文件、书籍、照片，“全系无关紧要之物”。

索莫夫在喀山被捕的一些情形，倒是排除了高尔基协助“潜逃”和“窝藏”的罪责。

高尔基在有的回忆文章中，谈到波兹南斯基将军审问他的情形。

他和这位被捕的人聊起天来，谈到爱唱歌的鸟，说他是个很喜欢鸟的人，谈到一些古老的纪念章，还谈到搜查来的高尔基诗歌的优点，那样子真像“一只名贵的老狗，由于老朽无力，觉得苦闷无聊，见到人便吠上几声”。

不过，看样子，这只老狗如今苦闷无聊，倒不是因为老朽无力，而是因为这次打猎没有捞到什么油水。

但是，波兹南斯基还是给省长送去一份《关于市民阿列克塞·别什柯夫情况的调查报告》，上面写了下列归纳性的意见：

“关于别什柯夫的身份，我曾多次函询，喀山宪兵司令的复函，使我对早就形成的有关别什柯夫的看法更加深信不疑，此人对助长俄国思想危险的人来说是一块适宜的土壤。从这份复函中我获悉：别什柯夫曾在喀山一家开办目的不良的面包铺里工作过，在喀山他曾结识了一些思想危险分子，阅读过不少作品，其倾向显属异端，这些作品是完全不理想的，且与其身份、年龄及所受教育不相称。”

不用说，依照宪兵少将和省长的守旧观点来看，对于这个只上过初小，而且“因为穷连一年级也没读完”的市民来说，只有那些浅陋的通俗书刊，才是“完全理想”的读物。

可是，就依据这一点材料，波兹南斯基自然是不可能对别什柯夫起诉的。

他向省长报告说：“余以为妥善之办法乃是：中止对市民别什柯夫一案继续审理，取消警察公开监视的原措施，交由警察暗下监视……”

寄往警察署的，也是和这相同的一份报告。

两处都同意必须对别什柯夫采取秘密监视，于是从这时起，他就经常处在宪兵司令部、警察署和省警察所的监视网之中。

据高尔基回忆，他是在十一月七日，“米哈依节前夕”被释放的。

他回忆说：

“这件事我记得很清楚，因为第二天在克拉尔克[①]家开晚会，在那儿我初次遇到一位‘地下工作者’（好像就是萨布纳耶夫）。他给我的印象是难忘的：穿着不讲究，打扮不漂亮，戴着棕色假发，讲起话来口气轻慢，大家听他讲话几乎都是毕恭毕敬的。他对我说：‘监狱——对一个革命者来说，是一所必不可少的学校。’记得我对他的回答很不客气，——理应如此回答。”

萨布纳耶夫于一八八四年开始参加“民意党”，这时“民意党”已处于分化时期了。他被流放到西伯利亚之后，于一八八八年潜逃回来，试图振兴民粹派，如当时人们说的，想“起死回生”。

他常常在伏尔加河流域大小城市里突然出现，以显示其机警和神秘。他是民粹党的末裔，同时又是社会革命党及其盲动主义分子的先驱。

在喀山，他极力想利用费多塞也夫的小组按自己意图行事，可是，理所当然地，费多塞也夫给以回击，甚至“不让这只山羊钻进自己的菜园”。

回敬这种故弄玄虚者的革命高调，高尔基“理应”不客气。

这时，高尔基来到律师拉宁处当办事员，这使他的生活略微安定了一些。

①克拉尔克——高尔基的朋友，被开除的大学生，曾被流放。——作者原注

但是，他有一个隐藏在心底的念头。他第一次进行巨大的创作所引起的激情，他是难以忘怀的。

一八八九年十二月的一天，他决意去拜访当时住在尼日尼的作家柯罗连科，请他看看自己的长诗。

柯罗连科简短而又生动地给发窘的作者谈到，这首长诗不好在哪里，同时谈了为什么写得不好。

他说："年轻时我们都有点悲观，实在说，我也不知道为什么这样。可是我似乎觉得，是因为我们希望得太多，而得到太少……"

他对激励高尔基去写作《老橡树之歌》时的心情，了解得如此透彻，这使高尔基大为惊讶。

随后谈及文风方面的许许多多可笑之处。柯罗连科这种语气十分温和、十分亲切，但是十分严格的批评，使高尔基震动很大。他"已经什么也听不到，什么也不知道了，此时只觉得无地自容"。

不知是三十年后高尔基在回忆起这篇作品时，他是将这篇作品的缺点说过了头，还是确确实实有这么多缺点，但有一点却是事实，那就是柯罗连科十分重视这些缺点。这使这位年轻的作者十分难堪，致使他产生了这样一个疑问：

"关于稿子的内容，他却只字不提。这个怪人究竟怎么理解的呢？"稿子的内容是号召人们为使"渗透了血泪的大地"苏醒过来而去干一番事业。

柯罗连科忽略了这一浪漫主义的内容，只是指出了语言方面的许多差错。这便使高尔基下定决心再也不写诗歌，再也不写散文。“……而且确确实实，我在尼日尼的整个时间——将近两年——什么也没有写。”

在尼日尼生活的两年里，高尔基同青年和“政治移民”的团体保持着广泛的接触，但是，在那些自称为“民粹派”和“激进派”的当地知识分子当中，听着他们那种矫揉造作、奥妙费解的言论，如高尔基所说，就像“一只黄雀落进了巧嘴的喜鹊窝里”。

这种会议的一位目睹者，写过一篇颇有意思的故事，这个故事保存下来了。有一次在尼日戈罗得一个“政治移民”的房子里集会，迎接一个“地下”民粹分子，他刚从一些闹宗派的地方来，大谈其农民的革命情绪。

“别什柯夫也在这里，而且听得十分认真。等‘地下工作者’一讲完，便开始‘讨论’起来，别什柯夫等轮到自己发言时，也就谈开来了……他讲的不知怎么和别人讲的完全不一样。别人讲的全是一些干巴巴的抽象的论断，听了叫人打瞌睡，而别什柯夫讲得生动而又形象。他的发言，语言有力，散发着生活的气息，论断也都十分精辟，一切都那么生动活泼，震撼人心，朝气勃勃……似乎也不是所有的人都喜欢这个年轻人的发言；那些有激进派思想的听众，甚至认为他的发言有点儿像异端邪说，不过，所有的人听他讲话都是聚精会神的……别什柯夫在讲话时，面部也很富有表情，——后来我不止一次听他讲话，觉得都是这样。”

高尔基在这类集会上这样引人入胜地讲了些什么呢？

他回忆说：“我不受那种纪律约束，或者确切一点说，我没有在学校学到的那种思维技巧；我积累了很多材料，需要认真地予以研究，要研究就得有闲工夫，闲工夫我是没有的。我对书籍一直信赖，几乎不曾动摇，我对生活也已经懂得了很多很多，而在书籍和生活之间却存在着种种矛盾，使我百思莫解。”

现实生活的经验，使他也无法接受“民粹派”的书本观念；他不是从理论上进行论证，而是用极其丰富的亲身感受来进行反驳，从上面所举事例可以看出，他的语言在那时候就已经十分富有表现力了。

如果像目击者所说的，“所有的人听他讲话都是聚精会神的”，那么，毫无疑问，在他这许多亲自观察得来的印象中，蕴蓄着伟大的生活的真理，而他对生活真理的阐述，表现出一个成长中的艺术家的极大才能。

高尔基后来回忆说：“各种互相矛盾而且越来越敌对的意见，天天纠缠不清，置身于这样的环境中，观察着感情与理智的角斗，在这些看架势能把真理打得抱头鼠窜的搏斗中，在这慷慨激昂的思想辩论中，我找不到一点“合乎心意”的东西……就跟在喀山、波利索格列布斯克、察里津一样，我在这里观察了知识分子的生活。同样感到困惑和不安……有许多人生活得百无聊赖，我觉得实在没意思；精神贫乏，孤僻苦闷，尤其人与人之间彼此毫不手软地残酷迫害，看到这一切真使我悲愤难平；——我再也弄不明白：为什么知识分子不肯多花点力气，用到这些人身上去呢……”

高尔基觉得，能给他讲清俄国生活的道路，指明“干大事”的意义以及文化工作应当干些什么的，只有柯罗连科。

高尔基回忆说：“我不去找弗拉季米尔·加拉克季奥诺维奇了，因为，上面说过，我决心放弃写作。我只是偶尔在街上遇到他，要不就是在熟人家集会时见到他，他在那儿默不作声，静静地倾听着别人的争论。他一言不发，这叫我十分焦急。在我脚下，在我四周，一切都在震动，这我看得很清楚，周围一切都在动荡。所有的人都很激动，都在争论，这个人究竟主张什么呢？然而我却下不了决心到他跟前去问他：

“您为什么不作声呀？”

一八九〇年的一个夏夜，高尔基和柯罗连科在伏尔加河高高的河岸上——在尼日戈罗得的“奥特柯斯”[①]林荫道上会面了。在这里，坐在“奥特柯斯”的长凳上，高尔基向他提出了这个一直想问的问题。

柯罗连科的答复很简单：“我该怎么办，我自己晓得；相信我这样做有益处。”

柯罗连科是大变革时代民主知识分子中最优秀、最有才能的代表之一，是反对反动农奴制的不屈战士。他作为一个艺术家、政论家和社会活动家，全力以赴地投入了这一战斗，他认为参加这场斗争是义不容辞的。他是一个沉着、刚强的人，不侈谈“高尚、远大的”目标，主张解决摆在面前的社会问题，他也天真地相信，能解决这些问题，不需要经过激烈的阶级斗争，便自然能解决“远大的”未来的问题。

如今，坐在“奥特柯斯”的长凳上，高尔基向他说出了自己的忧虑和困惑，他激动地谈了自己的信念：

“要有正义！正义能够由小小的火花，渐渐燃成熊熊大火，将大地上一切虚伪和肮脏的东西烧得一干二净，只有到那个时候，生活才会改变其痛苦和悲惨的面貌。不偏护自己，不偏护任何

①尼日戈罗得的风景区。——译者注

人、任何事，要坚持不懈地主持正义——这就是我的想法。”

依当时历史情况而论，柯罗连科关于“正义”的观念，就是反对农奴压迫及其残余、进行民主主义斗争的观念。

这一斗争任务，在极大程度上落到了无等级的知识分子肩上。但是“无等级性”并不意味着知识分子“无阶级性”，关于这一点，列宁阐述得十分透彻。

列宁写道：“‘无等级性’丝毫不能抹去知识分子思想的阶级根源。无论何时何地，资产阶级起来反对过时的等级束缚和其他中世纪制度都是为了全体‘人民’（因为人民内部的阶级矛盾当时还不够尖锐），无论在西方或在俄国，资产阶级都是对的，因为它所批评的制度的确束缚了所有的人。”

阶级矛盾的发展，破坏了原有的一致，使“无等级的知识分子”分裂为自由派和民主派，——而对于民主理想形形色色的背叛，是十九世纪八十年代特别典型的现象。

柯罗连科一直是一位忠实的民主主义的勇士，他深厚地同情被压迫群众，不懈地进行宣传，呼吁同专制压迫，同贵族警察制度进行斗争。但是，他不仅是一位民主主义战士，同时也是一位资产阶级民主战士，他代表着资产阶级总的利益，因为从事反对野蛮的农奴制残余和贵族专制的进步事业，便是维护资产阶级总的利益。这是一场争取社会文化进步，争取实行“法制”，维护“正义”，维护“人道主义”，维护“幸福”的斗争。

我们看到，高尔基也热烈希望干预这种“极端缺乏理性”的生活，希望现实生活在文化和道德方面有所进步。可是生活经历和他的无产阶级觉悟，使他看到了现实生活中许多新的矛盾。

“我的老板瓦西里·谢苗诺夫不关心社会文化的进步和发展，而且所有老板都不关心。我读到和听到过不少深奥的警句，‘钻进我的脑子’特别深的是普鲁东讲的一句话：

“‘财产就是偷窃。’

“这一点我是十分清楚的。虽然我熟悉不少以偷窃为生的人，我看到……那些‘规规矩矩’的老板们，也正在拼足力气、百折不回地力图证明普鲁东的话确是真理，而他们生活的全部目的也正在于此。”

高尔基有着旺盛的青春的活力，有百折不挠的探索自己生活出路的热情和用之不竭的精神力量。他顽强地、毫不停息地观察着周围的一切，寻找能够改造生活的力量。

他苦于对许多矛盾无法理解，决定在全国走一走，看一看，在俄罗斯大地上生活着的是什么样的人民，不是民粹派讲的那种书本上的“人民”，而是真正的人民，是有血有肉的现实生活中的人民。

还有另一种感情促使他做出了这一决定。高尔基回忆说：“我要到生活中去，到人间去寻找力量，以释去我心头的重负；我应该挺直腰来。”

于是，他开始了漫游。

二

这是一八八九年四月初。高尔基离开了尼日尼，这时候，田野里到处是一洼洼融化的雪水，道路还没有完全晒干。

他步行离开尼日尼，为的是避开监视，沿河岸走了一阵，然后搭船到了察里津，又乘车沿着他十分熟悉的格利雅兹—察里津铁路直到费洛诺沃车站。

两年以前，高尔基从这一带前往北方，前往土拉和莫斯科。电报员尤林如今还在这里工作，这是他青年时代的好友，他们在克鲁塔雅车站相处得那么亲密。当时他和尤林、雅洛斯拉夫采夫在这里想出了农垦移民的方案，在无处讲理，到处无路可走的时候，这种办法看来是一种暂时的出路。在这里组织过民主青年小组，小组内饱满的热情，在高尔基苦苦探索生活道路的时候，曾给了他很大的支持。

他在尼日尼生活的两年中，如他在一八九七年一篇自传性札记里所讲的，“感到知识分子堆里不是自己待的地方”，因此，如今他又开始了新的漫游，费洛诺沃便成了他的第一站。

他在自己一篇小说中，对漫游做了解释，说是刻不容缓地需要“离开那小奸小猾已成为合法常事的令人苦恼的圈子，离开这过分自尊、闹思想宗派、弄虚作假的圈子”，——他是这样形容尼日戈罗得的小组生活的。

现在他怀着同样的、也许是更大的摆脱往事的决心回到了这儿。

两年以前，他那时不仅对“自由生活”充满热烈的向往，幻想能过上“没有长官，没有老板，没有屈辱”的生活，而且想干大事，使大地复苏，在复苏的大地上，大家一下子就能过起“正当、纯朴、愉快的生活”。

两年来，高尔基苦苦探索社会出路，可是毫无结果，依然要去探索，因为在尼日戈罗得知识分子的一些小组里，在他认为有使命解决社会出路问题的那些人当中，他所看到的，不是老一套的相信对于世界上并不存在的“人民”的尽情美化，就是对于任何“思想”抱犬儒主义的怀疑态度，有人以为天下不足虑，说什么“没有我们人家照样能过日子”，还有，就是那种“聪明人”不声不响的圆滑态度。

不用说，在这种“纷扰”中，高尔基找不到一点儿“合乎心意”的东西。

摆脱了这伙空磨嘴皮子的空想家，高尔基怀着阴郁的心情离开了尼日尼。虽然我们晓得他这些日子里的心情，可是，我们却不晓得，如今他对改造生活有什么样的积极主张，这次他跨进自己老朋友的圈子有什么打算。

费洛诺沃车站的宪兵也很想知道一点儿这方面的事情，一八九一年五月二十九日，宪兵给上司送去一份报告，论语调，论内容，都极为好笑：

“遵照宪字第十二号训令，监视铁路工作人员，近来发现，波利索格列布斯克市民出身之技师，费洛诺沃车站监理奇恰戈夫处，经常举行集会，多半系青年人，即农民出身之电报员尤林，车辆厂技师赫列勃尼科夫，别列佐夫斯克村的教师弗罗洛夫，以及由尼日尼-诺夫戈罗得来此暂住之油漆匠阿列克塞·马克西莫维奇·别什柯夫，上述人员在奇恰戈夫住处经常集会，此类集会大多进行到半夜或半夜以后，且窗帷紧掩，门户紧闭，故不能出其不意而入……鉴于上述人员形迹诡秘，活动可疑，故有理由断定，上述人员系借集会之机，商讨反政府之不良图谋，并可断定其持有禁书及其他危险书刊……”

毫无疑问，在这个充满革命朝气的青年团体中，起主导作用的是高尔基，因为高尔基有别人所不及的，极其丰富的实际体会和极其强烈的进取精神。

高尔基采取的漫游全国的决定，非常适合一个作家的天性，虽然他还没有意识到他会成为作家。高尔基回忆说：“我决定亲自去看看，‘人民’是怎样生活的。”

而且毫无疑问，高尔基实际上已经是作为一个作家在漫游了。他穿过顿河草原，走遍乌克兰原野和炎热的诺沃罗西亚，踏遍祖国广袤的土地，他求知心切地到处为自己寻找答案——“人民生活得怎样？”

他走过人口密集的哥萨克村镇，穿过草原上的城市和农村，在剥削最残酷、穷人最多的地方——热闹的沿海码头上做过工。他同千百个人发生过各种各样的关系，在他们的心目中，他是个工人，是个雇农，或者不过是个“过路人”。

十九世纪六十年代一位民主作家、平民知识分子列维托夫曾经写道：

“我是个天性粗野的人，我走遍了我们伟大祖国的天南地北，我至少见过一百万桩人间的蠢事和两百万桩人间的卑鄙勾当。”

每回想到这里，他便“说不出的愤怒”。但是他流浪生活的痛苦经历，在他的小说中，或是变成了苦笑，或是变成了如怨如诉、冷嘲热讽的冗长的抒情诗。

高尔基并非平民知识分子，论生活经历他是无产者，他是具有另外一种气质的人，是另外一个时代的民主主义者。他同“可怕的现实”的冲突，增强了他斗争的热情和反抗的决心。他不懈地武装自己，“时刻准备投入任何论战和搏斗”。

他漫游经历之丰富并不亚于列维托夫，而他对于人们的逆来顺受，对于“老板们”兽性的作为，对于小市民无知的心理状态，对于阶级敌对社会的一切现象，他的反应是极其敏锐的。

他漫游的路线是从费洛诺沃车站出发，经过顿河地区，去乌克兰和诺沃罗西亚。他到哪里，就在那里找活儿糊口：在罗斯托夫码头做过装卸工，在乌克兰，在叶卡捷林娜斯拉夫省和赫尔松省农民家里做过雇工。

七月十五日，在离尼古拉耶夫城三十俄里[①]的坎迪比纳村，高尔基亲眼看到公开摧残一个妇女，——这就是短篇小说《游街》中所写的那个场面。

他干预了这种极其下流的摧残，因而自己也被打得半死。一些人将他抬到村外，扔进了灌木林中的泥水里。阿列克塞·马克西莫维奇写道：“至于我怎么被救活，没有过早地、‘窝窝囊囊地’死掉，是因为我得到了‘冷敷’。”

有一个从农村集市上来的摇手风琴的流浪者；背起这个被打得半死的人，送到尼古拉耶夫城一家医院，高尔基就在那儿养好了。

他打这儿去奥恰科夫，到奥恰科夫后，在德聂伯尔河口和捕鱼人住在一起，为了糊口，他去干采盐工。在自传性札记《在盐场上》中，高尔基叙述了在这种非人的繁重劳动中的遭遇。

那些干装卸工的流浪汉，尽管自己被压迫，被折磨得要死，对

①一俄里等于1.06公里。——译者注

于新来的人却要无情地作弄;是这样作弄他的:故意给他一辆车把劈裂的手推车,他两个手掌给刮掉了一层皮。

虽然通过热情的谈心,他能够启发手车搬运工人一时之间产生工人要团结一致的愿望,但是很明显,这种愿望并不能战胜他们心理上沉重的负担,而他还得离开这里。在这种暗无天日的生活中,他们"彼此被拴在一块儿了",而除此之外,种种事情也引起他们极不正常的反应。——这是一种无可奈何的畸形心理。

他下一步是去比萨拉比亚。高尔基到这里后干采摘葡萄的工作,这地方风景如画,使他得到了休息,恢复了体力。

高尔基跨过比萨拉比亚南部,到达多瑙河畔,又穿过阿凯尔曼,回到了敖德萨。

高尔基在敖德萨码头上干了一阵装卸工,又离开那里,经过尼古拉耶夫、赫尔松、彼列科普、辛菲罗波尔、雅尔达、菲奥多西雅、刻赤、塔曼、乔尔诺摩里、库班、捷尔州,一八九一年十一月,高尔基顺着格鲁吉亚军用大道来到梯弗里斯。

他这漫游的最后一段历史,比较详细地保存下来了,因为高尔基写过一篇有名的短篇小说《我的旅伴》。

他在敖德萨港口干活的时候,碰到一个年轻的格鲁吉亚人,高尔基对他产生了兴趣。原来这是一个离家出走的小少爷。他流落异乡,穷困潦倒,走投无路。

年轻的装卸工自动去援助饿肚子的少爷,靠干活挣钱养活他,并且把他送回家乡。可是这位少爷对这番心意并不领情,将自己的旅伴和恩人看作傻瓜,而且一切照这种理解行事。他不仅靠高尔基养活,还把他的东西偷得干干净净,一路上还要说他的坏话,说他是为了自己找活路,而且在危险的情况中差一点将他出卖掉。

等他们一到梯弗里斯,他本来要安顿高尔基住在自己家里的,却要了个花招,在陌生的城市里把他丢掉了。

整篇小说,塑造了一个高尔基很感兴趣的、"文明野人"的完整的性格。

高尔基在小说结尾说:

"我再也没有遇到这个人——这个一同生活了几乎四个月的旅伴;但是我常常记起他来,总是带着善良的心情和愉快的微笑。

"他教给我很多东西,这是在圣贤们写的浩瀚巨著中找不到的,——因为生活中得来的智慧总是比人们头脑中的智慧更深刻,更丰富。"

但是这个人终于露面了。一九〇三年高尔基的这篇小说译成了格鲁吉亚文,刊登在《茨诺比斯-普尔则里》报星期副刊上,这期星期副刊这个人也看到了。

他跑到报社编辑部,要求说明,他和那个别什柯夫的这段经历,小说作者为什么知道得这么详细。

听到说明后,他希望将他关于这段经历的说法也写上去。

这位自己露面的高尔基小说中的人物(他去报社自称是斯泽,他讲的旅途中的情形由报社转给了高尔基,高尔基在上面批注说,此人姓楚卢基泽)讲了一些高尔基没有提到的旅途中的情况。总的说来,楚卢基泽所讲的和高尔基所讲的有时连细节都十分相符,只是有不少地方说法不同,其目的是为"旅伴"辩护。

楚卢基泽承认,都是别什柯夫一个人去挣钱和搞东西吃,别什柯夫很照顾自己的旅伴,要是面包不多,总是把一大半分给他。楚卢基泽正像《我的旅伴》中的沙克罗·普达泽那样，到了梯弗里斯，怕碰到熟人，不愿意在天黑以前进城，而在梯弗里斯，照他的说法，不晓得怎样和别什柯夫失散了。

“从此以后，我再也没听到别什柯夫的下落，也不晓得他已经改了姓名”——斯泽是这样结尾的，可以说和高尔基的小说结尾相映成趣。

但是，关于这段旅行，高尔基还远远没有写完。他将许许多多的场面又写进了别的一些小说。

有一篇一直没有收入文集的杂记《两个流浪汉》，作者在里面谈到了一个格鲁吉亚旅伴和他一块儿漫游了库班。而斯泽也在他的回忆中提到有两个流浪汉，他们曾和这两个流浪汉在同样一些地方干过活。这样一些有离有合的叙述，正说明了高尔基这些小说无疑具有自传性质。

到达麦伊柯普之前，在汉斯卡亚车站附近，高尔基曾帮人家打过小麦，如《两个流浪汉》中所叙述的，在这里，他亲眼看到流浪汉马斯洛夫死去。马斯洛夫原先是个工人，在工厂里受尽剥削，变得灰心丧气，痛恨一切机器。这个灰心丧气，满腹怨恨的流浪汉，在和脱粒机进行荒唐的、力量悬殊的较量中被轧死了。马斯洛夫乃是高尔基早期一些“流浪汉”小说中最动人的形象之一。

高尔基和自己这位旅伴临时分手，一个人到了麦伊柯普。那些年里，顿河和库班一带，居民到处都受到灾难的严重威胁，这些灾难，主要是由于天灾，还是由于沙皇官吏的专横暴戾，那是很难说的。他来到这座城市的时候，正赶上一场灾难旺势已过，但还没有全部消除。

阿列克塞·马克西莫维奇后来回忆说：

“九月十五日，发生了‘瘟疫暴动’；我听到说，哥萨克们赶走了防疫委员会，而且好像还痛打了一顿，因为检疫官下令将所有的牲畜赶到一个地方圈起来，病畜和没生病的牲畜在这里一块儿圈了两昼夜，把没生病的牲畜全给传染了。

“为了镇压哥萨克，派来了‘高加索游击民团’，民团内有高加索各族的人，有格鲁吉亚人，大概还有库班人的宿敌——捷尔州的吉尔吉斯人。进行了一场‘俄罗斯人和卡巴尔达人的激战’，高加索人被打退了。龙骑兵来了，带兵的是一个骑兵大尉，姓名我不记得了，可他那副嘴脸，蠢得跟什么似的，我可忘不了……这次事件——就是说，‘暴动’和审判——在《莫斯科新闻》上做了报道；是哪一期，我记不清了，是四个月后我在梯弗里斯读到的。因此事绞死了三四个人，我还记得其中一个人的姓名和模样：姓契尔内，是一个留小胡子的漂亮小伙子。

“九月十八日，在追悼死者的时候，我这个‘过路人’被抓了起来。因为我的背囊中有一本福音书，倒是因此坏了事[①]。不过，有两本小书是无害的，还有我的一个写诗的簿子。我在刚刚造好的监牢里蹲了几天，从窗子里望着拉巴河[②]对岸田野里一群群的鹅，风光美极了。

“他们审问我：为什么到处跑？‘想了解俄罗斯。’一个宪兵军官，姓一个什么双姓，我可忘记了，他面带受尽委屈的神色说道：

①高尔基被当作闹教派的教徒，认为他是鼓动暴动的。——作者原注

②高尔基记错了。麦伊柯普靠近别拉河。拉巴河远在麦伊柯普以东。——作者原注

‘这不叫俄罗斯，是猪栏。’”

高尔基从麦伊柯普到了别斯兰，当时这里正在铺铁路，是通往里海岸边彼得洛夫斯克的。

到十月末，高尔基才又会同自己的旅伴，从符拉迪高加索经由格鲁吉亚军用大道前往梯弗里斯。

来到梯弗里斯后，高尔基在威利桥边铁轨马车站天棚下，坐在一条长凳上，等待原说一定要回来的旅伴，一直等了六七个钟头。后来，因为冻得够呛，便寻找过夜的地方去了。

过夜的地方，他是找到了，……在警察署里，高尔基说：“我在那儿平平安安、舒舒服服地度过了我来到高加索首府的第一个夜晚。”

短篇小说《我的旅伴》的初稿便是以这样的苦笑和自嘲结尾的。笔者曾经请阿列克塞·马克西莫维奇谈一谈他是怎样会到警察局过夜的。

阿列克塞·马克西莫维奇回答我说：

“正像在《我的旅伴》里所讲的，我在威利桥上等候沙克罗（楚卢基泽）等了老半天，可是，我失望了，便进了一家小酒店，里面有几个醉醺醺的无赖，对我太不客气，我便和他们打了一架，就和他们一块儿进了奥尔金大街警察段。”

一个“警察段长”一清早就审讯他，本来是可以“酌情处置”了事的，因为被捕人的外表并没有引起对他身份的怀疑，可是他到梯弗里斯来的目的却是大为可疑的。

要想得到“保释”，只有在当地找到可靠的保证人才行。高尔基说出了住在梯弗里斯的马·雅·纳恰洛夫，——就是在格里亚齐—察里津铁路上工作时认识的那个纳恰洛夫,如今在这里受着政治监视。警察所里都晓得纳恰洛夫,他就住在这一地段,受这一地段监视。高尔基在一个警士陪同下去找纳恰洛夫,经后者证实无误,才被释放。

就这样,一个颇为滑稽的插曲,倒是帮助高尔基在梯弗里斯找到了他要找的关系。他的老友马·雅·纳恰洛夫还是像当年在察里津那样,极其热情地在这个新地方接待了高尔基。

至于警察段长,看到出现在面前的这么一个衣衫褴褛、长途跋涉、风尘仆仆的流浪汉,可以怀疑他任何方面都不可靠。可是未必有什么政治"嫌疑",因此,对于这个外来人和他属下受监视的人的相会,根本没有放在心上。

三

一九三一年,庆祝格鲁吉亚苏维埃共和国成立三十周年的时候,高尔基写道:

"这是一个光辉的节日,我愿做一个普通的观礼者来出席,并且再一次回忆起四十年前我所看到的格鲁吉亚,回忆起梯弗里斯——这个城市,是我开始文学活动的地方。

"我永远不能忘记,正是在这个城市里,我在文学道路上迈出了信心不足的第一步,这条道路如今我已经走了四十年了。可以认为,正是格鲁吉亚雄伟的大自然,以及格鲁吉亚人民那种温和的浪漫主义气质,正是这两股力量推动了我,使我从一个流浪汉成为一个文学家。"

确确实实，梯弗里斯时期是高尔基一生中极其关键的时期。他在这里经历的事情“多得不可胜数”，在这里他对历年积累的丰富感受进行了归纳总结，在这里更加看清了他所走的道路。

但是，如我们所看到的，他来到这个城市的时候，还是一个“流浪汉”。

起初一段时间，纳恰洛夫让他挤在自己房子里住，这间房子是他本人和妻子住的。纳恰洛夫在外高加索铁路局工作，因此他利用自己的关系，给高尔基找点儿事情干。

阿列克塞·马克西莫维奇写道：

“起初，我在锻造车间当锻工，干了一个多月，后来在工厂统计室，登记‘机车检修’用材数字。”

纳恰洛夫将高尔基引进自己朋友的圈子，这些人都是梯弗里斯的“政治移民”，多数是流放过的。

高尔基在“政治移民”小组的一个成员唐柯家里租了一间房子。唐柯一家住在梯弗里斯最高的一部分——在威拉山上，威利桥那边，一座不大的木房子的二层楼上。

然而，高尔基在梯弗里斯生活了一年之久，却还是不像定居户的样子。

在一年之中，有几段时间他漫游了格鲁吉亚，这个新鲜而使他着迷的山国，给他的感受太多了。这几次漫游期间，他到过阿哈尔卡拉基、波尔饶米、巴统、阿哈尔齐赫、库太依斯、奥祖尔盖得、捷拉维和戈里。

一八九二年夏天，高尔基来到契尔诺莫里，和“饥民”们一块儿修筑苏呼米-诺沃罗西斯克公路。

建筑这条公路是有战略意义的，是由安宁柯夫将军主持的，当时从几个闹饥荒的省份，招来了数以千计的农民参加这一工程。

打着“社会救济”的旗号，好像这样做是为了救济饥民的，在这里对这些被穷困和苦难逼得走投无路、惶惶不可终日的人们，进行着惨无人道的剥削。

高尔基在短篇小说《一个人的诞生》中，回忆到劳动中的伙伴们，回忆到那些“被苦难压得直不起腰来”的人们。

“苦难硬是逼着他们离乡背井，离开那疲惫贫瘠的土地，像是秋风扫落叶似的，把他们卷到了这里，在这里，这异地大自然的美丽富饶，使他们惊羡不已，眼花缭乱，可是沉重的劳动条件，将这些人压得再也直不起腰来。”

来到契尔诺莫里以前，高尔基还去过高加索东部别的地方，到过巴库。他是和好朋友、机械工人菲道尔·阿法纳西耶夫一起去巴库的。

由工人们的痛苦劳动和石油老板的巨额暴利组成的这个“黑色王国”，当年是极其阴森可怖的，它给这两个旅伴留下了极其沉痛的印象。

“我们走了两三个钟头，远远望着杂乱而肮脏的井架，听到砰的一声响，就像石头落到水里似的，在重浊、发热的空气里，传来一阵低沉的嗞嗞声。十来个赤膊的工人，手拉缆绳，托一块很厚的、系着铁丝的钢板，沉闷地吆喝着：

“‘啊——哟！啊哟！’”

一阵阵黑色的大雨点落在他们身上。井架喷吐出粗粗的黑柱，黑柱顶端抵住雾气腾腾、油气弥漫的晴空，呈现出蘑菇形状，虽然蘑菇顶上的黑烟在缕缕飘逸，像是在渐渐溶化，却又不见变小……在这一切情景之中，有某种极其可怖的、不现实的东西，也许是十分现实的、习而不察的东西。菲道尔·阿法纳西耶夫啐了口唾沫说道：

“我哪怕是饿死三次，也不到这地方来干活！”

回到梯弗里斯以后，高尔基和阿法纳西耶夫住到同一所房子里。和他们住在一起的有他们共同的朋友罗赫林，还有土地测量学校高年级学生萨米特，讲习班学生维拉诺夫和师范学院的大学生谢·瓦尔坦扬茨。

处在这群生气勃勃、关心社会大事的年轻人中间，高尔基发挥了自己的组织才能。

结果，在诺沃-阿尔谢纳尔大街一间半地下室里[①]成立了“公社”，公社成员在高尔基带领下，在青年学生和工人中开展了宣传工作。

这儿的生活十分生动活泼，十分热闹。差不多每天都要读书、座谈、讨论和争论。

在这个骤然出现、猛然发展起来的政治性“俱乐部”中，一些讲习班学生，土地测量学校、师范学院学生，中小学教师、产科学校的学生以及工人们，为了共同的事业，跑到一起来了。

高尔基给自己的少年时代在尼日戈罗得生活时的伙伴、后来成为喀山大学教授的伊·阿·卡尔季柯夫斯基写过一封信，信中说的便是这个时期的事情：

①半地下室指那种墙的上半部在地面上的屋子。——译者注

“简而言之,我的生活具体安排是这样的:九点到四点干活,四点到五点休息,五点至九点读书(只有星期三和星期日不做安排),九点到十一点或十二点辩论、争吵等,十二点至三四点是我自己读书和写作的时间。”

高尔基给他喀山的朋友古里·普列特涅夫写过一封信,那语调是信心百倍、欢欣鼓舞的:

“我和大学及讲习班的学生一块儿读书。我没什么可教他们的,只劝他们应该互相了解。我和铁路上的车库里的工人们一块儿读书、谈心。那儿有一个工人叫鲍加狄罗维奇,真是一个好人,我们相处非常友好。他说,生活中一点好的东西也没有,可是我说,有的,只不过隐藏得巧妙,不能让随便哪一个没出息的人一伸手就抓到。”

笔者还发现过他和别的工人友好相处的一些情形,因为时间较短,后来没有保持通信关系。

从宪兵档案中可以清楚地看到,就在一八九二年,因为“传播违禁印刷品案件”在罗斯托夫到顿河一带进行过一次大搜查,搜查中发现了别什柯夫的一些书信,其中有一封这样写道:

“为了启发大家,我把我所知道的高尚理想一股脑儿倒了出来,倒是产生了显著的效果,”可是他接着说,“工作还没开展起来,能干点儿事的人,总共不过六至八个。”

在另外一封信中,他要求给两个小伙子找点儿活干,并且告诉自己的朋友说,他和同伴们正在等待着“亮晶晶的铜纽扣随时来访”[1]。

---

①宪兵、警察的制服用的都是铜质大纽扣。——译者注

在因此案受审查的另一个人的住处，也发现了别什柯夫的一些信件。

现在我们知道，高尔基曾和在罗斯托夫港口一起干活并在一起住过的伙伴“海员彼得”通过信，和商标工人德洛斯特金通过信，所发现的这些信件的一些片段，再清楚不过地说明了，当年在罗斯托夫港口一起干活的伙伴们，他们叙谈的是些什么想法，在他们分别之后，远隔千里之外，又是什么依然使他们保持着联系。

阿列克塞·马克西莫维奇写道：

“那时，我认为自己是个空想家和诗人，我是个宣传家，大概是个差劲的宣传家。”

不过，笔者认为，阿列克塞·马克西莫维奇是由于谦虚，在此他低估了自己所做的宣传工作的意义。

梯弗里斯第一个社会民主党成员之一С.Я.阿尔里鲁耶夫[①]，一八九二年曾对人说，别什柯夫曾来参加过小组的集会，和大家谈话时他曾劝工人们动笔写一写，将工厂里特别使人激动、使人愤慨的事写下来。

“把当前大家最关心的事写出来，把事实记下来，把记下来的东西一个一个地传给同伴们，让大家都来读一读。这种短小的宣传性小文章甚至可以抄成若干份，散发给大家……用这种传单收效一定不小。”

显然，这是高尔基在教工人们使用传单进行宣传。

毫无疑问，高尔基是“公社”一切活动的组织者，六年之后，

---

①С.Я.阿尔里鲁耶夫（1866—1945年）俄国最早的共产主义者之一。——译者注

菲道尔·阿法纳西耶夫因为一件重大的政治案件受牵连，宪兵们追查阿法纳西耶夫以往的活动时，凭着十分老练的嗅觉断定，在高尔基所组织的友好团体存在期间，高尔基对梯弗里斯青年们的影响是极大的。

难怪从这时起，所有宪兵保存的“高尔基档案”中，都塞进了一份材料，这是一个见证人向宪兵招认的一份“供词”。

“还记得别什柯夫的许多言论和见解，我可以说，毫无疑问，他参与了工人的宣传活动。关于工人受到剥削的问题，他经常谈论，而且讲得很多很尖锐，谈到这个题目，他总是发表很多意见。”

至于他活动的另外一方面，正如他所自称的，是个“空想家和诗人”，在这一方面，我们有他同时代人的材料可以作证。据当时认识高尔基的一些人说，他随身带着许多写满了诗歌的稿本，他总是在进行构思。

他们那个团体的成员之一——谢·瓦尔坦扬茨回忆说：

“他不止一次叫我到他房里去(他单独住一间房子)，兴致勃勃地给我朗读《曼弗雷德》和《该隐》……如今，我想起了一八九二年的许多冬夜，在一座大楼的地下一层，一个相当宽敞，然而陈设十分简陋的房间里，我看到样子十分强壮的马克西莫维奇，听到他对我们讲他受的折磨，讲他怎样在辽阔的俄罗斯大地上奔波，说不尽的贫困、饥饿、痛苦和斗争，于是，他之所以醉心拜伦，也就可以理解了。拜伦使他增长了……不满现实的精神，反抗的精神，并且将他和曼弗雷德一起，带到虚无缥缈的远方[1]：

---

①《曼弗雷德》和《该隐》都是拜伦的诗剧。——译者注

到另外一个新世界，
在那儿不用流眼泪，
听不到病人的呻吟，
引不起痛苦与伤悲，
免得将我的心撕碎。”

据回忆者证实，这几行诗，是高尔基在这一年写的一首长诗中的一节。

他的这种心情我们是熟悉的。这是那种“少年时代浪漫主义气息”的反响，正是这种浪漫主义气息，使他在以往的岁月里摆脱了“日常生活中许多不良的影响”，没有遭到“现实生活的毒害”。

但是我们可以看到，一方面他竭力想躲到生活中“一个安静的角落”里去，以免遭受毒害，可是与他的愿望相反，同时也产生与发展着一种斗争的愿望，而且，可怕的现实力量越强大，他反抗的力量也就越增长。

高尔基当时写的诗歌保存下来的很少，其中有一首，十分明显地反映出他这种心情：

成千上万大地的儿女，
怀着悲伤、犹豫、恐慌，
他们走过我的心头，
就像朝圣者走在大路上。
有几个人永远在我心上，
使我感到亲切、难忘，
因为是他们给我力量，

将我心里的火焰烧旺……

他漫游的道路上并没有撒遍玫瑰花，——高尔基承认，经过漫游之后，他“更看透一切、恨透一切了”，——不过，如过去一样，在祖国大地上的漫游，使他受到锻炼，阴郁的心情消散了，他在各地所看到的、所经历的一切，给予他极其丰富的感受，这些感受必须表现出来，这些极其丰富的材料必须加以利用。

就在这里，在梯弗里斯，高尔基遇到了一个人，这个人当时给了他决定性的影响。

这便是亚历山大·麦弗季耶维奇·卡柳日内，他是高尔基在梯弗里斯政治移民中的一个朋友。

这两人之间是什么样的友情，高尔基在给卡柳日内的信中已经讲了，这封信他写得那么亲切，那么热情，只有在他深深感动的时候才会这样：

“亚历山大·麦弗季耶维奇，我亲爱的朋友和老师！

“自从我十分幸运地遇到了您，已经三十四年过去了；从我们第二次相见，也就是最后一次相见后，也过去二十二年了。

“这些年来，我遇到成百上千的人，其中不乏伟大的、光明磊落的人。但是，请您相信，——他们当中不管什么人，都不能在我的心目中替代您的形象。

“这是因为，我的好友，您是真正用人与人之间应有的态度对待我的第一个人。

“是您第一个，用那种使我难忘的、好心的目光看待我，不把我看成只是一个身世离奇的少年、一个漂泊无定的流浪汉、一个有趣但也可疑的家伙。我还记得您的眼神，记得您在听我讲述我见到的事情和我自己时的那种眼神。我于是明白了，在您面前一点不能虚夸，而且我觉得，由于您的影响，我一生不爱夸耀自己，不夸大自己的身价，也不夸大生活中的苦难，虽然生活请我吃苦时一点也不小气。

“我要说，是您第一个要我认真地对待自己。我这三十多年来能为俄罗斯艺术做一些事情，全都归功于您对我的督促。

“……我的老友，我亲爱的老师，我紧紧地握您的手。”

如果将高尔基的这番表白，随便同上面援引的谢·瓦尔坦扬茨的回忆对照一下，高尔基和他在梯弗里斯一些朋友之间的关系就更清楚了。毫无疑问，他到处都能引起人们对他的兴趣：不管在参加“公社”的青年人圈子里，还是在长一辈的流放移民当中都是这样。

但是，对他感兴趣，并不能帮助他认识自己，不能帮助他在苦苦的探索中找到出路。

照谢·瓦尔坦扬茨的说法，“他的意见总是很尖锐，对事物的看法很独特，他行动、做事都很粗率，而这一切都很合乎他的性格”，——这种表面的了解，想必是不能使高尔基满意的，也就无法建立十分知心的、亲密无间的关系。

如我们所知，因为高尔基当时已经是一个讲故事能手，他讲的故事能使在场的人听得十分出神，大概有不少机会能使他“露一手”，有不少机会可以让听众欣赏一番这个“出身离奇”的、“有趣的”小伙子表演。

卡柳日内的巨大功绩，是他相信自己这位年轻朋友非凡的天赋，是他“真正用人与人之间应有的态度”对待他：教他认真地对待自己，认真地对待自己的文学天赋。

卡柳日内这样对待高尔基，自然使作家产生深深的感激之情。

高尔基一九〇〇年给卡柳日内的信中说：

“我和您将近九年没有见面了。但是我清楚地记得我们共同经受的一切，而且从来也不曾忘记，正是您第一个推动我走上了我现在所走的道路。”

高尔基在这条道路上走出的第一步便是小说《马加尔·楚德拉》，高尔基的这篇小说是在卡柳日内的房子里，在他们最亲密的时候写成的。也是卡柳日内帮他联系，一八九二年九月十二日（旧历二十四日），当地报纸《高加索报》刊出了这篇小说。

高尔基把这一天作为自己文学活动的开端，——就是在这一天，他坐在编辑部里，想出了自己的笔名。

应该回忆一下高尔基在这以前的全部生活条件，以及如他自己所形容的，那种“围着自己转圈子”的彷徨、怀疑、探索和漫游，这样才能理解，从一个“流浪汉”转变成为一个“文学家”——对作家的使命有崇高理解的文学家，这种转变，在他的思想认识上产生多么巨大的变化。

高尔基将小说《马加尔·楚德拉》称作他文学道路上“信心不足的第一步”。可是，无可怀疑的事实是，这位世界闻名的作家的大量著作，是以这篇小说为开篇的，这篇有点儿童话式的特写，竟成了俄罗斯文学的界碑，而且整整一代读者都记得它那有名的开头：

“海上吹来潮湿的冷风，把击岸波浪的拍溅声和岸边树丛的飒飒声合成的沉郁的旋律散播在草原上。”

小说的情致是一目了然的，正如它许多微妙的比喻毫不隐晦一样，正如小说中形象与人物感情那样鲜明一样，小说的情致是号召打碎奴役人们的一切桎梏。

在高加索总督办的这样一个古板、枯燥的官方刊物上，出现这样一篇热情奔放的浪漫主义故事，是一件极不平常的事；在“上帝保佑”的俄罗斯帝国反动的、半农奴制的黑暗统治时期，唱出这样一支歌颂自由人民的赞歌，无论如何同样是一件极不平常的事。

《马加尔·楚德拉》乃是俄罗斯文学中一个正要到来的高潮的第一次体现，这个高潮当时还只是表现为传说、神话、半幻想式的作品的大量出现。

这个主题从何而来，是国内什么力量引起这第一次体现的呢？

高尔基迫切地想去了解，想去亲眼看看，人民是怎样生活，靠什么生活，人民中蕴藏着什么样的力量，人民对自己的生活有些什么想法，——这种愿望促使高尔基置一切于不顾，走遍祖国的四面八方。

他走遍农村，看到农村还处在地主、富农和警察的农奴制的压迫下，他路过不少教堂，看到教堂里那些利欲熏心的家伙以骗人为职业，教绵羊同豺狼和睦相处，教那些被剥削得精光、无衣无食的人们安分守己，盼望来世幸福。

他在那些依然甘心受奴役、受迫害的人们中间工作过，但是也在这些愉快地响应新的真理召唤的人们中间工作过，尽管这一真理还不能大声疾呼地进行传播。

他看到人民有不可摧毁的反抗力量，这种力量亚历山大三世的专制铁蹄镇压不下去，热衷传播精神毒素的耶稣教出色人物、东正教总司波别多诺斯采夫的诱骗也无济于事[①]。

事实上，沙皇政府如果继续颁布一个接一个花样翻新的农奴制法令，继续将半个俄罗斯置于“强化管制”与军事制裁的威胁之下，那就说明它感到本身并不那么安宁。

高尔基极不寻常的游历，使他的力量倍增，激起了他乐观主义的斗争精神，这种乐观精神就反映在他早期的一批小说中，它和资产阶级庸俗文学中的“醉生梦死”，和“民粹派”文学中表现的彷徨踟蹰、灰心绝望，毫无共同之处。

民粹主义者列维托夫从自己游历中得出了另外一种经验。他告诉读者说，看到人们愚蠢顽固、卑鄙无耻，引起满腔怒火，可是只要一接触大自然，就会心平气和，火气全消，——“大自然是我一生中所知道的最好的伙伴”。

高尔基可没有这种颠三倒四的认识，——大自然恰恰是他最得力的同盟军。那辽阔的草原，浩瀚的大海，无边无际的阳光与空气——祖国所能馈赠给他的一切，都变成了俄罗斯文学中前所未有的乐观主义与相信胜利的力量，而被反映在作品中。

高尔基从童年起就受到民间口头创作的哺育，他的作家道路的最初阶段，就明显地表现出人民喜闻乐见的一些特征。

在他的背包中，除了有一些他的诗稿本外，往往还有一些本

①波别多诺斯采夫——俄国反动政客，一八八〇—一九〇五年任东正教事务总局长。——译者注

子,是采录民歌和传说的[①]。

阿列克塞·马克西莫维奇写道:

"我在九十年代来录过几十首民歌,毫无疑问是真正的民歌,皆葬身于宪兵司令部,在这之前,我还将一个采录本子掉进了刻赤海峡。直到现在我都觉得十分可惜:这些民歌不管在哪里都没见到有人收集过。"

他早期的几部史诗式的著作,也是以民间传说为基础的。

关于娜达和罗伊可的传说,就是来自口头创作,在高尔基的作品中,传说变成了一个有意义的故事,描写的是具有刚强不屈、有血有肉的自由感情的人。他在梯弗里斯写了关于丹柯的传说的初稿,写到丹柯这个人,从自己胸膛里掏出正在燃烧着的心,给在黑暗中走得筋疲力尽的人们照亮,为他们指明生存和自由的道路[②]。

还有,这类传说中最有意义的,乃是《少女与死神》的故事,这篇故事完全有资格称之为歌颂生命能战胜一切的一首叙事诗。

《少女与死神》初次发表于一九一七年,其写作时间并未引起怀疑。

但是,一九二六年阿列克塞·马克西莫维奇在写给笔者的一封信中,在谈到他的"文学生涯"是怎样开始的这个问题时说,他曾打算在《伏尔加纪事报》上刊登《少女与死神》这篇故事。阿列克塞·马克西莫维奇写道:"列伊恩加尔特[③]认为审查是通不过

①有一本采录民歌的本子,高尔基还在游历期间便寄给了科学院。显然,这个本子是丢失了。——作者原注

②高尔基在二十世纪初写的一篇文章中提到这个传说时讲道,这个传说,他是年轻时在多瑙河边听来的。——作者原注

③列伊恩加尔特——《伏尔加纪事报》的主编和发行人。——作者原注

的。”

一九二八年，当笔者筹备出版马·高尔基文集时，曾问及这篇故事的写作时间，以便确定其在文集中的排列次序。

阿列克塞·马克西莫维奇回答说：

“谨电复如下：

《少女与死神》写于梯弗里斯，即一八九二年。《少女与死神》似收于《叶拉拉希》一书中，于一九一五年或一九一六年初版，出书意图是想听听：究竟有何看法？谁也没有讲什么。”[1]

对生命的赞颂，对死神、对命运、对旧世界一切黑暗与顽固势力所表现的强烈的、横扫一切的蔑视精神，——这一切在这首短短的叙事诗中表现得何等鲜明，它像是高尔基整个创作道路的一支前奏曲，是他一切活动的形象化的纲领，是他世界观的基调。

一八九二年九月末，正是深秋的时候，他登上一艘双帆渔船，越过里海向北方驶去，向自己的家乡尼日尼驶去。

①阿列克塞·马克西莫维奇此处说得不正确，《少女与死神》系一九一七年发表于《新生活报》，后来在一九一八年收入《叶拉拉希及其他》。——作者原注

第四章

一

一八九二年十月六日，高尔基坐了最后一班轮船回到尼日尼-诺夫戈罗得。

到尼日尼后，他又回到律师拉宁处当办事员，住在拉宁住的那幢房子地下室的一个房间里，他把全部时间都花在工作上：白天去法庭帮办诉讼，晚上在拉宁家里干活。

根据高尔基后来谈到“自己文学生涯的开端”时的一些说法，倒是可以断定，他一到尼日尼便开始发表作品了，并且很快就成了一位专业文学家。

可是有一点却是事实，就是在他的小说《马加尔·楚德拉》发表后差不多一年的时间里，高尔基一篇小说也没有发表，虽然毫无疑问他已经写了不少。

也许，没有发表作品是由于内部原因，就是说，“生活中得来的印象既丰富又多彩”，而这些丰富的感受还没有找到适当的表现形式，因此，从诗歌到寓言，从寓言到通常的小说或游记，从通常的小说到传奇，从传奇到写自己童年的回忆录，年轻的作家在文学的所有形式方面都试了试自己的才力。

我们真不知道，每天夜里，在抄写了一天原告及被告的诉讼呈文之后，他写出过多少艺术作品，又因为不相信自己，毁掉过多少艺术作品，毁是毁掉了，但是，正如他后来所回忆的，他已经感到“有一种奇怪的自我陶醉的热流阵阵袭来”。

高尔基在这段时期写的艺术作品所留给我们的第一件实据，就是在作家离开梯弗里斯半年之后，于一八九三年四月五日写的一篇东西。

这篇作品写在当时通用的学生练习簿上，共二十八面。篇名颇有点儿艰涩难懂，但是十分符合他那种含泪的讽刺风格：

《闲话思想和事实的冲突——
撕掉我心上的纯真一片》

这是回忆童年时代的一些零星片段，像散记似的，写得不相连贯。

从中我们可以看到我们熟悉的人物，熟悉的事件，有时还能听到熟悉的语言。

所有这一切，是我们在《闲话》二十年后高尔基的自传性小说《童年》中看到的。但如果认为《闲话》是《童年》的初稿或者草稿，那就错了。甚至可以说，后来写的这部小说，和早期这些散记，这短短的一组真正痛苦的回忆与杂感，其倾向性是截然相反的。

高尔基的《童年》，是俄国资本主义制度在社会主义革命冲击下接近崩溃的时代问世的。他的几部自传性小说的情致，也就必然是对胜利的向往，相信市侩阶层那种“像铅一样黑暗而浓重的卑污作风”，那种一个钱就像天上的太阳一样，赚钱是人生唯一的目的风气，总有一天会成为过去。

高尔基所有自传性作品的情致，在于赞颂劳动改造世界，而不是着眼于描写个人；这一点在这类小说的叙述基调上也有所反映。高尔基写道，他“把自己放在事件见证者的地位，而不过分突出自己作为当事人的地位，这样可以使自己在叙述生活时更为方便”。

在早期的自传性散记中，因为忘不掉童年所受的屈辱，忘不掉那斑斑的伤痕，对自己的遭遇一直耿耿于怀（“……因此，对这一切我永远也忘不掉，虽然我很想忘掉。”），对事件的叙述也就带有痛恨、愤懑色彩。

所有这一切，和后来高尔基的一些自传性小说极少有共同之处。根据各种资料判断，他写这些散记是不想发表的。

一八九三年春天，柯罗连科还不是《俄罗斯富源》杂志的编辑部成员，可是这时候编辑部已经经常请他协助杂志进行工作了。柯罗连科经常将一些年轻作者寄给他的稿件送给编辑部，附上自己的看法和推荐意见。

一八九三年五月三十日，他在给杂志主编尼·康·米哈伊洛夫斯基的信中写道：

“除此之外，并给您寄上别什柯夫写的另外两首诗……其诗其人皆不寻常：毫无疑问这是一位具有文学天才的自生自长的人物，只是还没有探索出自己该走的道路。这几首诗中——一首格律欠严整，可是意境好，有浓厚的诗意。另外两首意思较差，但形式看来无可指责……您如能对这些习作发表一下意见，作者将感到十分可贵。他盼望能在《俄罗斯富源》上刊登这几首小诗。敢劳足下尽速裁处，并盼函复。”

这几首诗没有给我们留下来。谢·德·普罗道波保夫在自己的回忆录中，谈到其中的一首：

“有一次，柯罗连科从尼日尼给《俄罗斯富源》编辑部送来阿列克塞·马克西莫维奇的一首小诗。写的是草原上的一个流浪汉。米哈伊洛夫斯基不喜欢这首诗，没有在杂志上刊登，可是柯罗连科却赞不绝口，一拿到手就抑扬顿挫地朗诵起来：

我这个流浪汉，怎么不膜拜草原……

“‘这真是太好了！’柯罗连科说。”

普罗道波保夫是搞错了，他以为柯罗连科“从尼日尼送来”高尔基的一首诗。毫无疑问，这只是他寄给米哈伊洛夫斯基的三首诗中的一首。

在《俄罗斯富源》编辑部议论和朗诵诗歌，这件事发生在一八九三年六月末或七月初，柯罗连科和普罗道波保夫前往芝加哥参观世界博览会，路过彼得堡的时候。

但是，柯罗连科显然在赴美时已经和米哈伊洛夫斯基讲好了，让他给年轻作者答复，可以请他们都熟悉的、当时在尼日尼的尼·菲·安宁斯基转告。米哈伊洛夫斯基照办了。

“尊敬的尼古拉·菲多洛维奇：

“符·加·柯罗连科要我通过您答复别什柯夫先生，谈谈对他的，即别什柯夫的诗的意见。务请费神转达。所寄诗数首均不甚佳。第一首诗意虽浓，但韵律不整，其余二首韵律较佳，但内容空泛。

“柯罗连科向我谈及，别什柯夫先生尝试过散文，并说，虽然他，即柯罗连科所见数篇习作本身均不甚佳，但足以证明其才华可期。此类文字，能否寄来一阅？柯罗连科已阅者，毋庸再寄。”

米哈伊洛夫斯基把柯罗连科对高尔基诗歌的意见重述了一遍，只是措辞较为尖锐。柯罗连科是留有余地的，用的是“另外两首意思稍差”这一说法，而他却直截了当地说这两首诗内容空泛。但是在十九世纪九十年代，米哈伊洛夫斯基是把离开民粹派自由主义纲领框框的一切文章，都叫作“内有空泛”“毫无意思”的。

我们不清楚，高尔基是否寄东西给米哈伊洛夫斯基“一阅”。但是大家都了解的是，高尔基曾有三篇小说寄给了莫斯科的报纸《俄罗斯新闻》，也可能是由他的朋友尼·萨·瓦西里耶夫转交的。

一八九三年八月五日，《俄罗斯新闻》刊出了高尔基的短篇小说《叶美良·皮里雅依》。

叶美良·皮里雅依和故事叙述者一起离开敖德萨，遇到工棚就去探问有没有活儿干。

流浪汉皮里雅依说：

“没有别的活儿可干，只有到盐场去了！这要命的活儿可真是又咸又苦，可不管怎样也得去干。因为这样下去，说不定要饿死。”

这篇小说，第一次在俄罗斯文学中刻画出一个爱幻想而又健谈的流浪汉的形象。

他十分懊丧，因为他饿着肚子，或者如他对一个同伴所讲的，“我们整整一个礼拜都不走运”。

皮里雅依说道：“我过的什么样的日子啊？和猪狗差不多。没有窝，没有食儿——连狗都不如！我还算个人吗？不算，老弟，不算个人，不如野兽，不如虫蚁！谁会了解我呢？谁也不会了解！要是说我知道，人们是能过好日子的话，可究竟为什么我不能够？……见他娘的鬼，岂有此理！”

这是在报刊出现的第一篇高尔基风格的现实主义小说。

在高尔基一八九三年春季与夏季的生活史中，有一种情况是值得注意的：因为欠了一些人的债，他的生活十分困难，但是，尽管穷得衣食难继，但他的创作热情却依然非常饱满。

毫无疑问，后来成为世界名篇的许多短篇小说，正是在这个阶段构思的，他打算在即将到来的秋天和一八九三——一八九四年冬春之交，给各报刊编辑部分寄一些作品。于是，这就构成了他自己所说的那“杂七杂八的一大堆作品”。

至于高尔基在这个时候怎样向喀山报纸《伏尔加纪事报》投稿的，我们还缺乏资料。在他的信件中从未提到过和该报的任何关系。

大概，在七月间，高尔基等了两个月不见《俄罗斯新闻》回信，他失去了信心，便将本来要寄给莫斯科报刊的其余一些小说，寄给了《伏尔加纪事报》。

高尔基在他回忆柯罗连科的一些文章中，谈到《伏尔加纪事报》曾经十分轻易地刊登了他寄去的一些小说。但是，这些回忆录中有许多记错的地方，我们也可以对这一细节略加商榷。

《俄罗斯新闻》在当时是一份对各省报刊影响极大的报纸，所以极有可能，正是因为《俄罗斯新闻》刊登了《叶美良·皮里雅依》，才使得《伏尔加纪事报》十分顺当地刊登了高尔基的一些小说。

《俄罗斯新闻》一八九三年八月五日刊登了《叶美良·皮里雅依》，而从八月十八日起，《伏尔加纪事报》便开始刊登高尔基的一些小说。

其中，九月四日，刊出了后来十分出名的"寓言小说"——《关于撒谎的金翅雀和爱真理的啄木鸟的故事》。

一八九三年秋，高尔基在《伏尔加纪事报》上发表了数篇小说之后，曾去见柯罗连科，柯罗连科刚从美国回来，据高尔基回忆，一见面他便兴奋得叫起来：

"我们刚读过您的小说《关于撒谎的金翅雀和爱真理的啄木鸟的故事》——不错，现在您也开始发表作品了，祝贺您啊！看来，您这个人很倔强，写寓言小说要写就写到底。也好，寓言小说也不错；只要通情达理，倔强也不是什么坏品性。"

谈了很久之后，在他送别高尔基的时候，再一次祝他成功。

"'那么您觉得，我可以写作吗？'我问他。

"'当然可以！'他有点儿惊讶地叫道。'怎么，您不是已经在写作，在发表作品了吗？您想找我商量，那您就把稿子带来，我们一起来研究……'"

如果说卡柳日内给高尔基指明了该走的道路，那么柯罗连科则是他这条道路上十分关切的领路人，他对高尔基在当地报纸上发表的每一篇小说，都要讲一讲自己的意见。

据高尔基回忆，他的意见和指教总是简明扼要的，然而高尔基恰恰需要这样的指教……“您真是别树一帜”，柯罗连科对高尔基直说，“您润色得不好，有点儿粗糙，可是蛮有味道”。

但是，一些咬文嚼字的编辑却领略不出这种味道，如高尔基在一封信中说的，不少稿子“到了编辑部，简直如石沉大海”。

尼日戈罗得宪兵机关并未停止对他进行秘密监视。

“一八九四年，此人住尼日尼-诺夫戈罗得，继续同危险分子往来。”——警察署所存高尔基档案中是这样讲的。

毫无疑问，高尔基同尼日戈罗得的马克思主义者小组有过交往。

一八九四年初，列宁到过尼日尼-诺夫戈罗得，并且在马克思主义小组内做了一个简要的报告，批判民粹主义分子沃龙左夫的《俄国资本主义的命运》一书。高尔基没有参加报告会，因此未能同列宁见面，但是报告的思想内容后来却传到了他那里，毫无疑问，这对他的世界观必然有所影响。

这时候，高尔基辞去了办事员职务，拿出时间来进行文学写作。他给当地报纸写小说，每行两个戈比；他写了一组连载的讽刺小品，总题目是《倒霉鬼保尔的故事》。柯罗连科十分关怀地注视着他的写作。譬如，他曾责怪高尔基没有把短篇《阿尔希普爷爷和连卡》的稿子拿给他看，据柯罗连科的看法，这篇小说本来是可以在杂志上发表的。

使高尔基特别难忘的是，一八九四年夏天的一个早晨，他们刚度过一个不眠之夜，在尼日尼郊区田野上散步时的那次长谈。柯罗连科对高尔基的小说讲了很多意见，讲得很详细，说他写得太仓促、草率，小说中经常看到有粗疏和模糊不清之处。

“就这样吧，”他最后说，“您试试看，给杂志写一些大一点儿的东西。该这么做了。杂志会给您登的，我还希望您对自己更加严格些。”

高尔基一回到家里，立即就动手写作。在尼古拉耶夫城住医院的时候，邻床是一个敖德萨的流浪汉，曾给他讲了一件事，他便以这件事作为题材。

这篇小说定名为《切尔卡希》。

柯罗连科读完了全稿，热情地向高尔基表示祝贺说：

“您写了一篇不坏的东西。甚至可以说简直是一篇出色的小说！一气呵成……您善于塑造性格，您的人物对话、动作都符合其身份、符合其思想实质，您能做到不干预人物的思维活动和感情变化，这可不是每个人都能做得到的！而其中最可贵的，是您对人物的褒贬是恰如其分的。我曾对您说过，您是一个现实主义者！”

可是，他想了一下，又笑着补充说：

“可同时也是一个浪漫主义者！……”

这时候，柯罗连科和《俄罗斯富源》杂志编辑部的关系，已经越来越密切了。

他对高尔基说：

“《切尔卡希》要在《俄罗斯富源》上发表，还要放在头一篇，算是一种推荐和荣誉。”

我们不清楚，稿子是由柯罗连科直接寄出的呢，还是附了柯罗连科的推荐信，由高尔基寄出的，但是高尔基曾收到过杂志主编H.K.米哈伊洛夫斯基如下一封信：

“阁下：

“您寄来大作《切尔卡希》以供发表，谅此时提出意见，未必合乎尊意。但我无法简单地回答‘可’或者‘不可’，因为小说某些方面还有待商榷，所以我冒昧地赘述几句。

“小说构思巧妙，而且极有可能成为思想、艺术俱佳的名篇，如果阁下重视下述意见的话：

“小说若干地方过于拖沓，此一弱点只要动笔删改即可排除，因重复之处甚多。较为棘手的是，小说有议论过多之弊。切尔卡希本人议论多尚可理解，因其多年流浪，多年住通都大邑，见闻甚多，理应如此处置。但对加夫里拉我则无法理解，并非无法理解其心理，其心理是能理解的，而是无法理解其生活轮廓。一个俄罗斯人，竟到库班去收割庄稼。从何处而来？切尔卡希并未向他提出这一很自然的问题，他尽管絮叨不休，十分饶舌，却未讲到这一点。依我理解，这在实际生活中是不真实的，而且其中有些细节也不甚妥：加夫里拉何处学得在海上如此熟练地划桨、掌舵？库尔斯克或者奥尔洛夫的庄稼人是办不到这一点的。加夫里拉的所有语言没有生活气息，不是来自‘现实生活’。切尔卡希可以谈谈‘自由’的问题，而且他所用的语言，可以和我们的语言一样，但加夫里拉用这种语言极为不当。我觉得，如您能以这一观点来看自己的小说，那么您自己也会看出，小说需要认真修改。

“我若处于阁下地位，当向符·加·柯罗连科求教，他不久就要到彼得堡来，可请他斧正（这件事需柯罗连科这样的艺术家才行）。如他能不吝指教，则可望《俄罗斯富源》早日刊出这一优秀之短篇。”

信中用意很清楚：米哈伊洛夫斯基将小说寄回来，是认为小说“构思巧妙”，而且“极有可能”成为思想、艺术俱佳的名篇，“只是需要”按他的要求进行“认真修改”。他建议高尔基向柯罗连科求教。

“如他能不吝指教，则可望《俄罗斯富源》早日刊出这一优秀之短篇”，这一典雅而委婉的句子用意也很明显：只有柯罗连科动手修改，小说才能在杂志上发表。

米哈伊洛夫斯基指望，柯罗连科一动手修改小说，就能将加夫里拉改头换面，改成民粹派自由主义分子所想象的样子。

高尔基在给米哈伊洛夫斯基的回信中，感谢他对小说的关心，同时补充说：“我觉得，您要求对拙作加以修改，此事易办，但经过这种修改，小说并不会有多大变动。”

这就和米哈伊洛夫斯基的意见对不上头了，他本来是希望柯罗连科能改变加夫里拉这个人物的。高尔基的信想必要叫他冒火的。

一八九四年十二月十三日，柯罗连科在给米哈伊洛夫斯基的信中说：

“寄上《切尔卡希》修改稿……如能在近期刊用，那就太好了。小说很不错，作者在生病，手头甚为拮据。”

《切尔卡希》的原稿没有保存下来，因此我们无法看出小说中什么地方被改动过，有没有照米哈伊洛夫斯基的要求进行改动。

阿列克塞·马克西莫维奇在一封信中说:“……似乎柯罗连科并没有修改过《切尔卡希》,只是劝我删掉一个场面,即切尔卡希观看大街上孩子们玩耍的一个场面,我照办了。”

还有一点很值得注意,米哈伊洛夫斯基唯一的一个具体要求,就是必须写清楚加夫里拉究竟是什么地方人,这一点却没有照办,虽然这是最简单不过的事。

这一情况,很自然地使人想到,另外一些较为复杂的修改意见也没有照办,而且高尔基在这方面一定是得到柯罗连科全力支持的。

但修改还是有的,柯罗连科的信中已经清楚地说明了。修改了什么呢?无疑,修改了某些累赘之处(如街头孩子们玩耍),这些缺陷在年轻的高尔基看来是不足为奇的,到后来他对风格和语言有了极其敏锐的感觉,才消除了这些缺陷,能够极其巧妙地将作品中的对话和描写安排得非常紧凑。

米哈伊洛夫斯基信中的这一部分意见看来是说中了的。但可以设想,即使在这方面,柯罗连科也是尽量尊重年轻作者的个人意见。

有一个很简单的情况就说明了这一点:柯罗连科给米哈伊洛夫斯基写信的日期是:十二月十三日。

米哈伊洛夫斯基信中建议高尔基向柯罗连科求教,说他“不久就要到彼得堡来”,这意思当然就是说,柯罗连科将以艺术家的手笔,按照米哈伊洛夫斯基的意见,对小说进行必要的初步审编,然后亲自将稿子带去。

但是,柯罗连科是从彼得堡回来后,将稿子寄去的。他是十二月十二日回来的。正是在他离开的时候,高尔基对稿子进行了最后的修改,只是在他回来的当天,或是在次日,即稿子寄往《俄罗斯富源》编辑部的那一天,才将稿子交给了柯罗连科。

只要晓得柯罗连科做编辑时对待别人的稿件是多么过细,责任心多么强,便不能设想,要他这样一位艺术家,在一天,甚至几小时之内,对高尔基的小说进行一番新的修改。

总而言之,柯罗连科是在一八九四年十二月十三日写信给米哈伊洛夫斯基谈及《切尔卡希》的:“如能在近期刊用,那就太好了! 小说很不错……”

只是到了一八九五年四月十五日,就是说四个月之后,米哈伊洛夫斯基在给柯罗连科的一封信中,才宣告了小说的命运:“《切尔卡希》安排在六月号刊出。”

编辑部可能有各种各样的看法,才使得小说摆了几乎有半年之久,这是可以想象得到的;但是,米哈伊洛夫斯基和柯罗连科对待《切尔卡希》的态度是多么不同,这是一目了然的。

毫无疑问,米哈伊洛夫斯基承认小说有相当的分量(“构思十分巧妙”),但同样毫无疑问的是,他对小说依然很冷淡,不满意,认为不是本刊的“得力之作”。

《切尔卡希》终于能以这种面貌在杂志上刊出,可能是,而且从各方面看来是柯罗连科的功劳。

《切尔卡希》问世的时候,高尔基早就到了萨马拉,并且已经在这儿工作很久了。

二

《萨马拉日报》是十九世纪八十年代由伊·别·诺维科夫创办的。

他是一位退役的骠骑兵，自治会议员，印刷厂老板，出版家，市立戏院经理，戏班子班主兼演员，——他在本城实在是一位风靡一时的人物。诺维科夫最醉心的是戏院。戏院也是他全面破产的原因。

如今轮到了《萨马拉日报》。一八九四年二月，该报盘给了年轻的实业家谢·伊·科斯捷林。

这些年，因为国内社会生活普遍活跃和省级报纸数量增多，不仅出现了一些《省城新闻》之类的小报，而且在各中心城市也开始出现一批类似的大型报纸，办报人和编者很想使其或多或少地保持一种自由主义色彩。自然这要在本身的政治见解和当地检察机关许可范围之内。

在新的发行人主持下，《萨马拉日报》也发生了这种变化。

尼·巴·阿舍绍夫担任了改组后报纸的秘书和实际主编。他是因为“思想危险”被逐出京城的一位新闻记者。他在萨马拉住了下来，着手改组《萨马拉日报》。

柯罗连科在伏尔加流域新闻出版界的名望很高，因此阿舍绍夫来信要他为报纸撰稿，并且请求给予指教。

柯罗连科利用这封来信的机会，想使高尔基改变他在尼日尼的不稳定的贫困生活，到萨马拉去干点儿固定工作。

经过柯罗连科一再劝说，高尔基同意到萨马拉去。

有些回忆录作者认为高尔基去萨马拉是在一八九五年春天。阿列克塞·马克西莫维奇曾写道，他去萨马拉“大概是一八九五年四月，街头水洼里还结着薄冰”，这似乎也能证实这一点。

实际情况是这样：尼日戈罗得省长巴兰诺夫报告莫斯科警察总监说，自一八八九年十一月十五日立案进行暗中监视的阿列克塞·马克西莫维奇·别什柯夫，二月二十日去莫斯科，将由莫斯科赴萨马拉。

高尔基二月二十日离开尼日尼，路经莫斯科，二月二十三日到萨马拉，二月二十四日已经开始工作了。

一九三四年在将二月二十五日的《随笔与杂拾》交给他验证的时候，阿列克塞·马克西莫维奇承认是自己的手笔。而旧历二月底也恰恰是“街头水洼里还结着薄冰”的时候。

当时在《萨马拉日报》经理部工作的叶·谢·伊万诺娃，回忆她和高尔基第一次见面的情形时这样说道：

“有一天我去上班，走进编辑室，看到一张写字台旁边坐着一个人，俯着身子正在看报，是哪一个呀——看不清：一张脸全部给头发遮住了。我走进去，将门砰地一带，他猛一惊，将头发往后一摔，凝神地朝我望着……我甚至有点儿怕了：又瘦又苍白，像是刚生过一场大病一样，——脸色真不好看。后来我才晓得：他就是高尔基。我仔细打量：他十分年轻，脸上还没有胡髭，身穿黑色上衣——穿着很不像样……他承担的是报刊拾零一栏，报酬是每月五十卢布，写小说每行两个半戈比……”

叶·谢·伊万诺娃所说的“报刊拾零”就是《随笔与杂拾》一

栏,是二月二十五日开辟的。这第一期刊出了一篇关于历史学家阿布尔杜尔-巴雅杜尔-汗的故事,这个短篇描写了鞑靼族一个部落的日常生活。

在《萨马拉日报》上出现考证巴雅杜尔-汗的文章,是十分突然的。这种考证向我们表明了高尔基在研究蒙古历史。他在一封给柯罗连科的信中,要求提供一些除巴雅杜尔-汗以外的蒙古历史材料,又说:"这些蒙古人太有意思了。"

在去萨马拉之前的一年半时间里,高尔基只是给伏尔加流域各报写写小说。

但是到一八九五年,自从到《萨马拉日报》工作的第一天起,他就成了专业政论作家,每天得为《随笔与杂拾》栏写报刊述评,主要是摘评各省报刊。

这一栏是摘引报刊文章,由本栏编者加按语进行编排。

将俄罗斯现实生活中一些事实搜集在一起,等于是报纸给读者写了一篇实际的小评论。

随着高尔基的到来,报上出现了一个原来未曾见过的新的杂文作者。高尔基阅读全国报刊,挑出那些最骇人听闻的横行霸道、胡作非为、残酷剥削、虐待工人、摧残妇女和俄罗斯现实中其他一些罪恶的事实,汇编在一起,满腔愤怒地予以评论。

高尔基在从萨马拉寄给柯罗连科的第一封信中,就征求他的看法并请求指教。

"我如今负责本报《随笔与杂拾》一栏。

请告诉我,您对我这样评介事实,有什么看法?评论本身如何?笔调怎样?"

如他给柯罗连科的信中说的，高尔基认为，报纸应当“像锤子一样，照着那些空虚无聊的脑袋瓜”狠狠地敲上几下。

《萨马拉日报》在读者中极受欢迎。有经验的记者斯·古谢夫（斯洛沃-格拉戈里）起了很大作用，他每天为《杂谈》撰写小品文，用的是一种轻松的，无拘无束的，当时叫作“自由主义的”，和读者娓娓交谈的笔调。

斯洛沃-格拉戈里离开萨马拉以后，他的小品栏《杂谈》交给了高尔基。于是，一八九五年七月十四日，第一次出现了一个署名“耶古及尔·赫拉米达”。

耶古及尔·赫拉米达是怎样理解一个小品文作家的使命的呢？

那就是——要评述萨马拉日常生活和社会生活中的不良现象，揭露对劳动者的剥削，暴露权势人物拼命饱私囊的用心和本城头面人物欺上压下的行为，或者如他在一篇小品里写到的，要“把藏在我们这黑暗与野蛮的丛莽中的一切毒蛇猛兽挖掘出来……既准又狠地加以鞭挞”。

耶古及尔·赫拉米达懂得，所有这些怪胎，都是资本主义制度哺育长大的，但是公开地来论述这件事是没有可能的。难怪高尔基在回忆录中将耶古及尔·赫拉米达的活动叫作“受气的活儿”。

每天要在检查官的手下找空子发表文章，要天天寻找检查官可能放过的题目，干这种活确是“受气”。

而耶古及尔·赫拉米达是有东西可写的。

萨马拉由过去一个一万到一万五千人的小县城，在四十年内发展成一个大城市，到十九世纪九十年代，已经超过了十万人。

在那个时代，一个城市有这样快的发展速度，是很不寻常的，所以萨马拉被称为“俄国的芝加哥”。

这样迅速的发展，是因为一些暴发的富农和企业主，通过繁殖牲畜和向农民收购小麦，已经将萨马拉地区最富饶的草原抓到自己手里。将小麦、皮革、牛油，运到萨马拉的码头，这就使城市劳动者大量增加。

萨马拉开始出现许多十分豪华的私邸，可是在郊区却是一排排拥挤的草舍，里面住满了给商人干活的人们。

有一天耶古及尔·赫拉米达提出：

“萨马拉城沿河大街上应当挂起这样一块牌子，就像日古列夫工厂的招牌一样，牌子上面这样写：

凡是想到萨马拉寻找文明的人请注意：
速速回头，因该城既野蛮又鄙陋，
此处只看重牲畜，只晓得牛油与皮革的价钱，
不晓得通向高尚的道路怎么走。”

统治这个城市的是一小撮百万富翁：面粉厂老板、粮商、拥有一两千俄亩土地的大牧区的畜牧业主。这些过去放牲口的人和牲口贩子，发了财的富农，都没有什么学识，但是他们成立起市议会和参议会，将市政大权抓到了自己手里。

高尔基写道：

“……议会里，‘财神爷们’操纵一切，对自己有好处的事，争夺得很厉害，要是对本城有好处的事，那……有时候争得也不差劲，但要争得对自己有好处。”

参议员们的盗窃行贿，他们对本城要人的奴颜婢膝；有些事情“财神爷们”得不到便宜，便无限期地延长议会；百万富翁们不肯交纳税款；对他们进行的滑稽审判，还有抨击本城首脑——这都是耶古及尔·赫拉米达用以抨击萨马拉“高贵的”商界的小品文题目。

在一小撮百万富翁周围，是本城一群较小一点的商人，他们是特洛伊茨基市场的一些老板。商店推销低劣货物时的萧条情景，商人们的花样百出和柜台人员的势利眼，“食品商店”里的肮脏和骇人听闻的剥削——所有这一切，我们都可以在耶古及尔·赫拉米达愤怒的字里行间看得清清楚楚。

但是小品文写得最多的是庸俗的市民，写的是萨马拉资产阶级庸俗的市民，他们由于烦闷和生活空虚变得百无聊赖，非得找点无聊的事儿寻寻开心不可——见行人起哄，在铁轨马车里打打闹闹，有人为十五个戈比打一场官司，别人也跟着起哄，如此等等，不一而足。

在萨马拉十万居民中，有文化的有八千人。但是资产阶级市民有了文化，并不能使小品文作者的处境更好一点，在署名为巴斯卡列洛的高尔基的一些讽刺小品中，便可以看到这一点。

这组小品文是一八九五年六月发表的，总题目是《在省报做编辑的几天》。

从这些讽刺小品所讲到的一些离奇可笑的事情，我们可以猜想出九十年代一个省报的一些日常情形。

这组小品中说，这位新编辑在编辑部里经常受到疯狂的攻击，揭发人和抗议揭发的人都来攻击，来反驳，骂人，进行恫吓，胡搅蛮缠，弄得这位编辑不知如何是好。

这些市民极力想叫报刊袒护他们肮脏、卑鄙的行为，直截了当地威胁说，如不听他们的，就要大打出手。

耶古及尔·赫拉米达大量的文章抨击了无所事事、空虚无聊的市民生活，抨击了陈规陋习，抨击了市民生活中的无事生非，庸俗可笑。

耶古及尔·赫拉米达在向读者祝贺新年的时候，利用这个机会，向读者表示传统的祝愿，可是这些祝愿也变成了抨击资产阶级庸人的讽刺小品。

耶古及尔·赫拉米达的小品文就是这样始终不懈地在干预萨马拉的生活，抨击生活与社会风尚。

但是，社会生活主要的一面还是不允许他写的。

萨马拉有一些大工厂，而且京城和中心地区工人闹工潮的消息，分明也传到了萨马拉。

耶古及尔·赫拉米达刚刚试图在小品文中写一写较为重大的、要害性的题目，照他的说法，检查官便“剔去了他文章中的骨头”，结果搞成了“词意不相连贯的、乱七八糟的一锅稠粥”。

这才是一项十足“受气”的工作。

有时候耶古及尔·赫拉米达采用检查官所不懂的语言，使用检查官可能疏忽的办法，冲破检查官的封锁，发表一些文章。

譬如，耶古及尔·赫拉米达写道：

“我们坐在花园里的长凳上……头顶上覆盖着浓浓的绿荫，阳光穿过绿荫，将一个个绿色的光点投射在草地上……

“形形色色的小甲虫儿急匆匆地在草丛里奔跑着，爬一会儿，又不见了，过一会儿又出现了；几只蚂蚁用那有劲的嘴巴咬住一块食儿，拖呀，拖呀……

“渺小的虫儿正在尽自己全部力量，要使自己短促的一生过得‘尽可能好些’……

“一个愉快的，我以为也是智慧的想法在我的脑海中映现出来：

“我们能不能学一学小甲虫、蚂蚁和其他一些小虫的样儿，别再烦闷无聊，找点事儿干干，使我们的生活‘尽可能好些’呢。”

耶古及尔·赫拉米达就是用这种方式来讲一讲革命变革，讲一讲人们应当热气腾腾地行动起来，应当使生活“尽可能好些”的。

他殷切地寻求心领神会和怀有同感的读者。

关于小虫和蚂蚁的小品文发表几天以后，耶古及尔·赫拉米达想试一试公开地向检察机关挑战。在谈到那些庸人的感情和道德面貌时，他写道：

“在这条道路上还有红色的路障，四周也是荆棘丛生。

“一个小品文作者，要是写得清楚明快，想使读者看到作品，却很难穿过荆棘，冲破路障；大多数庸人虽然做起事来一点不要脸，也该受讥笑，——但是……

这个‘但是’不仅该加逗号，而且应当用惊叹号——‘但是！’……

我晓得，有不少人，每天得公开地在报上将他们分成两半儿，中间加上——但是！”

庸人的感情和道德面貌——这是指剥削者、掠夺者的感情和道德面貌。耶古及尔·赫拉米达含蓄、隐讳地说是“庸人”。

检查官没有看懂“红色的路障”暗示的是检查官的红铅笔，虽然他认为这只是小品文惯用的一个什么词儿，因为，当小品文作者写得明显些时，他便像以往检查帕斯卡列洛的讽刺小品时那样，干脆一笔划掉了：

“在红红的伤疤上我看到一道道的伤痕，我想，这是鞭打流血的痕迹。”

凡是多多少少涉及达官贵人和国家行政当局之处，检查官统统都要划掉。上面指示不准讲的，他都要划掉。不准写工人问题，特别不准提彼得堡罢工的原因。

但是还没有禁止写童工问题，耶古及尔·赫拉米达于是利用了这个机会。

一些辛辣的小品文锋芒指向殴打童工的印刷厂工头格兰，指向造成童工残废的工厂主列别杰夫。

列别杰夫写了一篇“辩驳书”，里面还报告当局说，赫拉米达“煽动工人与厂方的对立情绪”，骂赫拉米达是“报界健康肌体上的致病细菌”，并且向报纸发行人、商人科斯捷林呼吁，说还是他“比赫拉米达更尊重实际”。

列别杰夫说的“更尊重实际”是什么意思，那是一目了然的。

耶古及尔·赫拉米达公布了列别杰夫的这份“辩驳书”，并且声言还要再揭发列别杰夫工厂里的一些情形。

可是，这一点并没有能做到，列别杰夫在写“辩驳书”的同时，给内政部寄去一份控告书。

一八九五年十月二十七日，出版总局局长通知列别杰夫说，检查官已经受到了“行政方面的处分”。

但是还在检查官受到“行政方面的处分”之前，十月十九日，又出现了耶古及尔·赫拉米达的一篇小品文。这篇小品文说，有些碾粉厂的老板，虽然还在生产旺季，虽然这些厂里活儿忙得很，却将工人工资每月降低三卢布。原因是冰天雪地，航路不通，工人没地方好去。

“生意人很懂得这一点。

“而且，但愿天气再冷一点儿，他还能再扣掉三卢布。

“他不单纯是一个工厂主，而且是深谙现代整个经济状况的工厂主。

“因为他深深懂得这一点，所以便朝自己的理想拼命飞跑，希望有那么一天，工人干活随他摆布，工钱一个不要。

“那又怎样？上帝保佑！

“识者曰：他的得意，将使其死期渐渐来到。”

面粉厂主没有对这篇小品文提什么异议，他们是不看报的。显然，检查官并未弄懂小品文结尾的含义，可是却引起了出版总局的注意。

十一月十日，出版总局局长寄给萨马拉省省长一份公函，要求“速发指示，今后不得在地方报刊上刊登煽动工人敌视厂主的文章”。

这篇小品文是马·高尔基完全公开地在论证资产阶级必定要灭亡。

耶古及尔·赫拉米达谈到不准讲真话时写道：

“我的一个熟人来找我，一进门就对我说：

“‘地方报纸没有尽到自己的责任……’

“实际上我十分清楚没有尽到责任，我也清楚原因何在，正是这些原因，俄国生活才寸步不前，也正是这些原因，才使得报刊不能尽到自己责任。

“可见，在老于世故的人看来，问题在于：为了要生活，定一些规章制度是十分必要的，这比真理、正义，还有别的一些什么东西更必要，没有这些东西，我们不也在过日子呟！”

剥削阶级社会的“规章制度”和“真理”与“正义”是对立的。正是这种“规章制度”的维护者——仇视“真理”的检查官，使报纸步履艰难，“吞吞吐吐”。

“报纸有维护真理的倾向，正因为有这种倾向才弄得吞吞吐吐，它在战斗，却要尽量减少阻力。”

耶古及尔·赫拉米达就这样表白了，它在战斗，却要“尽量减少阻力”。

然而，在俄国合法的文学界，在当时俄国报界人士当中，还找不到这样一个如此百折不挠、如此顽强地维护劳动人民、维护真理的战士。

他揭露商人敲诈农民，揭露铁路当局丧尽天良地克扣小职员，揭露店老板残酷剥削自己“伙计”等等诸如此类的事情。

耶古及尔·赫拉米达坚决主张，市政当局应当给待雇的女用人提供房舍，因为她们在等待雇主的时候冻得发抖，或者被雨淋得全身透湿；他抨击市政当局要把贫民迁出城区的罪恶用心，揭露萨马拉的财主老爷们鲸吞一切，一切为了自己利益的卑劣行径。

有一篇写书刊出版协会游园会的小品文，恐怕是唯一的一篇描写令人舒畅的场面的小品文。

高尔基积极参加这个团体的活动。十二月间，他在编辑部内，还曾经为排字工人的孩子们和印刷厂童工组织了一个松树游艺会。

他在小品文中写道：

“星期四，书刊出版工作者协会在斯特鲁柯夫公园举办的游园会上，‘真正的与会者’并不怎么多，可是倒是出席了不少活泼有趣、闹闹嚷嚷、高高兴兴、肮脏褴褛的小人物，使这可爱的团体组织的晚会，增添了十分喜悦、十分亲切的气氛。

“这是印刷厂的孩子们，是印刷机学徒工，他们是无声无息的语言劳动者，他们那闪闪跳跃的火花，也许渐渐会燃烧成熊熊大火……”

耶古及尔·赫拉米达就是在这里也并没有忘记谈未来，谈这些“无声无息的语言劳动者”闪闪跳跃的火花，会燃烧成“熊熊大火”。

一九三一年，高尔基写信给萨马拉的排字工人加·巴·鲍利索夫说：

“我们共同在萨马拉度过了一段黑暗、艰苦的岁月，那时候，很难设想，工人阶级会像现在这样，发挥出这样大的威力，能够像今天这样所向披靡。”

可是就在那时，在萨马拉那“黑暗、艰苦的岁月”里，高尔基已经在召唤革命的“熊熊大火”了。

《萨马拉日报》新年号发表的童话《旧年》，便表示了对日后革命的期待，这是检查官的眼睛没有看到的。

人类的一切秉性都来辞别旧年：虚伪伴着谦恭，虚荣携同粗野，还有忧愁也来了，——“大家全都恭恭敬敬地给旧年鞠躬，因为它在时间中最受尊敬”。

最后来到的是真理。它像往常一样，又胆怯，又抑郁，走到角落里，孤零零地坐在那里。

等旧年跟人类一切秉性告别的时候，永恒派的使者来到了，他说道：

“……这些腐朽的人要什么新年？……新年又生长不出新人。他们原来的一切都不会变的——不过是脱下白色的尸衣，换上小伙子的上衣，照旧过下去……只要人们不将自己的思想、感情换成新的，你就跟着他们过下去……”

高尔基便是用这种方式向读者祝贺新年的，他用这种方式号召青年一代“将自己的思想、感情换成新的”。

高尔基作为一个小品文作家，不断地揭露萨马拉的资本主义势力，维护劳动者的利益。同时他还十分用心地在写作对阶级社会进行革命剖析的艺术作品。

高尔基在《萨马拉日报》发表的小说之中，有这样一些名篇，如《游街》《筏上》《扣子的故事》《有一次，在秋天》《我的旅伴》和《伊则吉尔婆婆》。

一八九五年三月五日，高尔基发表了《在黑海上》。这就是有名的《鹰之歌》。这一支“歌”——号召走向光明，走向自由——直接号召革命工人推翻封建专制与资本主义势力这个庞然大物①。

①在报上初次发表时题为《在黑海上》，经修改后改名为《鹰之歌》。——译者注

为争取自由的英勇战士唱出的这一支豪迈的赞歌，很快便成了我国一切正直人民战斗的号角。一九〇五年的青年工人便是受到了《鹰之歌》的战斗洗礼。《鹰之歌》的一些有名的句子——“天生要爬的——是飞不起来的”“我们歌颂的是勇士们奋不顾身”——被列宁多次引用过，已经成了布尔什维克的战斗誓言。

一九四一年六月八日，叶·雅洛斯拉夫斯基在中央文化休息公园露天剧场纪念高尔基的晚会上，谈到《鹰之歌》对一九〇五年的革命具有怎样的意义时说：

“一八九五年，就在这一年，列宁在彼得堡组织‘工人阶级解放斗争协会’的时候，高尔基在萨马拉，在当地报纸上发表了《鹰之歌》——这是一篇特别有影响力的、号召进行顽强斗争的作品。我们这些当时工人运动的参加者，曾经将《鹰之歌》翻印了几百万份。”

用了各种办法传播这篇作品——在地下印刷所铅印，胶版印刷，用手抄。

但是在写作这篇作品的时期，在十九世纪九十年代中期，因为周围的人冷眼相看，高尔基在《萨马拉日报》的处境越来越孤独了。

然而，不论作为一个评论家，或者作为一个小品文作家，这一年来他在《萨马拉日报》上一直占有显著地位，而且他在编辑部中也是一个不可多得的人物。

一八九六年，他接到《敖德萨新闻》报发行人的聘书，聘请他为常驻尼日尼记者。

这时，《尼日戈罗得小报》也照《萨马拉日报》的式样改版，也变成了州办报纸。

一八九六年,在尼日尼-诺夫戈罗得举办了全俄工业与艺术博览会,这时已经成为名记者的高尔基,被《尼日戈罗部小报》聘请为常驻全俄博览会的撰稿人和评论员。

三

那个时期,是俄国工业空前发展的时期。大工业的发展,需要更多的劳动力,而越来越贫困的农村,将闲散的,也就是多余的劳动力,从它那雄厚的劳动力仓库中,一股劲儿地向外抛,交给工业资产阶级去剥削。

总之,在资本家看起来,前途是十分乐观的。财政部部长谢·维捷所大力鼓励的俄国工业资本,在全俄博览会上,进行了一次全面的检阅。

高尔基换了一个城市,换了一家报纸,也就给他这个评论员提出了一些新的任务。要写的题日范围扩大了。街道上的灰尘与污秽,开会时打瞌睡的议员,知识浅薄的商人——城市里这一切头面人物——全部成了过去。如今尼日戈罗得生活中的中心事件是全俄博览会,这就将许许多多具有全国意义和一般文化意义的问题提上了日程。

作为一家自由主义报纸的工作人员,处在省政当局的钳制下,又是在警戒森严的情况下(沙皇要来参观博览会),高尔基的评论锋芒受到压抑,这是完全可以理解的。

但是,即使在这样的条件下,他所表现出来的爱憎,尤其是对于商人市侩生活的憎恶，是极其鲜明的。市侩生活表现在他的笔下，依然是浑浑噩噩，粗野无知。无论怎样得意，无论打什么旗号，都无法改变这种粗野无知。

他在给《敖德萨新闻》写的第一篇通讯中说道：

“我来到尼日尼……我本是尼日戈罗得人，对这个城市了如指掌，回来一看，干净得真是使我惊奇，这可是一年之前所没有的，叫我惊奇的还有，又是新楼房，又是街心花园，主要街道上架起了纵横交错的电线，铺设了有轨电车道，而且整个城市面貌又幽雅，又干净舒适，到处能闻到一些混杂在一起的气味，有刚刚溶解的石灰气味、柏油气味、油漆气味，当然还有石碳酸气味。

……因而我的脑际不由得浮现出许许多多我们的‘伏尔加人’，有‘信旧教’的，虔诚的，吃得饱饱的，心肠狠毒的伏尔加人；有家产几十万，拥有几十条轮船和驳船，却要克扣工人二十个戈比的伏尔加人；还有的伏尔加人平日里浑身焦油气味，汗味，酸白菜味，逢年过节穿不上长襟礼服和夹克，只能穿穿‘民用长袍’——穿上长袍，还是遮盖不住富农的土气，阿特金松香水[①]幽雅的气味，盖不住浑身的寒酸气味，腌白菜味，汗味，石油味，以及土生土长的伏尔加人所特有的一些别的气味。”

透过表面现象揭露其本质——高尔基在博览会的报道中依然是使用这种手法。

这次博览会是在迎合官方爱好和虚伪做作的爱国主义的气氛中筹备的。至于博览会的东道主俄国的实业家们，将博览会的使命看得十分简单；在他们心目中，博览会是给自己的信誉做一

①法国生产的一种名贵香水，在欧洲十分有名。——译者注

次大规模的宣传，他们全部心思都用在一个地方，就是要想出一些耸人视听的花招压倒邻厂和自己的对手。

譬如说，弄了一排高八俄尺，横两俄尺的蜡烛，便是他们挖空心思想出来的一个花招……又用肥皂做成四个皇帝半身像，还按国旗颜色，用三种颜色的玻璃瓶缀成一座鲜艳夺目的大门，这一切都可以说是费尽心机。

不过，这种场面，看样子观众是感到十分满意的。

高尔基在描写每一部分的时候，都指出博览会本身组织得没有水平，完全没有表现劳动过程，于是笔锋一转便写起了工人的生活和他们受剥削的问题。

高尔基在评论西伯利亚山区几个州的陈列馆时写道：

“我很想知道，是什么人，用什么办法，怎样从地下挖出这一万普特黄金，三十年间给国家提供了将近三亿金卢布，不算银币与铜币，也暂且不算各种各样的宝石。这些可爱的探宝勇士们又是一些什么样的人？……他们是如何探宝的，探得这许多宝藏后，他们的日子又过得怎样？”

展示“探宝者”——工人们日子过得怎样，是完全不在博览会筹备者计划之内的。于是，这位评论员就主动地挑起填补“疏漏之处”的担子，只要有机会，就向读者谈一谈自己接触工人生活的亲身经历。

诺贝尔的巴库工业陈列馆使他有根据可以断定，“在石油老板们的这块福地上，人们过的日子是多么差”，——一八九二年他到这座“黑色的城市”找活儿干的情景，那是记忆犹新的。

喀山克列斯托夫尼柯夫兄弟工厂散发了一种广告性的小册

子,其中谈到给工人造医院和宿舍,高尔基对此发表评论说:

“我在一八八九年是看到过这个医院的病人的,他们是从里面给撵出来的,因为要将医院改成香皂仓库。宿舍也是有的,而且里面确实睡的是工人,睡在里面,而且——真是幸运——居然没有呛死,虽然呛死的条件业已十分齐全:各种酸类的味道,发臭的油脂味道,熏人的石油味,肥皂味,氨水味……宿舍里应有尽有。”

谈到阿拉福左夫制革厂,他在喀山时也是很熟悉的,高尔基写道:

“到处是难以下脚的泥泞,工人们经常害各种各样的病,从支气管慢性卡他症,——这是车间里灰尘太多造成的——到西伯利亚溃疡,——这是制革过程中完全缺乏卫生设备造成的。梳毛工人们害眼球角膜炎越来越严重,这种病往往使人双目失明。工厂里,应该有的东西一样也没有,车间里没有足够的空气,没有医疗设备,但是罚金条例却订得出奇地完备。”

这个阶段高尔基除了在报纸上发表了大量小说外,在这三四个月的时间内,写了几十个印刷页的新闻报道、通讯、小品文、特写和论文,从这点便可以看出他在博览会期间完成的工作量是多么大。要想了解他当时的心情、他的孤独感和他对周围环境的反感,仔细读一读他的小品文中这样一些地方就行了:

“在各种建筑式样的陈列馆中度过了一天之后,眼前是使人眼花缭乱的各种色彩,耳边是缭绕在形形色色的人群周围的十分奇怪的闹声——有的漫长而低沉,有的不满,有的艳羡,——听够了响亮的音乐，钟声震得两耳欲聋[1]，你会觉得头昏脑涨，心中沉闷，神经感觉迟钝……真想离开这个工业荟萃的世界，离开这应有尽有的巧夺天工的搜集地，离得远远的，听不到这人工创造的世界的喧嚣，到那纯朴的地方去，在那里不这么拥挤，没有这么多尖锐的矛盾刺激眼睛和心灵……噢，当然，博览会有巨大的价值……对商人和工厂主来说是这样的，可是却弄得人筋疲力尽……而且……引起了无限痛苦的思索……"

在博览会上大显身手的商人和工厂主，引起了高尔基的厌恶，但同样使他觉得厌恶的还有那些资产阶级的知识分子，那些为大资本家服务的生意人、工程师、律师、博览会组织者和新闻记者。

一八九四年，符·伊·列宁在《什么是"人民之友"以及他们如何攻击社会民主主义者?》一书中写道：

"'知识分子'的成分，也和从事物资生产的社会成分一样，表现得十分明显：在后者中间起统治和支配作用的是资本家，在前者中间起主导作用的则是人数日益迅速增加的野心家和资产阶级的奴仆……"

高尔基反复多次地评论这个"资本家统治和支配"的社会，似乎总是找不到足够锋利的字眼来贴切地形容其虚假、伪善和贪婪……

"这次博览会，本要显示我国工业技术成就，但给人印象更深的是，它如实地证明了人类生活的极不合理。不过，讲这种话，是要惹得读者不快活的；而读者在报上首先就是要寻找消遣娱乐的

①指卖劲地敲击推销展品的钟声。——作者原注

东西。这次我就迁就一下读者的口味，讲一点儿开心的事儿，因为这些事也颇能给所谓“文明的一群”的生活内容做很好的注脚，这些事和这群人生活中的别的事儿一样典型……要晓得，这群人实际上只是外表文明，他们的文明——是衣冠文明，皮鞋文明，领带文明，他们骨子里呢——和任何一群人一样，像一群畜生……这群人不要理想，只图满足淫欲。

“……可是——我们就光谈谈开心的事儿吧，不用进行道德说教，因为说不说都是一样，反正道德派不上用场，在这种地方没人理睬这一套，也无人需要。”

这突如其来的插笔，用意是一点不含糊的。它明确告诉报纸的自由主义读者们，这篇讽刺文章的锋芒，同样也是指向他们的。

如果我们看看高尔基在这个时期写的一些短篇小说，几乎在每一篇中，我们都可以看到这种锋芒所指。

例如《莽撞人》这篇小说，其中用讽刺的笔触刻画了一个说大话的自由主义者，他是省报主编，甘心为吝啬的出版商做事；短篇小说《草原上》，描写了一伙十分坦率的流浪汉，与伪善的“上流社会”构成鲜明的对照，在“上流社会”里，即使在扼住自己亲人的咽喉时，都要尽量表示亲热和保持彼此间应有的礼节，温文尔雅地将亲人掐死；《鲍列司》——写一个知识分子叙述一个“堕落的”姑娘的故事，在小说结尾，他承认自己“深深地堕落了……坠进了妄自尊大的深渊”，也坠进了自视优越的深渊。

同时期写的一篇短篇小说《柯诺伐洛夫》中，有一段著名的插话，那是更有代表意义的。

插话讲的是作者无法在“文明社会”中长久生活下去，不得不

“设法摆脱那种小奸小猾成了风气，弄虚作假成了习惯的可怕的环境，摆脱那种病态的自尊、闹思想宗派和尔虞我诈的环境，——一句话，要摆脱这消磨感情、腐蚀意志的一切无谓的奔忙……最好还是到城市的贫民窟去，那儿虽然十分肮脏，可是样样都那么单纯，那么真挚，要不就去祖国的原野、去大路上游荡，那也有味得很，能使人耳目一新，而且也不需要什么本钱，只要有一双能吃苦耐劳的好腿脚就行。大约五年以前，我就这样游荡过……”

高尔基说的是一八九一年他从尼日尼的出走，但从各方面对照起来看，也许我们可以说，这儿所讲的也是高尔基一八九六年从尼日尼的“出走”。

从以后几篇小说(《曾经是人的动物》《巡礼者》《同伴们》《为了烦闷的原故》)中，我们可以看到，高尔基将贫民窟的诚恳、纯真和朴实，同上流社会的虚伪和居心叵测作了几番鲜明的对照，便高高兴兴地前往城市的贫民窟，踏上“祖国的大路”。

博览会开幕一个月后，便看出了已经遭到了惨重的失败。

可是，博览会的发起人谢·维捷，在参加展出者为他举办的宴会上说，没有多少人参观博览会，他并不感到不安，所流传的“实际上没有社会群众意义”的说法是错误的；说要是在整个博览会展出期间只有十个实业家来参观，能给国家做出贡献，那么，这博览会在他看来也是值得的。

当然，谁都懂得，这是硬撑门面的话。因为假如只是为十个工厂主提供方便，那是不值得耗费三四千万卢布的。

但是，在讲够了什么迎接“民族劳动的胜利”“俄国工业的伟大节日”等大话以后，这些门面话就特别令人发噱了。

不管怎么说，反正开始找起失败的原因来了，而且居然找到了，那就是报纸，好像是报纸对博览会评价不足，因而影响了观众，使观众没有踊跃前来参观。就这一点，高尔基用极其诙谐的形式，对于为什么民族的胜利没有引起民族的关心的原因，试着进行了分析：

“外地人参观过博览会，回到原地，许多花销耗费，实在叫人心疼，恼只恼那些拿津贴的博览会接待人员心肠太狠，将他们的口袋搜刮得精光，——他们对博览会骂呀，诅咒呀，就不像报纸那么斯文了……

“唉！在特穆达拉堪斯克城，以及达尔达拉林斯克城，很多人是从不看报的，而且直到如今还是不看报。该地有一位阔佬西多尔·叶尔摩莱奇·什库洛杰洛夫来参观博览会，他在博览会上看到一件事叫他心里十分难受，就是说，他看出自己落后了，他落后得太远，远得望尘莫及了，现时那些剥削自己人的巧妙办法，他简直想都想不到。他难受得是那么厉害，在博览会上别的什么也没有看到，怪只怪自己愚蠢、迟钝，越看越觉得他什库洛杰洛夫在敲诈自己人的事业中采用的办法太不行、太过时、太不文明。

“于是，他便悔恨交加地将博览会的情形向达尔达拉林斯克的居民叙述一番，这些居民听过这番动人的叙述之后，你就是三请四邀，他们也不来参加这文明胜利和民族节日的盛会了。”

阿列克塞·马克西莫维奇后来在一些回忆录中指出，小品文中什库洛杰洛夫这一人物，确实写的是博览会典型的参观者之一，高尔基以一个作家的眼光，一直注视着这个人物。他在一九三〇年写道：

“我回忆往事，有些情景虽然已过了三十四年，可是清清楚楚如在眼前，老板们那一张张长满胡子的脸，有从普斯科夫来的，维雅特来的，西伯利亚来的，还有其他一些城市、一些省和州来的。我看到他们在参观机械馆。他们很惊奇，这是没有疑问的，但是他们不满意，那也看得很清楚……不晓得为什么机械馆里放了一架德国印刷机，——看样子是要印刷博览会自己的一些东西。有一个干瘪的、留山羊胡子的小老头，一双十分快活的栗色的小眼睛，两手不停地摆动，笑着说道：

“‘嘎啦嘎啦他娘的这么响！这家伙是干啥的？’陈列馆馆长说：‘是印报纸的。’‘报纸？可是水里的？这家伙要花多少钱？’听到价钱后，老头子将帽子按了按，朝周围望了一下，看到一些脸上露出抱有同感的笑容，便说：‘原来我们缴的税给用到报纸上了！啊呀，你可是……’他没有胆量再讲下去，嘴巴咂了咂，走开了，新靴子踩得嘎吱嘎吱地响，后面跟着一大串和他想法相同的人。

“有人建议这一帮人乘拴绳子的气球到空中看一看。‘谢谢好意吧，’老头子说着又问道，‘这气泡泡，要是绳子断了，能不能飞到天上去？不能？那干什么像冰窟窿里的水藻那样子，在天上晃来晃去的？’

“我到博览会去，差不多每次都能遇到像这个老头子一样的‘财主老爷’思想心情的代表者。”

这是博览会参观者中极其一般化的类型。可以设想，这类参观者尽管一厢情愿，是不能算入财政部部长所说的能做出贡献的十个实业家之列的。

至于其他类型的“民族”，却没有见到，显然对此表示了极大的“关注”。

有一个阿·鲍罗霍夫希柯夫，是《俄罗斯生活报》的发行人，一个爱放空炮的家伙，平时总能弄到一些津贴和资助，他就用这些钱搞了一个耐火建筑陈列馆，目的是想拿个样子给人看看，到处是木头加麦草盖房子、年年火灾蔓延的俄罗斯，必须全部改建成泥土建筑的、烧不掉的俄罗斯。

还想出了要组织“人民义勇团”。这种义勇团得先学会造泥土房屋，然后出发去改建俄罗斯，——总而言之，所有这些“泥土建筑的爱国主义”，照B.柯罗连科的说法，都散发着浓厚的招摇撞骗的气味。

暂时这些泥土建筑还只能摆出来让人民饱饱眼福。

高尔基就这一点写道：

“但是要知道，人民并没看来参观博览会。观众是有的，可观众难道就是‘人民’？人民一如既往，自己忙着自己的事情，没有金钱，也没有时间来参加俄国工业的盛会。”

高尔基的最后一篇报道，是在博览会闭幕以后发表的，标题是《最后要说的》，还有一句幽默的篇首题词：“我的缪斯已经死了”[①]。

高尔基讽喻地描述了博览会的经过情况，叙述了博览会成就不大的原因，最后说：“如今，在我们的博览会结束的时候，不妨

①缪斯——希腊神话中司艺术的女神之一。此处含意是：“我的赞美博览会的报道任务到此结束。”含有极大的讽刺意味。下文提到的老婆婆亦指缪斯女神。——译者注

问问我们的老婆婆：‘你是干什么的，又是为了什么到世上来的，世上什么人得过你的好处？’”

高尔基写道：

“应当相信，老婆婆只要能开口讲话，就一定会摇摇她那方尖碑说：‘不晓得呀，老爷子。这是上司管的事啊，我的好人儿！’”

但是博览会给予高尔基的东西却是很多的。他在这里见到的和听到的，他一生都不能忘记。博览会日常生活的一些情景，到过这里的一些人物，在他的许多作品中，特别是在《克里姆·萨姆金的一生》中，得到了十分鲜明的反映。

第二部

第一章

一

高尔基很快就离开了尼日尼。由于在博览会期间工作劳累过度，他在萨马拉染上的肺病现在更加严重了。

一八九六年十月初，他卧病在床，而且在三个月的时间里，他的病情急剧恶化，据当时给他治病的B.佐洛特尼茨基医生说，他有生命危险。

元月份，高尔基从文学基金社借到一笔款子，去克里米亚就医，在那里阿列克辛医生把他的病治好了。

著名的文学评论家和图书学家谢·温格罗夫听到这位新作家的名字后，寄给他一份《评传词典》的征集通知，要求他将自传和作品寄去。

高尔基已经零星发表了二十篇短篇小说，获得了初步声誉。

他回信说：

“直到目前为止，我还没有写过一篇自己满意的东西，因此，我的作品并未保存，也就无法奉寄。我这一生，似乎也没有什么了不起的大事可言，况且，我也不甚了了，什么算是了不起的大事。”

一八九七年春天，高尔基迁移到波尔塔瓦省的曼奴洛沃卡村居住。他在这里，摆脱了定期的报社工作，着手写小说，创办乡村剧院。

高尔基在曼奴洛沃卡村创办乡村剧院，表现出一个组织者和宣传者的卓越才能，他既当导演，又当演员。

一八九七年十二月，维·谢·米罗柳鲍夫聘请他参加《万人杂志》工作，他回信说：

“我要把我在小俄罗斯开办的农民剧院的情况写一个报道给您……”

遗憾的是，阿列克塞·马克西莫维奇并未实现他这一愿望。一八九七年整个夏天都在演出。但是，有关这座剧院的情况留下来的却极少。最后演出《马尔蒂·波鲁利亚》一剧的情况，我们知道得比较详细一点。

《马尔蒂·波鲁利亚》是乌克兰剧作家伊·康·卡尔宾柯-卡罗戈的一个剧本。这场演出是十月一日，阿列克塞·马克西莫维奇将这场演出的情况写信告诉过他的妻子叶卡杰琳娜·巴甫洛芙娜，这时她已经离开了曼奴洛沃卡村。

卡尔宾柯-卡罗戈写的这个讽刺剧是一部具有民主思想内容，有暴露倾向的作品。因此高尔基正好利用了这种思想倾向，把剧院当作学校，向人们进行宣传教育。

扮演剧中一个角色的农民演员赫利桑弗·莫罗兹回想起高尔基当时的谈话：

"'喂！小伙子们，你们说说看，究竟谁坏些——奥麦里柯坏呢，还是马尔蒂·波鲁利亚？'有一次在排演的时候，阿列克塞·马克西莫维奇向农民这样问。

"'奥麦里柯坏。'大家回答说。

"他笑得更厉害了：

"'那可不对，小伙子们，马尔蒂·波鲁利亚更坏，别看他是个财主，还拼命地向贵族宝座上爬。'"

高尔基就是这样指出了马尔蒂·波鲁利亚的可笑之处，以及剧中所揭示的社会不平等这一主题，从而给农民讲明了剧情。

高尔基开办的《乡村剧院》将周围所有村庄的观众都吸引来了。别什柯夫这样一个政治上受监视的人，主持这样一些演出，地方当局感到非常不安。

因此，在《马尔蒂·波鲁利亚》演出当中，便闹了一场小小的风波。正当剧院里坐满了人的时候，县警察局局长兹古拉和警官波伊科竟跑来驱赶观众。当即有人交给警察局局长一份波尔塔瓦省省长准予该剧演出的批文。当时，高尔基住在当地地主尼·阿·希琳斯卡娅-希赫玛托娃公爵夫人家里，她的女儿阿·阿·奥尔洛夫斯卡娅是地方自治会医生的妻子，这批文便是她设法弄到的。

警察局局长还是想将观众赶走，可是剧院里人满满的，赶也赶不动。农民不肯走，演出开始了。

高尔基给叶·巴·别什柯娃写信说：

“戏演得真精彩，叫警察局局长出尽了洋相……戏院里人山人海，笑声震耳……演得好极了，真有意思！”

其实，这个剧的演出并不是所有的人都感到高兴。《马尔蒂·波鲁利亚》通过高尔基的艺术处理，其倾向性便成了反对等级偏见，反对贵族阶级的高傲和反对趋炎附势。因此，甚至地主希琳斯卡娅-希赫玛托娃也一下子改变了对作家的态度。

“今天早上……”高尔基在同一封信里写道：“她只对我冷冷地点了个头，我也冷冷地，差点儿没有点头……”

高尔基于是和乌克兰农民交成了朋友。他在很短的时间里就培植出一个角色齐全的戏班子，并在政治上加以指导，使周围地区的人们对剧院产生了很大的兴趣。

高尔基发现农民中间有些人很有表演才能。其中如雅科夫·包罗金更是多才多艺。第二年，伊·康·卡尔宾柯-卡罗戈来到曼奴洛沃卡村，曾经含着眼泪劝包罗金加入他的剧团，但是这位农民并不迷恋一个演员的声誉，不肯离开农村。

一八九七年十月，高尔基要离开曼奴洛沃卡村的时候，那些农民演员和观众在乡村茶馆里为他举行了一次盛大而热情的宴会，并且前后簇拥着把高尔基送到十五俄里以外的加列辛诺车站。

初冬时候，高尔基到了梯维尔省，住在他的朋友、古夫希诺夫纸张文具厂的实验员尼·萨·华西里耶夫的家里，元月份他又回到了尼日尼。

一八九八年，在高尔基的一生中是具有重大意义的一年。这一年内他的作品第一次出版了单行本——两本集子，每集收入十个短篇。

联系出版这两本书是很不容易的。好几家出版商都拒绝接受出版。当时很著名的女出版家奥·尼·波波娃干脆说她的公司不适合出版那些曾在地方报纸上当作新闻小品发表过的短篇故事。

为了出版这两本书，成立了一家新的出版社——两个新出版商，陀罗瓦托夫斯基和恰鲁希尼科夫，承担了这件冒险的事情。

但是，他们也显然很难断定，广大读者将会怎样看待这位新作者的这些短篇小说，所以他们建议高尔基写一篇序言，说明这些不寻常的材料的由来。

从保存下来的高尔基的回信来看，作者是理解两位出版商的意图的，不过做起来却很为难：

“写不出一篇序言来，我很难过，但是我没有办法。您知道，我尝试过的，然而结果不佳，好像我在向人挥拳头，要找人干架似的。要不，就好像是我作了孽，因而痛哭流涕，悔恨交加。我感到这一切都不合适，于是我干脆就没有写。”

大家都知道，这两本题名为《散记与短篇小说》的集子，受到多么热烈的欢迎。这两本书的出版发行，当时不仅是文学史上的一件大事，而且也是九十年代革命发展史上的一件大事。

高尔基小说中的人物，是俄罗斯文学作品中前所未有的。这些人虽然赤贫如洗，但是他们生存的本身，他们那种坚强不屈的反抗精神，表明他们毫不妥协地要求在生活中占有应得的地位。作者描写那些“受凌辱者和受迫害者”的目的，绝不是要唤起资产阶级社会的人道主义精神。作者不是要求对他们这些“沉沦的人”表示怜悯和同情，不是祈求“社会”慷慨解囊。

贵族文学、自由资产阶级文学和一部分民粹派的文学长期造成的一些观念，认定俄罗斯的“小伙计”既“温顺”又能“忍耐”，这一切，在高尔基的短篇小说问世之后，全都成了过去。

过去，上述几种倾向的文学家，煞费苦心地在受压迫、受剥削者的心灵中探求“神圣的火花”，并大加赞美，为的是要证明他们有资格享受人道主义的待遇；如今，展现在读者面前的却是有点儿粗野、热爱自由和不屈不挠的反抗精神，出现了一些新人，这些人对生活的主宰者决不甘心俯首听命，决不逆来顺受。

不要以为，高尔基将所有失业工人、无地农民、跑遍山南海北找活儿干、找饭吃的穷光蛋全都表现为反抗现实的人。他是从这满腔怒火的人群中选出最有才能和特别引人注目的人物，使之成为受压迫群众思想的代表。

在这些短篇小说里，高尔基运用了一种新的创作方法。贯穿在这些作品中的现实主义紧密地结合着革命的浪漫主义，给人的感受激昂而又振奋。

自由主义者和民粹派的评论看不到这些小说中本质的东西。评论界只看见那些流浪汉身上五颜六色的破衣烂衫，看不到最本质的东西——人的高尚品质，看不到这种人哪怕沦落到社会生活的最底层，对压迫他们的一切罪恶势力也决不屈服。评论界也看不到终年给富农、商人、实业家、资本家做牛做马，从事奴隶劳动的人所进行的反抗。

当时，例如在短篇小说《切尔卡希》里所描写的一个劳动场面，就已经能够说明作者的感情和思想了。

“花岗石啦，钢铁啦，木料啦，马路啦，港口啦，船舶啦，人啦——一齐向麦尔库利[1]大声唱着热情的赞美歌……

“粗笨沉重的庞然大物——轮船——正在生火待发，时而大声尖叫，时而嗞嗞嘘气，长声叹息；它们发出来的每一种声音，都好像含有一种轻蔑的嘲弄音调，似乎在嘲笑那些无精打采，满身灰尘的人，嘲笑他们在轮船的甲板上爬来爬去，把自己奴隶般的劳动所创造的产品填满那深深的货仓……闹声压倒一切，灰沙刺激鼻孔，迷人眼睛，酷热蒸烤着人的身体，弄得人周身无力，四周的一切都显得极其紧张，渐渐失去耐性，随时准备发作，闹它个天崩地裂，将一切炸个粉碎，这一声爆炸之后，炸掉了空气中的沉闷气息，人们便能够呼吸得十分自由，十分舒畅……”

是的，作为革命象征的这个爆炸场面，只是勾勒出一个最模糊最笼统的轮廓；但是，它已引起人们对于一种崭新的、名副其实的人的生活方式的憧憬——到那时候，没有人剥削人的现象，没有奴役，没有贫穷，也没有强权。

高尔基所塑造的公开反抗的主人公，还只是反映了受剥削的群众在那些年代积聚了极其强大的、一触即发的潜在力量，这种力量刚刚开始觉醒。

高尔基的出现和他的声誉，形成了俄罗斯文学和俄罗斯文化上的新时代，因为他的作品充满了对祖国的新的感情，充满了为祖国的幸福而斗争的热情的召唤。

诗人亚历山大·布洛克后来写道，如果有一种伟大的、浩瀚无

①罗马的商业神。——译者注

际的精神,“我们通常称之为俄罗斯精神,那我们不能不承认,高尔基极有资格做它的代表”。

在高尔基的一些早期作品中,出现了一个崭新的别开生面的俄罗斯,其代表便是这样一些色彩鲜明、形象生动的人物:《莽撞人》——一个大胆的排字工人,他在排一个好说大话的编辑写的社论时,加进了一些真话;流浪汉切尔卡希是个有血性、好活动、心胸开阔的人,他那暗淡的、没有指望的生活,既不能熄灭他胸中仇视现实的怒火,也压不住他那崇高而善良的激情;有放木排工人西兰,他强壮、热情、奔放、热爱生活,有大力士一般无穷的力气;有面包匠柯诺瓦洛夫,干活儿的能手,心地十分善良,他对大地动了情,打算“走遍”整个大地,把那秀丽的风光好好看个够。

在高尔基的所有作品中,俄罗斯民歌像给叙事布置了极好的陪衬,增添了高亢的抒情调子;而俄罗斯广袤的原野,在作品中则像是一幅宽阔的远景,是那样令人神往。

高尔基早期作品中的主人公,最常见的是一些流浪汉。这些人并不是什么“历史人物”。但是他们却体现了仇恨和愤怒的心情。正是这种高尔基式的反对社会压迫的斗争情致,才使这位作家在普通读者中享有广泛的声誉。

高尔基在《新言论》杂志上发表了他的两篇最重要的短篇小说——《柯诺瓦洛夫》和《曾经是人的动物》。

一八九七年十二月,沙皇政府的四位部长强令封闭了《新言论》杂志。部长会议记录中说:

“在科学内容的论文里,接连不断地出现卡·马克思和恩格斯的学说,在小说专栏里,占首要位置的是一些鼓动开展阶级斗争和为改变工人贫困状况而斗争的作品。这个主题在高尔基(别什柯夫的笔名)的颇有才华的小说《柯诺瓦洛夫》和《曾经是人的动物》中表现得特别明显。"

写斗争主题出了名,自然引起警察监督机关对作者更加注意。

警察专制帝国的鹰犬再一次对高尔基的身份进行了更加详细的侦查。

在梯弗里斯,在阿法纳西耶夫(一八九二年曾同高尔基住在一起)家里进行搜查的时候,发现一张"一个穿俄国服装的男子"的小相片,相片的背面有一行题词:"亲爱的费加·阿法纳西耶夫留念——马克西莫维奇赠。"

尽管费加·阿法纳西耶夫回答说不知穿俄国服装的男子姓什么,可是要查明此人姓氏,对梯弗里斯的宪兵来说,并不是什么难事。

在阿法纳西耶夫传播秘密印刷品罪行一案的上报材料之中,还有一份上报警察署的关于别什柯夫的材料,是根据证人口供编写的:

"此人属极端可疑分子:读书甚多,文笔颇健,几乎跑遍全俄(大部分系步行),住梯弗里斯将近一年,无固定职业,现已离此他往。"

这种情况,就是说别什柯夫来到梯弗里斯和离开梯弗里斯都"十分神秘",加上审理阿法纳西耶夫"一案"时,许多证人的供词都揭发别什柯夫有政治嫌疑,就使得梯弗里斯的宪兵采取了特别措施。

于是就给尼日尼发去一份电报,要求对别什柯夫进行“搜查,逮捕,并押送梯弗里斯”。

一八九八年五月十一日,高尔基连同“密封包扎的罪证材料”(五百多件书信、札记等)一起押送到梯弗里斯,关进了梅杰赫斯克堡的一间单人牢房。

大概由于当时在“罪证材料”中,发现有两本高尔基的短篇小说,因此卡柳日内被传去审讯。

如果不是宪兵们粗暴无礼的行为引起了社会舆论界的注意,真不知道高尔基关押的时间和审讯程序(阿法纳西耶夫的“案子”已经进行了一年)还要拖延多久。

自从《散记与短篇小说》问世以来,高尔基在广大群众中已经有很大的名望,他被捕和被“押解”的消息在彼得堡文学界很快就传开了。

警察署对其爪牙们的过火行为很恼火,发函去查询:为什么要押送梯弗里斯,为什么不可以在尼日尼将高尔基就地逮捕和审讯。

这就不得不做出说明,说明中直言不讳地承认,所以需要逮捕并转押外地,是因为:第一,根据案情需要,在梯弗里斯进行审讯较为“方便”;第二,因为防范,担心“别什柯夫溜掉,因为据调查,他喜欢到处乱跑是有名的”。

对于宪兵来说,最不愉快的是审讯高尔基没有得到任何结果。

不错,也找到了一个证人,这个人证明说,他在一八九二年遇见过别什柯夫,当时“他对此人表现的明显的政治危险性,就感到惊讶(！)”“毫无疑问，别什柯夫确实向工人做过宣传，因为他常常讲工人受剥削，讲得很多，而且很激烈。”——然而这一切都是过去的事了，要想把高尔基的“案子”和阿法纳西耶夫后来的秘密组织一事联系起来，那还是不行的。

五月二十九日，高尔基从梅杰赫斯克堡的牢房里被释放出来了。

根据梯弗里斯的调查结果，证明对高尔基的控告是没有法律依据的，就是在“密封包扎”的高尔基亲手写的材料当中，如宪兵所报告的，也没有发现什么“犯罪的”或“可指责的”东西。

然而，这个当时已闻名全俄的“手艺人”，还是引起了极大的不安，于是交由警察“特别监视”。

这就是说，现在高尔基必须经过相应的宪兵机关的特别许可，才能从一个地方到另一个地方去，还得照特许的路线走，“除非生病或其他无法排除的障碍，不得中途停留”，并且必须将到达日期和住地情况报告当地警察机关。

二

高尔基从梯弗里斯到萨马拉进行马乳酒治疗，一八九八年八月又从萨马拉回到尼日尼。他打算利用冬天从事一项巨大的工作。

他写信给谢·别·陀罗瓦托夫斯基说：

“广大读者对我的作品所持的态度，增强了我的信心，相信我也许真会写出一部像样的东西来。这部东西，我对它是寄予很大希望的……我已经开始写了，今年冬天我准备继续写下去。”

这部取名为《福玛·高尔杰耶夫》的作品，给读者展现了一幅宽阔的大商业城市的风俗画。这个城市的巨商们胡作非为，同时还在觊觎国家政权。

后来注释这部中篇小说时，谈到“巨商”们的心理状态，高尔基回忆说：

“关于巨商们的情况，使我了解得最多的是一八九六年。这一年中，全俄博览会在尼日尼-诺夫戈罗得开幕，工商业大会也在这里举行……我在这里看到过那些全俄罗斯大工业的代表人物，听到过他们同“大地主”们的激烈争吵。他们话里的意思我虽不能完全听懂，但是我看出了主要的一点：这是一些求婚的人，他们爱上了富有的俄罗斯，正在向她求婚，而且他们清楚，必须使她同尼古拉·罗曼诺夫离婚①。”

在参加博览会和工商业大会期间，高尔基亲眼看到工商业阶级怎样充实和壮大了自己。

但是，他也看到了另外一种现象：在巨商和工厂老板的家庭里，常常发生子女自杀，或离家出走的事情。也常有严厉的老子亲自把一些不顺从的儿子赶出家门，他们往往变成酒鬼，潦倒终生。

这些事实在当年报纸的事故新闻栏和刑事新闻栏里是经常披露的。但要诊断这个阶级的病根，发现这个阶级的致命伤，还需要高尔基那样的艺术眼光。

---

①当时的沙皇是罗曼诺夫家族的尼古拉二世。这里借指封建统治。资本家想使封建的俄国变成资本主义的俄国。——译者注

有许多人写过十九世纪八九十年代商业界的情形，如：波波雷金、马明–西比里亚克、列斯柯夫等，他们都批判过商人，但是，这种批判含有几分恨铁不成钢的心情，有时候，像市民作家波波雷金，还把资本主义当作俄国生活中的进步现象。当时那些风俗作家，甚至连马明–西比里亚克、格列勃·乌斯宾斯基在内，谁也没有把工人阶级看作一支积极的力量和资产阶级的劲敌。

只有高尔基写的《福玛·高尔杰耶夫》揭露了这个阶级的真正实质，在资本主义最为繁荣的时期，揭示出它内部日益没落和腐败的过程。

高尔基指出了资本家"操劳"的寄生实质，并且指出这种操劳，用人类发展和是否有所创造的观点来看，是毫无意义而且是见不得人的。甚至资产阶级某些个别代表人物，如福玛·高尔杰耶夫，如果他们没有完全丧失真正人类的本能，对周围的现实不是毫无批判能力的话，也会感到深恶痛绝。

高尔基在《福玛·高尔杰耶夫》里面表现了俄国资本主义的发展过程。除了用野蛮、残酷的手段进行掠夺的老板阿纳尼·休罗夫以外，还有年轻的"欧化了"的商人塔拉斯·马亚金和阿弗里坎·斯莫林。其中主要是整个商业界的首领亚柯夫·马亚金。

这是个色彩鲜明的人物。他是一家制绳厂的厂主，他已经能够做到不只为自己的事业着想，而且是本阶级的保卫者和宣传者。他是个政治上的领袖人物。

后来，马亚金父子成了黑帮联盟的首领，高尔基在一封信中提道："我用福玛掩盖了马亚金，检查官就没有触动他。"

高尔基以后在剧本《仇敌》，小说《母亲》《阿尔塔莫诺夫的家业》以及《伊戈尔·布雷乔夫》中，还要展示这个阶级灭亡的历史，还要展示工人阶级是觉悟了的、与资产阶级阵线分明、势不两立的敌人。

而在当时，十九世纪末，资产阶级鼎盛时期，高尔基则指出了其衰落的初期征兆。

《福玛·高尔杰耶夫》是一八九九年在彼得堡《生活》杂志上连载的。

小说单行本是献给契诃夫的。他在最初两本集子出版之后，很快就和契诃夫结识了，他寄了两本集子给契诃夫，附信写道：

“说实在的——我是想表示一下对您的热爱，从少年时代起我就对您怀着真挚的爱，这种爱不要求什么回偿……您的作品，使我经历了多少动人心弦的时刻。您的作品，使我流过多少次热泪，有多少次，像是一只狼关进了笼子，愤怒得要把一切都咬碎，又半天半天地凄然苦笑。”

高尔基在给他的另外一封信里写道：

“我真不知道，怎样才能向您表达我对您的崇敬，我找不到恰当的语言来表达，不过——请您相信！——我是真诚的。”

高尔基推许契诃夫，是把他看作庸俗卑污的生活的揭露者，这种生活高尔基自己也写过不少。但是契诃夫揭露的只是日常生活中的一些情形，揭露的只是软弱无力，束手无策的知识分子。

高尔基并不满足于这一点。一九〇〇年他给契诃夫的信上写道：

“真的，现在很需要英雄事迹：大家很希望有鼓舞人的，鲜明的东西，您知道，它不能只是酷似生活，而是要比生活更高，更好，更美。”

到一八九九年年底，高尔基已经声名大噪，京城里经常为他举办文学晚会，为他的作品举行报告会，撰写和出版小册子。

在一个流动博览会上，展出了列宾作的一幅高尔基画像，这幅画像竟成了博览会的“精华”。博览会的观众，特别是青年人，贪婪地观赏这位新作家的风采。

高尔基在尼日尼开展了广泛的文化教育和政治活动。他在尼日尼的住宅，用当年的目睹者B.杰斯尼茨基的话来说，成了“全城一切社会、文化和艺术生活的联络中心”。

高尔基组织一些人为贫苦人家的孩子征集教科书，号召捐款修建免费滑冰场，多方设法为无家可归的流浪人搭盖住宿场所，为尼日戈罗得的孩子们安排每年一次的规模很大的“圣诞树”活动，成千上万的孩子可以从这儿得到衣服和别的礼物。他以极大的才能联合当地的社会力量从事这些活动，切实地进行组织工作，帮助全城极其贫苦的居民解决困难。

同“当地力量”的联系，当然，并非仅仅限于这些方面的工作。高尔基还直接参加了社会民主工党在尼日戈罗得-索尔莫沃的组织工作。警察和宪兵曾经花了不少力气，想弄清楚高尔基同尼日尼和中心地区革命工作的联系。

瓦·杰斯尼茨基在自己的回忆录中写道：

“对他的监视是通过各种各样的方式进行的，整个警察局的官员都丝毫不敢怠慢地紧紧盯着他，作家所有来往经过的道路，都有威风凛凛的宪兵防卫着，有的穿便衣，有的全副武装……有些死心塌地的密探，装扮成各种身份，企图混进作家的住所。”

可是，所有这些花招都很难达到目的。

“那些可怜的密探，简直弄不清一群一群的来访者川流不息地到这所受监视的住宅来干什么，也弄不清哪些人宪兵可以不必留心，哪些人值得注意，哪些人是重要嫌疑犯，是要加以监视和探明来历的。”

高尔基住在尼日尼期间，同一些革命青年，索尔莫沃的工人以及索尔莫沃和尼日尼的党组织都建立了密切的联系。

“尼日尼的革命活动，博览会之后本已完全平息，”密探拉塔耶夫向警察署署长报告说，“目前又蠢动起来。凡尼日尼之革命活动，皆与高尔基有关。”

沙皇帝国的鹰犬们感到最棘手的，是高尔基把宪兵们无法禁止的公开的社会活动，和对革命运动多方面的援助工作结合起来进行。

有一个奸细古罗维奇，过去是保安局安插在革命知识分子中的一个暗探，就这一点向警察署做了一个极其详细的报告。

他报告说，高尔基“参与各种革命组织的活动，而且，如果他不能直接参加，也要尽量为此类组织的活动创造有利条件。别什柯夫很会将合法工作（参加编辑工作和社团活动等等）与地下活动结合起来进行，这样一来，任何合法工作都变成了革命工作”。

高尔基就这样和尼日尼的革命者保持着广泛的接触，而且时刻注意保密。

一九〇〇年，列宁流放回来后，着手创办全俄马克思主义的秘密报纸——《火星报》。六月间，列宁来到尼日尼-诺夫戈罗得，同尼日戈罗得的马克思主义者商议关于支持《火星报》问题。

高尔基对此事表示热烈的赞同，尽管由于保密关系，他未能和列宁会晤。据B.A.杰斯尼茨基说，为创办《火星报》，高尔基曾通过他捐赠过五百卢布。

一九〇〇年十二月，《火星报》第一期在国外出版了。从此，俄国社会民主工党尼日戈罗得委员会委员И.П.拉迪日尼柯夫把每期《火星报》都按时送给高尔基。

一九〇一年元月，高尔基给K.П.彼亚特尼茨基写信说：

“我新年过得非常好，大伙儿都精神愉快，身体健康，人人朝气蓬勃。他们是可靠的保证，敢教这新的一个世纪真正成为精神上焕然一新的世纪……他们在前边的道路上可能牺牲，他们当中不一定有多少人能享受到幸福，有很多人还会遭受巨大的折磨，——许多人会倒下去，但会有更多的人起来，而最后胜利的将是善良和正义，人类美好的愿望一定能够实现。”

一八九九年颁布了《临时条例》，其中规定大学生“如有结伙骚乱行为”，也就是说如果参加示威游行和其他群众活动，即强制服兵役。

一九〇〇年十二月，第一次实现了这些条例：基辅有一百八十三名大学生因为参加了一次集会，被送去充军。

列宁在第二期《火星报》上发表的《一百八十三个大学生被送去当兵》一文中说道：

“这明明是政府对同情大学生的俄国舆论界的一记耳光……政府公开宣布惩办大学生，人民就给它一个公开的回答！”

高尔基写信（信件保存在警察档案室）给莫斯科熟悉的作家说：

“应当为基辅的大学生讲讲话。应当写请愿书，要求废除临时条例。我恳求你们设法营救。有些城市已开始行动了。”

在另外一封信中说道：

“我的心情，好比一条凶猛的狗，被毒打一顿，又给套上了锁链时的心情……强迫大学生充军——这简直是卑鄙无耻，是侵犯人身自由的赤裸裸的犯罪行为，是权势之辈肆意践踏人权的卑劣手法。”

由于接受了尼日戈罗得-索尔莫沃党委会的革命使命（有一个任务是要买一部油印机给索尔莫沃工人印传单用），高尔基于二月份来到彼得堡。

沙皇政府执行《临时条例》之后，学潮越来越高，导致了一九〇一年三月四日在彼得堡喀山大教堂前广场上举行的大规模的示威游行，示威游行以对游行参加者的大屠杀而告终。

针对沙皇政府关于三月四日事件的欺骗性的公告，出现了一份呼吁书——《驳政府公告》，其中揭穿了屠杀手无寸铁的示威群众，是一次经过周密策划，精心组织的预谋行动。当时警察署断定《驳政府公告》的执笔人就是高尔基。

此外，警察署还查明高尔基捐助过两千卢布作为党的工作经费，还捐过同样的数目作为学生宣传工作的开支，还查到了别的一些非法行踪（都是通过那个暗探古罗维奇）。

一九〇一年三月十二日，尼日戈罗得的宪兵接到了警察署从彼得堡发来的密码电报：

“你们所知道的阿列克塞·别什柯夫，就是高尔基，还有尼日戈罗得的居民——《生活》杂志编辑，高尔基的好友，姓彼得罗夫，在此购得油印机一部，为印发告索尔莫沃工人书之用。油印机已于三月十日经运输办事处寄出，标明收件人是维拉·尼古拉耶芙娜，地址是佩乔罗克街，科勒别尔格药房。务必对领取油印机一事进行秘密侦察。切勿逮人，仔细探明运往何处，并对该处严加监视。”

警察署认为对付高尔基的“案子”，最重要的是必须采取最可靠的办法，因此，又做了这样的补充指示：

“……进行搜查和逮捕，务待有利时机。最宜在他们翻印文告之际，连人带物一并拿获……一俟翻印文告，应立即将此案有关人员全部抓获，以绝后患……”

然而事情却不是那么如意，尼日戈罗得的侦探连油印机的影子也没有发现。虽然高尔基和一些同志被捕了，但是正如尼日戈罗得的宪兵向警察署报告的那样，“并未发现任何明显的犯罪事实”。

要想拿出彼得堡方面的证据——那就等于宣布官方十分看重的一个暗探从此告吹，而且有可能使一些重要的暗中布置彻底暴露。

就是这样，要对高尔基进行审讯，从法典上找出一项最重的罪名“反对最高权力”加到他头上，可是保安局手中又没有掌握必要的证据。

只有一个办法，就是延长侦讯和关押的时间，但是，这个办法也终于被迫放弃。

高尔基关押在监狱里的时候，肺病更加严重了。由于朋友们的努力和社会舆论的压力，才准许医生给他会诊，诊断的结果，一致认为：

“……继续关押下去，不仅有损健康，且有生命之虞。”

高尔基被关押了一个月之后，才从监狱牢房里释放出来，但对他仍然实行监外拘禁。

“我家厨房里派一个警察，穿堂里又派一个，我外出须得有一个警察跟随。”

这就是沙皇政府替高尔基想出来的“预防和制止犯罪”的绝妙办法。

一九〇一年出版的长篇小说《三人》，进一步提高了高尔基在革命者中间的声望。三个青年人——伊里亚·卢涅夫、帕维尔·格拉切夫、亚科夫·菲里莫诺夫——寻找生活出路，进入人间，各走各的道路。

伊里亚·卢涅夫很想过一种“干净的生活”，即使犯罪，也在所不顾，他对“生活主宰者”的仇恨，不过是暴风雨般地发作一场，结果还是他自己遭到毁灭。

亚科夫·菲里莫诺夫盼望过修道院的生活，修道院没去成，倒是流落到一个小饭馆里，成天为他的神父——剥削者干活儿。

只有接近了政治移民，接近了苏涅的社会主义小组的帕维尔·格拉切夫成了工人。他在地方报纸上还发表了一首诗，结尾是这样的：

找到了朋友——我是多么高兴！
谁是我的敌人——如今我也看清！

高尔基通过他的小说指明了资本主义是工人阶级的死敌。

高尔基在给К.П.彼亚特尼茨基的信中写道：

“我刚才读完了《三人》。您可晓得,这可是一本好书,虽然有点冗长,重复,还有许多别的缺点,却是一本好书!读着这本书,不禁难过地想,如果十五年前我能读到这样一本书——那就可以使我免于许多思想上的苦恼,这些苦恼既是沉重的,同时又是可以避免的。”

一九〇一年九月,内务部部长决定:“关于别什柯夫一案,在未彻底解决之前,将他安置在适当地点,交由尼日戈罗得省警察局公开监视,安置地点可由尼日戈罗得省省长酌定。”

这个所谓的适当地点就是阿尔扎马斯县城,高尔基不去是不行的。可是,由于他的病情仍在急剧恶化,于是,为了确定出发的日期,警察局局长不得不“通过官方医生”对这个受监视的人进行定期的健康检查。

最后终于得到了一张许可证,准许高尔基在放逐到阿尔扎马斯之前,在警察监视下,去克里米亚住几个月进行治疗。

准许他在雅尔达县住到一九〇五年四月十五日,不得住雅尔达市内。

关于高尔基一案的许多波折,不断地在报刊上透露出来,京城和地方各报普遍转载,单就这一点,就具有酝酿骚动的作用。

可是,特别激动和愤懑的是尼日戈罗得的青年人,尤其是那些因为参加革命运动从京城被驱逐出来的大学生。

关于他们的愤怒情绪,在尼日尼印刷而在莫斯科散发的呼吁书上表现得再清楚不过了:

“明天,十一月八日,上午八时,马克西姆·高尔基将乘邮车经莫斯科去克里米亚。他离开尼日尼是政府当局决定的,这就是说，是强迫的和非法的。整个尼日尼都因为这位敬爱的诗人——这样一位歌颂争取自由的斗争，歌颂勇士们奋不顾身精神的诗人遭受新的无理迫害而感到无限愤慨。十一月三日在大学生晚会上高尔基受到了轰动全场的热烈欢呼。十一月五日举行了一次宴会，赴宴的约有一百三十多名当地知识分子、被驱逐到此地来的大学生和高等女校学生，还朗读了许多人签名的热情洋溢的祝词，而且自由地、慷慨激昂地发表了许多大胆的、号召性的讲话。次日，将为他举行示威性的送行，社会各阶层人士，将共同举起公开抗议的大旗，联合起来举行这次送行。不知道这一行动的结局如何，很可能我们将遭到镇压，但是我们将战斗到最后一息。现在我们请求莫斯科的青年学生和全体莫斯科社会人士响应我们的抗议行动，扩大抗议声势，并且尽力在高尔基经过的城市举行同样的示威性的迎送大会。现在他将经哈尔科夫前往克里米亚，要让这位争取人身自由的战士所到之处都成为胜利者的凯旋游行。让我们大家再一次以勇敢而公开的抗议行动来回敬政府当局这一挑战行动。让有头脑的俄罗斯表明，她已经发展成熟，有足够的力量为争取自己的权力而斗争，决不畏惧残暴势力。前进，同志们，我们眼前的恶势力黑暗而且强大，但是，自由和新生活的曙光已经在望！

尼日戈罗得人民

(请速散发！)”

在呼吁书上提到的那次宴会上，高尔基朗诵了他新写的短篇小说《一个骄傲作家的故事》。他在这篇小说里痛斥了自由主义的知识分子，这些人要在“压着人的尸骨，浸透人的鲜血”的古老大厦里，寻求“温暖的生活，恬静的生活，舒适的生活”。可是这座大厦“由于腐朽不堪而摇摇欲坠，它怀着一种即将倾倒的预感，战战兢兢地等待着一股力量猛推过来，于是哗啦一声土崩瓦解”，因为“另外一种人很快就要来了，这种人勇敢、正直、威力无穷——就要来了！……”

尼日戈罗得的革命青年为高尔基组织了一次极有意义的送行。

他们本来估计社会各阶层人士都会和他们联合行动，这一点倒是估计错了。那些自由主义知识分子只是在宴会上说说漂亮话，却不出来送行。

但是，那些受到高尔基精神鼓舞的青年人，在车站上举行了示威游行，他们唱歌、呼口号、散发传单。随后，在高尔基离开之后，他们还到市中心，在主要街边上举行了短促的集会。

这是尼日尼第一次出现的政治示威，尽管统治当局充分了解高尔基的分量，可是警察局还是没有预料到抗议的声势如此强大。正如阿列克塞·马克西莫维奇说的那样，警察局的大批警官，当时还在大教堂里做祷告哩，——因为这一天是警察的保护神，大天使米哈伊尔·阿尔汗格尔诞辰的前夕。

示威行动没有带动莫斯科，这怪不得尼日戈罗得的青年。

政府当局接受了尼日尼的经验教训，随后就加意防范了。

在到达莫斯科只有几俄里的地方，在莫斯科—罗戈日斯卡亚车站上，突然向高尔基宣布，“未经许可，不得进入京城”。高尔基被逮捕，绕道送往波多里斯克车站。

就在这个时候，示威的人群已经齐集在莫斯科的库尔斯克车站上。可是驶过了两列军车，都没发现高尔基在车上，示威的人才知道，原来高尔基乘坐的一节车厢，在莫斯科—罗戈日斯卡亚车站已经脱钩留下了。

得到这一消息之后，大家都向那里跑去，可是还是没有看到高尔基，因为这时候高尔基已被送往波多里斯克。

叶卡杰琳娜·巴甫洛芙娜·别什柯娃亲眼看到了这一切，正如高尔基叙述的：

“我的妻子当时被领到罗戈日斯卡亚车站一家小饭馆里，在那儿等候到莫斯科来的列车，她坐在小饭馆里，亲眼看到大批的示威群众来到罗戈日斯卡亚……熙熙攘攘地闹了一阵之后，知道我已被带走，他们就回莫斯科去了，接着四下里钻出许多警察，紧跟着示威游行的人进行盯梢。”

沙皇政府当局竟是如此吓破了胆，将这位闻名全俄的作家逮捕，为的是不让他进入莫斯科。

但是，在高尔基路过的地方还是照样进行示威游行。

高尔基在给瓦·阿·波谢的信中，关于这件事是这样说的：

“凡所到之处，车站上都布满了大批宪兵和警察。在哈尔科夫，不让我出车厢到车站上去。我还是出去了。车站上空荡荡的，警察倒有一大堆。在车站外面聚集了许许多多大学生和群众，警察不放他们进来。吵吵嚷嚷，一片混乱，据说还逮了人。很快就上车了。正是深夜，一片漆黑。我和彼亚特尼茨基站在车门口，突然听到我们头顶上在黑暗中发出一阵巨大的、洪亮的吼声，简直是战斗的怒吼。原来是一座横跨车站的大铁桥，上面站满了群众，他们喊叫，挥舞帽子——真动人极了，我的好朋友！大桥——高高地横在列车的上方,呼喊声是那样热烈、亲切、激昂。

“所有这些全都讲给你听了,同志,可不是为了在你眼里抬高高尔基的身价,而是请你看看,越来越多的俄罗斯优秀儿女,怀着一种什么样的心情。”

列宁在分析国内状况以及我国革命运动的高潮时写道:

“十一月七日尼日尼这次规模不大的然而是成功的示威,是为了给马克西姆·高尔基送行而举行的。专制政府不经审讯,就把这位全欧闻名的作家驱逐出他的故乡。有一位在尼日戈罗得示威游行时发表演说的人说得很对,这位作家的全部武器就是自由的言论。那位演说者代表俄国所有渴望光明和自由的人说:杀人强盗用对我们起不良影响的罪名加在他的头上。可是我们声明:这是良好的影响。”

这种影响的最强有力的因素便是高尔基一九〇一年四月在《生活》杂志上发表的《海燕之歌》。

《海燕之歌》最初纳入了短篇小说《春天的旋律》里,在这篇小说里,许多鸟儿在议论自由,于是黄雀给同伴们唱起它在别处听来的《海燕之歌》。

书刊检查官不准发表这篇小说,但是,由于无知和愚蠢,倒允许发表这首《海燕之歌》。

高尔基的广大读者完全认识到,《海燕之歌》是革命高潮的宣言书,它预告“暴风雨”即将来临,它号召开展公开的英勇的革命斗争。

《海燕》在各个城市大量翻印,油印本,打字本,手抄本,不胫而走;在青年当中,在工人小组里,常在晚会上朗诵。它成了革命的信息。

三

高尔基在克里米亚的时候，由于他被科学院选为荣誉院士，又发生了一场风波。警察署对此项选举非常恼火，指出：

“这样一个人，因在工人中进行革命宣传而犯罪受审，正受着警察特别监视。一面受处治，一面有人捧场。”

于是立即拟了一份详细的报告，报告了十二年来监视高尔基的结果，从一八八九年起，直到最近这件最重大的“案子”为止。

这份报告呈交内政部部长，通过他又转呈沙皇。后来由沙皇颁布“圣旨”说，根据他的旨意，“撤销高尔基当选资格”。

但是国民教育部部长凡诺夫斯基向沙皇进言说：如果由科学院本身声明选举高尔基一事无效，这样岂不更好？

过了几天，果然“政府公报”上出现了以科学院名义发表的一项声明，宣布高尔基的当选无效。科学院默不作声，承担了这一“罪过”。

科学院荣誉院士安·巴·契诃夫和符·加·柯罗连科对沙皇政府这种专横行为和官员们的奴颜婢膝极为愤慨，把自己的院士证书退给了科学院。

“科学院”事件很快就传扬开了，这就引起了对高尔基更大的同情，使国内的民主人士深感不安。

二十世纪初的几年里，发生了许多革命历史上的重大事件。一九〇〇年十二月列宁创办的《火星报》第一期出版了。

暴风雨就要来临，暴风雨的使者和代言人就是全世界闻名的作家马克西姆·高尔基。他的《海燕之歌》成了革命的宣言，成了当代艺术性和政治性的文献。

列宁在《暴风雨到来之前》这篇文章里就运用了《海燕之歌》里广大群众所熟悉的那些形象。

在这些年代里，高尔基发表了新的革命作品——戏剧作品。

阿列克塞·马克西莫维奇在一九二八年的一次演讲中说，在他的整个文艺创作中，存在着两个英雄人物。一个英雄是新生活的建设者，改造世界的战士；另一个“英雄”是小市民，他在改造世界的斗争时刻，幻想着建造一座花园洋房，逢年过节能够坐在自己房子里，逍遥自在地吃着大蛋糕。

高尔基的第一个剧本《小市民》（一九〇一年）里，就刻画了两个人物——彼得·别谢苗诺夫和司机尼尔。

高尔基谈到契诃夫的时候说，他的剧本可以叫作抒情喜剧。在他的剧本里对人物半是惋惜，半是同情，这些人茫茫然度过一生，让幸福等都悄然流逝。

至于高尔基的《小市民》，可以说是一部政治喜剧。他对彼得·别谢苗诺夫这个角色作了那样辛辣尖刻的嘲弄，这在契诃夫的一些剧本里我们是看不到的。

一九〇一年，青年大学生中不断掀起学潮，许多大学被封闭，大批大批的大学生被迫充军，这激起了高尔基强烈的愤慨。就在这时候，他将一个大学生塑造为剧本中的一个人物，这个大学生由于偶然的原因参加了革命运动，暂时被学校开除，而这一切，在时间上写得十分准确。

剧本开头说："可是离过节还远着呢……十一月……十二月……"这就是说，剧情发生在十月。一九〇一年五月因为学潮进行了大规模的逮捕，而且高尔基自己也被捕了。

别谢苗诺夫被大学开除了，直到十月份之前，一直待在父亲家里，成天无所事事。

这是从现实中直接摄取来的。当时的观众可以在舞台上看到当年发生的事件。

资产阶级评论界，习惯于分析描写家庭冲突的戏剧，如今依然用往常的办法对待《小市民》一剧：说这是父子之间的斗争，家庭不和，发生冲突。可是在该剧中家里人是一致的，因为别谢苗诺夫父子是一个样儿。

契诃夫写道，彼得跟他的父亲比起来更聪明、更滑头，因而也就更坏。

父亲是一个暴露无遗的骗子和市侩，儿子是一个善于伪装的市侩，他从知识分子的文化武库中拣得不少破烂货，用来向正在改造世界的人们进攻。

这个"做过半个钟头国民的小市侩"，跟他的父亲，一个房产主和富农，是差不了多少的。正如剧中的一个人物说的，房子还是那个房子，只不过"家具重新布置了一下"。

这一切，对于表里不一，没有骨气的知识分子是极其有力的一击。

真正的冲突是顺着别·谢苗诺夫父子—尼尔这条线索展开的。

契诃夫很重视尼尔这个"新人物"。

他写道：

“……这是一个英雄的主角，与斯坦尼斯拉夫斯基的天才演技十分相称。”[1]

确实，尼尔是俄罗斯文学中的一个新人物。这个人物精力充沛，热情乐观。高尔基在给斯坦尼斯拉夫斯基的信中说：

“尼尔这个人坚定不移地相信自己有力量、有权利按照他尼尔的想法改变现实及其一切制度。”

在俄罗斯文学中，不止一次塑造过为美好未来而奋斗的英雄人物，但是，所有这些人物都是单枪匹马的英雄，因此他们的事业总是以失败而告终。

通过尼尔的形象，俄罗斯文学中第一次塑造了一个新的英雄人物，他依靠的是起来反抗的整个阶级的力量，所以，他才那样相信自己的权利和力量。这是俄国工人阶级的力量的明显反映。

政府当局对高尔基的戒备是极严的，《小市民》起初根本不准上演，后来只允许莫斯科艺术剧院演出四场，而且要内定购票范围。《小市民》的首场是在该剧院巡回演出期间在彼得堡演出的。

内务部部长谢彼亚金给莫斯科总督谢尔盖·罗曼诺夫大公的信中写道：

“剧本《小市民》，虽经审查，并将一切不妥之处与不妥之词句删去，然而，鉴于高尔基在很多观众之中，尤其在青年中极受赏识，同时鉴于该作家之危险倾向，亟应派出版总局局长H.B.沙霍夫斯基公爵审查该剧彩排，出于同样考虑，能否敦请亲王殿下，指派专人参与审查《小市民》一剧之彩排，以便将高尔基戏剧试作之

①即著名的戏剧家斯坦尼拉夫斯基，在该剧中扮演尼尔。——译者注

演出印象及时报告殿下。如此方能防止尚有某些不妥之情节与不妥之词句公开散布,因为有时在审阅脚本时没有很坏的感觉,舞台演出则能招致不良效果……”

问题是,高尔基的剧本上演这件事本身就使得沙皇的王公大臣们惊惶不安,而且他们还担心,因为取消高尔基科学院院士当选资格一事引起了极大义愤,在该剧演出期间将为维护作者声誉而举行示威游行,谢彼亚金正是将示威游行叫作“不良效果”的。因此,剧本中许多地方被他们毫不留情地删掉了,尤其是尼尔的台词被删掉的更多。

取消高尔基当选院士的公报是一九〇二年三月十二日公布的,而莫斯科艺术剧院的彩排是在三月十九日。

奥·列·克尼佩尔给安·巴·契诃夫写信说:

“所有的要员都说,只要克列伊格里斯[①]能担保不出事,可以让剧本上演。可怎样才能担保不出事呢?到现在还一点也不晓得。”

奥·列·克尼佩尔说的“所有要员”,就是斯维亚托波尔克-米尔斯基、维特捷、沃隆佐夫-达什科夫等几个部长和其他一些看过彩排的官僚们。

康·谢·斯坦尼斯拉夫斯基回忆说:

“彩排的时候,从大公和各部部长起,整个彼得堡的政府官员全都来到了巴纳耶夫斯基剧院,剧院及其四周警卫森严,剧院前面的广场上许多宪兵马队来回巡逻。”

沙皇政府对于人民爱戴自己的作家居然害怕到这种程度。

---

①克列伊格里斯是当时彼得堡市行政长官。——作者原注

最后，终于允许这个剧上演了，但是《小市民》演出的时候，也就是在限定观众范围的四场戏演出的时候，剧院的检票员全部换成警士担任，这是为了不让危险分子混进剧院，以及对观众情绪进行监视。

尽管检查极严，而且屡次禁止演出，可是《小市民》一剧仍在很多城市上演，到处引起很大的轰动。

列宁一九〇二年三月在《“火星报”编辑部向俄国社会民主工党委员会会议(代表会议)的报告》中写道：

“代表会议特别推荐举行抵制、在戏院等处示威，以及有组织的群众性游行示威作为斗争的实践手段。”

《小市民》是第一部能够激发观众参与社会活动的戏剧。譬如，《小市民》在罗斯托夫、顿河一带演出的时候，就举行了一九〇二年十一月的大规模示威游行。《小市民》在别洛斯托克演出时也举行了示威游行，其情形如《火星报》所报道的：

“人们高呼‘打倒专制制度，打倒独裁统治……自由万岁！’到处散发写着这些口号的传单。警察们军刀出鞘，在剧院里到处打人。引起了一场搏斗……后来转移到街上举行示威游行。群情十分激愤。野兽般的警察开了枪……又调来了军队，所有商店都关门闭户(傍晚六时)。打死了一个工人，还有一些人受伤。逮捕了近三十人……示威游行的队伍走遍了所有街道，延续了四个小时。激起全城人很大的愤慨。许多工厂的工人从四面八方赶来，手里都拿着棍棒。”

《小市民》在其他城市演出，同样也伴随着示威游行。

高尔基离开克里米亚之后，一九〇二年的整个夏天都在阿尔扎马斯过着流放生活，同时在写作他的第二个剧本《底层》。

将高尔基流放到阿尔扎马斯这样一个死气沉沉、太平无事的小城，沙皇政府本想能控制他的行动。可是，即使警察站在窗口，高尔基仍然能够和革命工作保持联系，甚至为俄国社会民主工党尼日戈罗得委员会在阿尔扎马斯县建立了一个秘密印刷所。

警察署没有掌握高尔基犯罪的真凭实据，也不敢贸然对一位著名作家进行审判。过了一年半，在社会舆论的压力下，也就不得不了结有关油印机的“案件”。

高尔基八月中旬得悉“案件”业已了结，于八月底回到了尼日尼，九月五日在莫斯科给莫斯科艺术剧院的剧团人员朗读自己的剧本，这个剧本给演员们的感受极深。

一九〇二年十二月十八日，高尔基的新剧本《底层》首场演出，该剧在观众中获得了极不寻常的成功。一面是身体残缺、绝望、无权，全都到了极点，一面要高风格地维护人格、维护人类真理，两相对照，就产生了极其强烈的效果，引起了全场观众强烈的反响。

这在当时舞台上是从未见过的社会场面，高尔基戏剧的独创性，在于通过这种生活——即《底层》的生活——从一个侧面反映出将这些人推下底层的那个社会。

列宁写道：

“旧社会依据的原则是：不是你掠夺别人，就是别人掠夺你；不是你给别人做工，就是别人给你做工；你不是奴隶主，就是奴隶。”

在高尔基《底层》里的生活中，那种制度下人与人的关系全都剥去了伪装，那种制度裸露在外，表面化了，不是我掠夺你，就是你掠夺我。

面对《底层》里的这种生活，高尔基让剧中人说出了人格、人类真理，说“人”这个字眼本身就象征着自豪，而且充满了深刻的含义。

瓦·伊·涅米罗维奇-丹钦柯[1]说道：“果然不出所料，检查当局根本不准《底层》上演。这就不得不到彼得堡去，几乎每句台词都做了一番讨价还价，咬着牙作了一些让步，最后，总算得到了批准，不过只准艺术剧院一家上演。我和当时的出版总局局长兹维列夫教授的多次谈话，给我留下了这样一个印象：就是《底层》之所以能够获得批准，只是因为政府当局估计这出戏演出必然完全失败。”

这个估计完全错了。政府当局猛醒过来了，便千方百计地缩小该剧的影响，断然禁止在别的剧院上演。可是，这个戏是那么轰动，是那么成功，这就使那些反动头目大为恼火。

例如御用杂志《俄罗斯通报》就直截了当地向资产阶级观众大声疾呼，请他们清醒清醒，不要忘记了本阶级的立足点和阶级“道义”：

“不能不令人感到惋惜，这样一个社会竟毫无自觉，忘记了自己的立足点，忘记了自己的信仰，道德沦丧，如同采扎尔[2]时代的罗马群氓一样，对于任何一样新鲜玩意儿，都要趋之若鹜，哪怕是

①伟大的戏剧家。是莫斯科艺术剧院的创办人和主持人之一。——译者注

②采扎尔（公元前100—44年）——罗马奴隶时代专制君主。此处借喻资产阶级观众愚昧无知。——译者注

臭鱼、烂虾、卖淫、革命说教，都一概报以疯狂的鼓掌……殊不知本来就是流浪汉头目的高尔基·马克西姆把笔杆当作铁棍，正在猛敲这个社会赖以立足的基础。一个多么有害的作家！一些多么可怜，多么盲目的崇拜者——读者和观众呵！”

可见那些农奴主和黑帮分子是何等惶惶不安，惊恐万状！

一八九九年高尔基在欧洲已经享有盛名，这时他的许多短篇小说已经译成欧洲各国文学。到一九〇一年，他在欧洲的名声更盛，例如，德国有六家出版公司，同时出版高尔基文集，进行竞争。这在当时的西欧市场上也是一种不寻常的现象。

可是，不论高尔基一九〇一至一九〇二年间的名望有多么高，也只不过是《底层》一剧获得巨大成功的前奏，这个剧最初在柏林上演，随后在很短的时间内就遍历了欧洲各国的舞台。

在俄国，在高尔基这一剧本上演时，革命工人和大学生们来看戏的十分踊跃。在莫斯科第一轮演出，两个月的时间内，就演出了五十场。在彼得堡艺术剧院巡回演出的时候，就演出了十二场，场场客满，获得了惊人的成就。

《底层》一剧一登上舞台，便在俄罗斯文学中取得了首要的地位，就其对社会产生的革命影响，以及对一九〇五年暴发的革命风暴所起的推动作用，都是这样。

一九〇二年，高尔基同革命的社会民主党，同列宁领导的该党机关报《火星报》的关系更加密切了。

在警察署的案卷里还保存了一封扣发的寄往国外的信件，信中谈到高尔基一九〇二年十月乘车赴彼得堡，路过莫斯科时，和党的几位代表人物会面的结果。

信中写道：

“我们的会面差不多带有一点正式会谈性质……我极其愉快地听出，他完全同情我们这一边……他认为只有《火星报》才是唯一值得尊敬的，立论精辟的，有意义的报纸。而且认为我们的组织也是最坚强、最可靠的。他很想进一步了解我们的方针，我们的整个出版计划和我们的实际工作情况，因为他同情我们，所以他愿意尽力帮助我们；首先，可以想到的就是帮助一些钱，随后他甚至提出，他到彼得堡去，有没有什么任务交给他去执行……他每年可给我们五千卢布，其中两千卢布于十一月份就能汇出，因此，您完全可以指望它到时候派上一点用场。但这个数字还可能增加一些……他一再请求，等他一回来，还要和我们再次见面。”

符·伊·列宁于一九〇二年在复《火星报》工作人员报告同高尔基会谈结果的信时写道：

“你们来信谈到高尔基的一些情况，使我非常高兴……你们要请高尔基给我们写点东西……”

一九〇三年七月三十日，俄国社会民主工党召开了第二次代表大会。在这次代表大会的准备工作方面，列宁所创办的《火星报》起了决定性的作用。

第二次代表大会的历史意义是：它根据列宁的《火星报》所提出和制定的方针，在俄国成立了真正的马克思主义政党。

四

从一九〇〇年起，高尔基的作品开始在同仁出版社出版，此后不久他自己也参加了这个出版社。

高尔基参加了同仁出版社之后，就热忱地把有民主思想的作家团结在自己的周围。在这几年中，他跟К.П.彼亚特尼茨基的书信来往特别频繁。不论他在哪里——在尼日尼、亚尔塔、阿尔扎马斯、莫斯科或是在谢斯特罗烈茨克，——他的桌子上总是放着一大堆稿件，他常常写信告诉彼亚特尼茨基，对这部作品怎样处理，对那部作品又怎样处理。

一九〇三年，他组织出版文学丛书《知识》，一年出四本，其中所收的都是现实主义流派作家的作品，如列·安德列夫、伊·蒲宁、阿·绥拉菲摩维支、瓦·魏列萨耶夫、谢·古谢夫–奥连布尔格斯基、阿·库普林、尼·加林–米哈伊洛夫斯基、尼·捷列绍夫、叶·奇里科夫、谢·斯基塔列茨。

对这项工作——组织出版具有民主思想的文学丛书——高尔基极为重视，将它当作和现有制度做斗争的一种方式。

至于自由派、颓废派以及歌功颂德的文学作品，他断然拒绝收入。

高尔基不止一次严肃地批评同仁出版社作家С.叶里恩斯基的作品，有一次给他的信中说：

“为谁写作，写作又是为了什么？对这个问题您应当好好想一想。您要晓得，如今最好、最可贵的读者，同时也是最用心、最严格的读者——是识字的工人，识字而且有民主思想的农民。这样的读者，对社会、对道德观念有一些不解之谜，他们首先就是要在书中寻求对这些问题的解答；他们的基本愿望就是要自由，——广义的自由；他们对许多事物有了模模糊糊的认识，感觉到现实生活中许多怪现象压得他们喘不过气来，他们多么希望弄清楚这些怪现象，将它摔得一干二净……请原谅我讲得有些尖锐——老实话总是叫人不愉快的，但老实话总是有益的，在文学中尤其如此，因为文学就是要讲真话。”

但是，如果有具有民主思想的进步作品出现，高尔基就像他自己取得成就一样感到高兴。如他对待列·安德列夫的《瓦西利·菲维斯基的一生》，谢·古谢夫-奥连布尔格斯基的《在教区里》，谢·尤什克维奇的《犹太人》就是这样。他还帮助一些最著名的作家修改作品，使之更臻完美。在丛书第六期出版《决斗》时库普林写信给他说：

“现在，当一切事情都已就绪的时候，我终于可以说，我的小说中一切大胆和不落窠臼之处，都归功于您。您要知道，我从您那儿学到了多少东西，我为此又是多么感激您呵。”

一九〇四年来到了。在革命的暴风雨即将来临的情势下，对于反动派来说，高尔基这个名字越发变得可恨了。他的每一部新作品出来，都要遭到恶毒的谩骂和攻击。

政府对待《底层》一剧，特别由于它获得了格利包耶多夫奖金，压制得更厉害了。然而在社会上革命人士之中，随着每一部新作品的出现，高尔基的名字越来越响亮了。

沙皇政府陷入了远东血腥的冒险战争，旅顺口守卫战节节失利[①]。旅顺口的失陷带来一系列的惨败，这就有力不过地暴露出警察专制制度的腐朽和没落。

惊惶不安的资产阶级派出自己的说客到地方自治会和城市

①指1904—1905年的日俄战争。——译者注

议会四处活动,大肆兜售自由主义货色,企图捞取一官半职。

高尔基对资产阶级进行了尖锐的批评。他号召采取坚决的斗争方式和政府进行斗争。他在一次组织游行示威的会议上这样说:

"如果十一月二十八日上街示威游行,那就决不能挨一顿皮鞭,或是被人家冲散了事。要刀对刀,枪对枪,还可以用牙咬,要叫那些站在现代专制政府方面的警察晓得一点儿厉害,——要不然,上街示威游行就没有意义了。"

在这些日子里(一九〇四年十一月),瓦·菲·科米萨尔热夫斯卡娅剧院上演了高尔基的剧本《避暑客》。

高尔基通过自己的剧本从政论家的角度尖锐地提出了这样一个问题:在这些日子里"我国的优秀分子"——知识分子究竟在想些什么和做些什么?

高尔基揭穿了资产阶级知识分子的虚伪和贪婪,谴责他们对祖国的命运漠不关心,他塑造了资产阶级知识分子的形象:律师巴索夫、工程师苏斯洛夫、扎梅斯洛夫、这些人同商人和官吏是一丘之貉,"对于这些人来说,整个国家只不过是一个可以吃喝的地方,正如森林对于狼,牧场对于公牛那样"。

资产阶级知识分子,例如律师之流,从前(在谢德林、陀思妥耶夫斯基、列·托尔斯泰的作品中)在俄罗斯文学里也曾经被揭露过;但是在《避暑客》之前,还从来没有将一个作家,而且是出名的作家,描写成市侩群中的中心人物。

高尔基通过沙利莫夫这个人物形象,卓有预见地谴责了那些没有骨气的文学家,他们忘记了自己以前标榜的"自由主义"和

“热爱人民”，一旦革命遭到失败，就无耻地对革命进行诽谤。

可是，就有一些和《避暑客》同时代的作家，观众们很容易将他们和沙利莫夫联系在一起。其中如斯特鲁维、别尔佳耶夫、麦列日科夫斯基、索洛古勃，甚至还有列昂尼得·安德列夫。

一九〇四年九月，高尔基写信给索洛维叶夫－安德列耶维奇，谈到他写的评价安德列夫的一本书时写道：

“在他的创作中有没有对现实的畏惧，在这种畏惧当中有没有文学上的倒退现象？他追求离奇，你有没有从中看出他内心的某种恐慌，内心缺乏勇气？小市民对现实的畏惧，不也是小市民精神世界的表象之一？”

高尔基对沙利莫夫的刻画，入木三分地刻画出了一个市侩作家的形象。沙利莫夫是高度概括的一个形象。这对当时正在活动的，将来还会出现的敌人是当头一棒。

其火力是如此猛烈，初次演出便准确无误地击中了要害。当时前来观看首场演出的观众，看这场戏时，又是嘘声，又是打口哨。正如报纸报道的，也许在戏剧史上是第一次，剧作者走上台去，不是为了迎接掌声，而是为了要听……嘘声。

高尔基给叶·巴·别什柯娃写信说：

“这次首场演出，是我一生中最高兴的一天，这就是我要告诉你的，我的朋友！我从来没有这样强烈而深刻地体验过，而且将来也未必能这样体验到自己的力量和自己在现实中的意义，像当时所体验到的那样。那是在第三幕演完之后，我站在舞台前沿，全身感到难以抑制的喜悦，不是在‘观众’面前低头，而是横眉怒视，看哪个敢向我嘘一声。”

还应当说，高尔基对观看演出的"避暑客们"特意显示自己的鄙夷态度，这有很大的社会意义。正直的知识分子，具有民主思想的青年很会区分各种不同的社会力量，他们踊跃地、热情似火地向作者表示了无限的爱戴，尽情地向作者热烈欢呼。

至于自由主义的报刊，他们卖力地、甚至可以说是咬牙切齿、别有用心地劝告读者，说什么高尔基不懂得"精神探索"，不懂得"追求自我完善"，那是只有真正的"精神高贵之士"才能做到的；说解决社会问题并不是要使大众吃饱肚子，而是要使人们"深悟圣经真谛"等等。

可以说，资产阶级知识分子营垒对高尔基的一切谴责，都是后来高尔基概括在萨姆金形象中的一些人发出的声音。

剧本《避暑客》是对尔虞我诈、故弄玄虚、弄虚作假的精神状态，对这些隐蔽的敌人的第一次强烈的打击。他们标榜自己"有文化教养"和"精神高贵"，暗地里对民主和革命怀着刻骨仇恨，他们只有一个愿望：能在资产阶级上层社会谋得一席优厚的职位，舒适安逸，酒足饭饱。

《避暑客》一剧曾经惹得自由主义报刊疯狂的攻击。

难怪高尔基一九〇二年六月在阿尔扎马斯动手写作这个剧本时写道："我要赏同行们几个耳光……"

同时他给康·彼·彼亚特尼茨基写信说：

"我感觉到在空气中散发着一种新的世界观的气息，民主主义世界观的气息，可是我无法捕捉它，我也没有本事捕捉它。然而这种世界观确实存在，而且正在日渐成熟。"

这种民主主义的世界观，高尔基通过自己作品的主人公——

玛丽娅·李沃夫娜和伏拉斯的形象表现出来。伏拉斯是一个小伙子,巴索夫的文书。一份报纸急得要发疯似的写道:“现在舞台上有一个伏拉斯大喊大叫,明天现实生活中就会有成千上万个伏拉斯大喊大叫。”高尔基的使命正是如此,通过一个伏拉斯,表现成千上万个未来的伏拉斯。

高尔基有充分理由可以认为:既定的使命已经完成。

就在这时,计划筹建一座新剧院,并和高尔基率领的科米萨尔热夫斯卡娅剧院合并。

一九〇四年十二月间,传出了建立新剧院的消息。

建立一座剧院是有很大政治意义的,但是,这件事由于出现一些新的情况而中断了。

第二章

一

从元月六日起，工人要向冬宫游行请愿的消息，惊动了整个彼得堡。

元月三日，彼得堡一家最大的工厂——普季洛夫工厂开始罢工。运动在不断发展，很快就扩大成为总罢工。沙皇政府决定对运动进行武装镇压。当时已经传开，元月九日那个星期天，工人要向沙皇请愿，要求答应他们提出的条件。

元月八日晚上，局面已经很清楚，军事当局准备在街头进行一场屠杀，一些社会活动家聚集在《我们的时代》报社编辑部，他们决定派出代表团去见政府大臣，试图向他们讲清，工人游行纯属和平性质，必须撤走街上的军队。高尔基也参加了这个代表团。

后来他回忆那次去见谢·维捷的情景时，写道：

“我只记得，当时他盛气凌人地说：‘先生们，政府方面的意见和诸位的意见，是完全不一致的……’我觉得这话里有逞威风和讥诮的味道，于是我就不客气地打断了他的话：

“‘我们就是要您转告政府方面，要是明天发生流血事件——那是要加倍偿还的。’

“他斜着眼瞟了我一下，又说了许多装腔作势的话……”

大规模屠杀手无寸铁的工人是沙皇手下刽子手们预先计划好，在尔后闻名的“流血的星期天”元月九日进行的。但是有些城区的工人筑起了街垒，举起红旗，对杀人凶手进行了抗击。

列宁为了这一事件在《前进报》发表文章说：

“长期以来似乎对资产阶级的反抗运动袖手旁观的工人阶级，现在出来说话了……经济要求被政治要求所代替。罢工发展成总罢工和空前强大的示威；沙皇的名声永远臭了。起义开始了。武力和武力对峙。巷战正酣，街垒林立，枪声四起，大炮轰鸣……每一个革命者和社会民主党人，要为履行自己的义务做好准备。”

高尔基这一天就在发生流血事件的现场。

他回忆这一事件时说：

“一九〇五年元月九日，清早我就到了街上，亲眼看到他们是怎样挥刀砍杀和开枪射击游行的人们，看到受到镇压的‘领袖’和‘当日的英雄’加庞[①]那可怜的样子……这可恨而又值得吸取教训的一天，真是惊心动魄，阴森、凄惨。”

---

①加庞——保安局的暗探，安排在工人运动中的奸细，这次请愿就是他提出并“领导”的，使工人遭受重大损失，后被工人处死。——译者注

高尔基目睹屠杀的情景，义愤填膺，回到家里，马上写了一份告社会人士书，用的是走访政府大臣代表团的名义。

这份文告着重指出了这样一个事实，即代表团事先就告诉内务部部长，工人请愿是和平性质的，事情本身也已经证明了这一点，因此，现在发生的事件就不可能做别的解释，只能说是“一场蓄谋已久、灭绝人性的对广大俄国公民的大屠杀”。

“正因为尼古拉二世已经知道这次工人运动的性质，也知道那些无辜被士兵杀害的国民所抱的和平愿望，知道这一切，却还要杀人，——所以我们认为他是残杀良民的罪犯，因为没有任何理由用这种残酷屠杀的方式来对待他们。”

“同时我们声明，我们今后决不容忍类似事态发生，我们呼吁全体俄国公民迅速、坚决、团结一致地投入反对专制制度的斗争。”

当天晚上，在自由经济协会的所在地，高尔基发表演说，谈到俄国革命业已开始。并且当场为元月九日蒙难者及其家属开展募捐，发出了高尔基带头签名的募捐书。

高尔基在给叶·巴·别什柯娃的信中详细描述了“流血的星期天”这一事件，他是用这样几句含义深刻的话结尾的：

“这样一来——俄国革命就开始了，我的朋友，为此我向你表示真诚而郑重的祝贺。有些人牺牲了——但他们的牺牲不是没有价值的，——历史正在改变颜色，变成新的鲜红的颜色，那是用鲜血染成的。”

他接着又说：

“后天，即十一日，我将要到里加去，因为我的朋友玛丽娅·

费奥多罗夫娜[①]病得很危险——腹膜炎，有生命之虞……不过现在一切个人的不幸和挫折已经没有什么了不起的了，因为——我们处在俄罗斯觉醒的时代。”

高尔基把自己起草的告社会人士书交给了代表团的成员，让他们看一看，并征求他们同意，可是，就在元月十一日前夜在一个成员家里进行搜查的时候，搜出了这份文告。

对代表团每个成员都进行了搜查，因为加给代表团的罪名是要组织“临时政府”。

就在这一天高尔基在里加被捕，并于元月十二日押解到彼特罗巴甫洛夫监狱，关进了特鲁别茨基稜堡的单人牢房，这地方是专门关押要犯的。

特列波夫[②]——“全俄罗斯最痛恨的沙皇的爪牙之一……”——元月九日后被任命为全权总督，承办这一重大的“案件”，他企图把社会人士代表团当作“革命政府”来问罪。

列宁在《特列波夫执掌大权》一文中写道：“被捕的代表团成员……被毫无道理地指控为企图在革命后的第二天组织‘俄国临时政府’。显然，这一控告是不攻自破的。”

高尔基在三次审讯当中，对警察捏造他参加什么阴谋活动委员会这一点，断然否认。但是他承认自己是文告的起草人，并且声明有关文告的全部责任由他个人承担。

对高尔基的“案子”当局采取了秘密审讯的办法。

---

①玛丽娅·费奥多罗夫娜·安德烈耶芙娜——莫斯科艺术剧院的女演员。——作者原注

②特列波夫——1905年被任命为彼得堡总督，授予独自处理国家事务的全权。——译者注

在上面援引的文章里，列宁这样写道：

“在国外，在有教养的资产阶级人士中间展开了营救高尔基的强大运动，德国许多杰出的学者和作家联名向沙皇请愿，要求释放他。现在，奥地利、法国和意大利的学者和著作家们也参与了这次请愿。”

逮捕高尔基所引起反响之强烈及其规模之大，使沙皇政府不能不引起重视。

许多学者、作家、议员发表宣言，许许多多的人在宣言上签名，外国舆论界纷纷发表评论，声援高尔基，要求释放高尔基。

“他的创作，”有一篇评论说，“把对俄罗斯民族诗歌的倾慕心情传给了全世界，他所有的作品都充满了对祖国的无限热爱。各国著名人士发出一个共同的呼声：‘释放马克西姆·高尔基！给高尔基创作自由！祖国需要他，全世界需要他！’”

但是，使得沙皇政府惴惴不安的倒不是这些对高尔基及其作品表示热爱的言论。

在全俄罗斯，凡是上演高尔基的剧本，剧院里就酿成了声援会，全国各个城市——尼日尼、尼古拉耶夫、基希涅夫、德维斯克、基辅、顿河-罗斯托夫、萨拉托夫、敖德萨、喀山——到处都是如此，犹如从前在别洛斯托夫一样，已经成了通常的现象。

在尼日尼，后来成了共产党杰出活动家的亚·马·斯维尔德洛夫，在剧院的楼座上发表了赞颂高尔基的热情洋溢的演说。

在尼古拉耶夫，高尔基剧本上演的时候，人们散发了传单。

德维斯克一家剧院，由于举行了对高尔基的声援会，结果被封闭。

在基辅，索洛甫佐夫剧院演出《避暑客》一剧时，在第二幕开场前暗场的当儿，楼座上喊起了口号："高尔基万岁！自由万岁！打倒专制独裁！"伴随着热烈的掌声，有人向池座里撒传单，内容是这样的：

"释放自由战士，释放为自由而歌唱的歌手高尔基！

"为无产阶级事业英勇战斗的战士万岁!为政治自由英勇战斗的战士万岁！

"同俄国人民的死敌——沙皇专制做斗争而牺牲的烈士永垂不朽！"

剧院大厅里开始骚动起来了。警察要求闭幕停演。电灯亮了，可是传单也不见了——观众收起来了。为了要找出撒传单的人，警察逮了几个人。

在基希涅夫，地方剧院上演《避暑客》，当演到最后一幕的时候，有人撒油印传单，号召"打倒专制独裁！"

这类风潮，在全国各大城市相继发生。

二月十四日，关押了一个月之后，宪兵司令下令暂释高尔基，听候审讯，交付保证金一万卢布，并书面具结不得离开彼得堡。

可是保安局局长却要求重新逮捕，说是一小时也不能让高尔基在首都大街上随便停留。

高尔基被保安人员慌慌忙忙押送到了里加。

二月十五日他给康·彼·彼亚特尼茨基写信说：

"我们已经平安到达，一个大鼻子、麻脸的彪形大汉，一路上紧紧警卫着，把我们送到了里加。在这儿我们住在客栈里，还给我们安排了两个细心关切的邻居，对我们的行动暗地里进行监视，给当局做耳目。”

就这样，暗探们到处盯着高尔基进行侦察、监视。

高尔基在彼得罗巴甫洛夫监狱的时候，写了一个剧本《太阳的孩子们》。剧本在一定程度上反映了“流血的星期天”。当然，官方检查森严，决不允许作家直截了当地描写元月九日事件。不过从剧中人丽莎的台词中，我们可以听得出来，所暗示的正是高尔基亲眼目睹的情景：

“我脚跟前有个小伙子，给打破了头……他爬呀，爬呀，脸上，脖子上，血不住地流，他朝上抬了抬头……我看到他模模糊糊的眼睛、张开的嘴巴和牙齿，全给血糊住了……”

这样的台词当然会使观众联想起沙皇政府骇人听闻的暴行。

在听候审理的过程中，高尔基从里加给К.П.彼亚特尼茨基写信说：

“他们想回避对我的审判，这是不行的，相反，一定要叫他们开庭审判我。即使他们决定用政府命令的方式来了结这件尴尬事，那我也要立即要他们恢复审判，而且规模越大越好，越公开越好；一旦等到对我审判，我一定要使罗曼诺夫家族及其狐群狗党狼狈不堪。

“如果开庭审判，而且我被判罪，那我就有了最好的理由，可以向全欧洲讲一讲，为什么我非做一个革命者不可，讲一讲我‘犯罪’的由来，讲一讲我所以反对现存制度，是因为它残杀俄国手无寸铁的善良人民，连小孩子也不能幸免。”

沙皇政府处境非常尴尬，因为它明白，要对这样一个被告进行审判，甚至关起门来审判，那也是不好办的。

本来决定五月三日开庭审判，到时候却又延期，后来，这件“案子”一拖再拖，直到一九〇五年秋天，革命暴风雨来临的时候，才不了了之。

二

高尔基若干年来就非常清楚列宁所起的政治领袖作用。一九〇四年十二月二十八日一位党的工作者泽姆莉娅奇卡写信给符·伊·列宁和尼·卡·克鲁普斯卡娅说：

“这几天我和资助我们的小说家[①]谈了好几次。他完全站在我们一边，而且非常关心我们的安全。他说，他认为他[②]是唯一的政治领袖……”

高尔基表示希望能立即和列宁直接通信，这本来可以办到的，谁知高尔基因为元月九日事件被捕了。

也就在这个时候，在高尔基被捕之前，符·伊·列宁委派瓦·德·邦奇-布鲁耶维奇到彼得堡会见高尔基，并和他进行会谈。

列宁给邦奇-布鲁耶维奇写的信说：

“高尔基有个建议，在国外筹建一个出版社，出版他的作品，以及加入同仁出版社的其他作家的著作，将这些出版收入作为我们党的经济来源。您如到彼得堡，要设法和阿列克塞·马克西莫维奇见见面，并和他谈谈这件事。”

党的活动处在那样秘密的情况下，没办法精确地统计出高尔

---

①小说家——指高尔基。——作者原注

②这里指列宁。——作者原注

基向党组织捐款的总数字。偶尔发现的一些资料，使我们知道这样一些事实，例如：高尔基通过A.A.鲍格达诺夫给日内瓦《前进报》寄去一张五千卢布的支票。一九〇五年元月十一日，他写信给К.П.彼亚特尼茨基说，给格尔曼-克拉辛寄去两千卢布。这些钱都是用于革命运动的。

一九〇五年秋，出现了有利时机，在高尔基的协助和物质支援下，创办了一份大型报纸《新生活》报，这是布尔什维克的第一份合法的机关报。

该报创刊号于十月二十七日出版，十一月初，列宁由国外回到彼得堡，该报便在列宁的直接领导下坚持出版。

法国《人道报》写道："社会主义思想从来也没有像现在在俄国传播得那样快。"《人道报》还把《新生活》报称之为"列宁和高尔基的报纸"。

列宁在《新生活》报上发表了一系列重要论文，其中就有《党的组织和党的文学》这篇文章。

高尔基在这份报纸上发表了一组政论文章——《论市侩》。他尖锐地指出，市侩是资产阶级私有制社会培育出来的一种特殊体系，他痛斥这些和事佬和哄骗家。

"我还没有看到有什么敌人比市侩所起的实际作用更恶劣。他们想调和压迫者与被压迫者之间的关系，他们要证明自己和压迫者亲密无间，对人间苦难无动于衷，都是有道理的。他们教导被压迫者凡事要忍耐，劝他们切勿抗恶，他们天天在寻找证据，以证明无法改变有产者和无产者的现有关系，他们哄骗人民说，活着干活儿，受苦，到天堂里善有善报，这边赞美人民在世间过的非人的痛苦生活，那边就像蚜虫一样吮吸人民的血浆。他们大部分是直接为暴力效劳的，小部分是间接效劳——用的方式是宣扬忍耐、调和、宽恕和谅解……”

高尔基还揭露过陀思妥耶夫斯基和列·托尔斯泰政论作品中维护“市侩”的倾向。

列宁后来不止一次地以称赞的口吻提到高尔基的这些论文。

当时的自由主义派，后来成为“路标分子”[①]和露骨的反革命分子的尼·别尔嘉也夫在《北极星》杂志上把高尔基发表《论市侩》的文章称之为“真正的、名副其实的无赖行为”。

列宁在《立宪民主党人的胜利和工人政党的任务》一文中写了这样的底注：

“别尔嘉也夫先生！《北极星》杂志或《自由和文化》杂志的编辑先生们！你们又有题目大喊大叫了，又可以……大做文章反对革命者的‘无赖行为’了。就像一位通身漂亮的太太说：呵，把托尔斯泰叫作小市民！真是不得了！”

列宁从国外回来的时候，高尔基正在莫斯科。不过他很快就来到了彼得堡，一九〇五年十一月二十七日，列宁和高尔基在彼得堡第一次见面了。

当时正准备召开中央委员会会议。决定会议就在高尔基的住宅举行。

这次会议讨论了关于准备武装起义的问题，讨论了《新生活》报的工作以及在莫斯科出版布尔什维克的《斗争》报等问题。

---

①一九〇九年立宪民主党人出版论文集《路标》，攻击民主运动，号召忠于专制制度。历史上将这部分人称为“路标分子”。——译者注

这次会议的与会者、列宁和高尔基会见时在场的B.杰斯尼茨基回忆说：

“高尔基当时详细地讲到了莫斯科发生的很多事件和有关情况，讲了包乌曼[①]的葬礼，黑帮分子，工人和大学生的武装情况以及知识分子的情绪等，绘声绘色地描述了大街上发生的一些场面。符拉基米尔·伊里奇听得特别出神。如往常一样，使他特别感兴趣的，是那些详情细节，具体事实和原话，因为这些东西能够直接、鲜明地反映真实情况。在这里他第一次看出高尔基很有口才，而且立即就高度评价了高尔基对于人，对于事物的观察和论断的巨大意义。

“必须向他学习，学习他怎样看和怎样听！符拉基米尔·伊里奇谈到高尔基的时候常常这样讲……”

《新生活》报有五个星期的时间在战斗的环境中出版。二十七期报纸中就有十五期被没收和被销毁。

警察不仅从卖报人手里没收报纸，甚至还从买报人手上没收，禁止报亭和书店出售，邮局奉保安局之命，销毁报纸，不办理汇寄该报营业部的汇款业务，阻挠该报发行。

然而，《新生活》报的发行量还是每期达到八万多份。

十二月二日，《新生活》报终于被完全查封了。

但是在十二月三日，《新生活》报出版了最后一期，是由排字工人和印刷工人商议秘密出版的，并且印上了一个口号：“向独裁

---

①包乌曼（1873—1905年）布尔什维克党的著名活动家。1905年10月18日在莫斯科被“黑帮分子”杀害。他的葬礼变成了强大的示威游行。——译者注

政权进行革命斗争”。

早在《新生活》报被查封之前，从十一月二十七日起，在高尔基的协助下，莫斯科办起了《斗争》报，该报在推动十二月起义方面起了重要作用。

十二月六日，布尔什维克领导下的莫斯科工人代表苏维埃宣布，十二月七日开始总罢工，并要使罢工转为武装起义。

十二月七日，高尔基在两个工人的陪伴下到了莫斯科，这两个工人是派定保护他的。

他从莫斯科给康·彼·彼亚特尼茨基写信说：

“你瞧，我们又到这儿来了，这儿正在举行来势迅猛的全面的总罢工。这儿所有的工人——工匠和仆役，都异常齐心协力地行动起来了……在斯特拉斯特诺伊修道院[①]的广场附近……构筑了街垒，发生了一场激战。打死的，受伤的，究竟有多少，还不清楚，但是，看起来死伤很多。整个广场染满了鲜血。消防队正在冲洗血迹。”

在高尔基的多方面协助下，一些战斗小组不断加强武装。在工人起义的时候，他的住宅仿佛成了战斗的指挥中心，一个起义的据点，守卫这所住宅的是义勇队队员[②]。

在《米加·巴甫洛夫》这篇特写中阿列克塞·马克西莫维奇

---

①斯特拉斯特诺伊修道院所在地就是现在的普希金纪念碑所在地。——作者原注

②一九一二年高尔基回忆当年守卫他在莫斯科的住宅的格鲁吉亚革命者时，写道：“亲爱的同志们，我常常想到你们，总是感到十分亲切。你们都还健在吗，身体好吗？一切都好吧？在伟大斗争中牺牲的英雄们，我向他们深深地、默默地致敬，活着的英雄们，我热烈拥抱你们，英雄们万岁！让我遥远地，紧紧握住我所十分熟悉的、诚实的手，今天午餐时，我要为你们的健康，痛饮一杯喀著利名酒。”——作者原注

说,索尔莫沃区一个工人德·安·巴甫洛夫,他从彼得堡弄来一大盒雷管和十五俄尺缓燃导火线,导火线是捆在身上带来的。

另外一些义勇队队员又带来若干盒用于缓燃导火线的雷管,有些内行的人就在高尔基的住宅里教战斗者做马其顿式的炸弹。

十二月十日阿列克塞·马克西莫维奇写信给康·彼·彼亚特尼茨基说:

"……我刚从街上回来。在桑杜诺夫附近,尼古拉耶夫车站附近,斯莫连斯克市场上,在库德林——都在进行战斗。多漂亮的战斗呵!炮声隆隆——从昨天下午三时开始,一直打了一夜,今天,又连续不停地轰隆了一整天……工人们的战斗精神真了不起。您想想看:一夜之间在萨多沃-卡列特诺伊筑起了八座街垒……刚才得到消息:在尼古拉耶夫车站广场上横尸遍地,光在这里就有军队的五门大炮,两挺机枪,可是工人义勇队还是叫军队吃了亏……总之——整个莫斯科都在进行战斗!"

莫斯科警备部队的摇摆态度,使沙皇政府大为震怒。士兵们举行各种集会,会上提出各种要求。但士兵们最容易做到,也是沙皇政府最头痛的,是士兵们拒绝向工人开枪。

莫斯科铁路枢纽站所有铁路线的交通运输都瘫痪了。但是义勇队没有切断彼得堡和莫斯科之间的铁路线,所以十二月十六日,沙皇政府从彼得堡调来了谢苗诺夫炮兵团。

鉴于敌人在装备上占极大优势,布尔什维克莫斯科委员会和莫斯科工人代表苏维埃共同决议——十二月十九日停止武装起义。

在起义中工人们表现出可歌可泣的英雄主义精神,给俄国工人树立了为自由和幸福而斗争的榜样。

高尔基在一种竞相传阅的胶版印刷的传单中写道：

"'无产阶级打败了，革命完蛋了'，——反动报刊高兴得大叫起来。不过他们高兴得太早了：无产阶级没有被打败，尽管受了一点损失。革命充满了新的希望，革命骨干大大增加了……俄国的无产阶级即将取得决定性的胜利，因为它是俄国精力旺盛、觉悟很高，而且对未来充满信心的唯一的阶级。我讲得千真万确，这些话将来一定会被正直而公正的历史学家所证实。"

在组织莫斯科起义的时候，高尔基并未中断撰写时评和编辑工作。

在十一月十六、十七日两天的《新生活》报上，他开始发表一组题为《缘由》的文章，在布尔什维克报纸《斗争》报第一期上，他发表了一篇童话《再谈魔鬼》，这是一篇杂文，抨击的是一个叫伊凡·伊凡诺维奇的自由主义知识分子。

高尔基在同他关系很密切的《稻草人》杂志上发表了一篇小说《狗》。

一篇未能发表的小说《观众》，描写的是一位工人义勇队队员身负重伤英勇战斗的事迹。

在《地狱的讯息》杂志上发表了一些讽刺性的《名言和座右铭》，并用了他以前的笔名——耶古及尔·赫拉米达。

在《蜂刺》杂志上发表了《写生》和《灰颜色的故事》。灰颜色指的是市侩，一会儿跑到红颜色那里拉关系，一会儿跑到黑颜色那里攀亲家。

"他一心只想着过温暖的生活、舒适的生活、酒足饭饱的生活，为了这一切拼命拍卖自己的灵魂，就像一个饿急了的娼妇拼命拉主顾，出卖自己软绵绵的肉体一样。不管是哪一种社会势力，只要能维持他的温饱和安逸，他就俯首帖耳去卖命。”

高尔基这是鞭挞市侩式的自由主义者的。

他在《地狱的讯息》杂志上发表了一篇小说《聪明人》，这是对那些哲学上的悲观论者和怀疑论者进行抨击的一篇优秀杂文。

“‘人吆！’聪明人傲慢地冷笑说，‘不管你怎么说，反正是懵里懵懂的。人的认识是有限的，弄不清的事，永远也弄不清。你饿死，或者像你所骂的那些人那样胀死，还不都是一样？你一丝不挂地进棺材，或者寿衣盛殓，还不都是一样？事情是无可奈何的，大地上的一切，连大地本身在内，都将被忘却，像是坠入黑咕隆咚的枯井；这一切都将死亡，永不复返，如同掉进无底的深渊。

“雇工们一言不发地望着他的眼睛，一动不动地听着他的聪明话，他讲得越多，他们脸上的表情越阴沉、冷淡。后来一个雇工对伙伴说：‘马特维！我的手疼，——你快把这个老混蛋撵走……’

“这才收场。

“……不错，我当然也觉得，这位雇工有点儿粗野，可这难道是他的过错？因为从来没有人教他学一点斯文。”

资产阶级的思辨哲学极力想使工人阶级抛开他们根本的使命，无产者对待这种哲学又是什么态度，其精神实质在这篇短短的小说里表现得非常清楚。

在彼得堡的《俄罗斯青年》周报上，在刊载列宁的《工人党及其当前形势下的任务》一文的同一期上，发表了高尔基的一篇文章《关于莫斯科事件》。在这篇文章里高尔基叙述了他在莫斯科街头看到的情景，谈到一个居民跟着一位工人行动，眼看着他是怎样“革起命来”的。

列宁在他的论文里说：

“英勇的莫斯科无产阶级表明了进行积极斗争的可能性，并且吸引了那些至今被认为在政治上漠不关心的（如果不是反动的）城市居民阶层的群众参加斗争。莫斯科事件只不过是俄国各地已经决口的‘洪流’中一个最突出的表现而已。”

列宁一九一七年元月在编写纪念一九〇五年革命的报告提纲时，写上了高尔基的名字，并加了着重线，这足以说明列宁十分看重高尔基参加莫斯科起义的意义。

伟大的法国作家阿纳托利·弗兰斯评论过俄国革命的意义。一九〇五年十二月，他在一次群众集会上说：

“俄国革命——是一次世界性的革命。它在全世界无产阶级面前显示了自己的革命手段和目的，显示了自己的革命威力和决心。它对一切专制制度，一切人压迫人、人剥削人的制度是一种威胁。它震撼着一切帝王的宝座……在涅瓦河畔、维斯拉河、伏尔加河畔——如今正在决定着新的欧洲和人类未来的命运。”

在高尔基的创作中，反映莫斯科武装起义的作品便是小说《克里姆·萨姆金的一生》。

三

十二月起义之后，高尔基无疑又会被捕，又要被审讯。但是，当时党内有个想法，想让高尔基出国宣传俄国革命，并到美国去宣传募款作为布尔什维克的经费。

根据布尔什维克军事技术小组成员，党派给高尔基的随行人员尼·叶·布连宁回忆，符拉基米尔·伊里奇·列宁对此行是十分重视的。

就在这时候，一九〇六年二月初，列宁和高尔基在赫尔辛基进行了第二次会面。

在全世界人们的眼里，高尔基是热爱自由的俄罗斯人民的代表，是俄罗斯解放运动的代表，因此布尔什维克党委派他这样一位伟大作家、伟大的爱国者和革命者出国，是要呼吁国际民主力量支持俄国革命。

他于一九〇六年二月经芬兰出国。

可是，早在元月份他就给欧洲的一些左派报纸寄去了关于莫斯科起义的呼吁书。这份呼吁书曾在国内以传单形式到处散发。

《人道报》在一九〇六年元月二十一日（公历）发表了高尔基的呼吁书，并加了编者按语："伟大的俄国社会主义作家马克西姆·高尔基给《人道报》编辑部，同时也给《前进报》、布鲁塞尔《人民报》、罗马《前进报》编辑部，以及各主要的社会主义报纸，寄来了下面这份激动人心的呼吁书，这是向世界各国工人发出的呼吁。"

高尔基在柏林外国朋友举行的多次宴会上致答词时，多次谈到俄国革命和必须援助自由战士的问题。

他在告法国工人书上写道：

"俄国工人，作为全世界工人的先锋队已经投入了战斗。

“他们的胜利和失败——你们都是了解的，你们也清楚，他们付出了多少力量，而且还要付出多少力量；你们清楚，他们洒过多少热血，而且还要洒多少热血。

“他们已经给予敌人以沉重的打击，但敌人还是强大的，因此在俄国工人面前还有很多艰苦的战斗。

“面临的战斗爆发得愈快，那么革命的风雷就会愈迅速地响遍大地。如果俄国工人获得胜利，那么全体欧洲工人，乃至全世界工人都可以从中得到鼓舞和力量，并能从中取得教训……”

高尔基说，俄国走在世界解放运动的最前列，俄国的工人也走在全世界工人的最前列。

对于沙皇政府来说，在对日战争失败之后，正是财政危机极深的时期。

沙皇政府能不能继续维持政权，能不能重新组织力量向革命运动进行反扑，这个问题在很大程度上取决于欧洲资产阶级是否帮助沙皇政府。

因此，高尔基在欧洲发表宣言：《不要给俄国政府贷款》。

“一个政府失去了人民的信任，而又不甘心把自己的权力交还给人民，实际上它只不过成了一个政治帮派……

“自命为俄国政府的这个帮派，还能靠军队来维持残局，但它现在已经没有财力来和人民做斗争了。这就是它求救于欧洲的原因。欧洲却说：

“‘首先我要看到你们的局面稳定，然后才给你们钱……’

“俄国政府在急需要钱的压力下，于是玩起了人民代表制这个极其卑劣的把戏。

“你们分文也不能借给俄国政府！这个政府和人民没有关系，而且亿万人民心中认定这个政府早已灭亡……

“请你们不要犯这种历史性的错误，不要开此先例，犯这种错误既不值得，又十分可耻。

“不能借钱给罗曼诺夫王朝供它去杀人……”

高尔基对外宣传反对给沙皇政府贷款，因为布尔什维克估计到，外债将在政治斗争中起很大作用。符·伊·列宁早在一九〇五年三月就谈到，欧洲的资本主义给俄国独裁政权发出最后通牒，敦促它对自由主义让步。

“他们希望俄国能建立一种温和的、井井有条的资产阶级立宪的（或者似乎是立宪的）秩序。”

高尔基在法国发表的给阿纳托利·弗兰斯的一封信中说：

“议会选举公开而无耻地弄虚作假，因为政府需要议会，只是为了让欧洲给它贷款，用来继续和人民做斗争。”

美国十分热烈地迎接了高尔基的来访。一艘满载着各资产阶级报纸记者与采访员的快艇，从岸边开出，迎着高尔基乘坐的轮船开去。他们将这位俄国大作家对纽约的访问，极力描写成当前一件耸人视听的新闻，完全不问高尔基漂洋过海访问美国的政治目的。

美国民主力量的代表人物，对待高尔基的来访，所持的是另一种态度。

一到美国，在纽约、波士顿、费城，一连举行了多次群众大会，高尔基出席并讲了话。

如高尔基在给列·鲍·克拉辛的信中所讲的，在纽约第一次群众大会上，就募集了一千二百美元。

但是，美国反动资产阶级的爪牙，配合沙皇政府，千方百计地破坏高尔基的宣传。侨居美国的社会革命党人也卖力地参与了反对高尔基的活动。

还在高尔基到达美国之前，俄国大使馆就串通移民局的官员，极力制造限制高尔基入境的法律根据，因为美国法律有一条是禁止“无政府主义者”进入合众国国境的。结果却枉费心机，因为难以将高尔基说成是“无政府主义者”。不过，大使馆并不肯就此善罢甘休。

高尔基给伊·巴·拉特日尼柯夫写信说：

“华盛顿俄国大使馆一定要将我驱逐出美国才肯罢休，此处暗探多如牛毛，我收到几封信，是用道地的俄文写的，警告我说，要对我下毒手，这倒是说明了，我一定能搞出一点儿名堂来。”

居心叵测的走狗们挖空心思千方百计地在资产阶级圈子里造谣诽谤，败坏高尔基的名声。

高尔基给叶·巴·别什柯娃写信说：

“实际上，是俄国驻纽约领事馆买通了此地一家极有影响力的报纸，这家报纸在一些下流的美回报刊中掀起了一阵喧嚣。”

高级饭店的老板也出来配合资产阶级报刊的喧嚣，将高尔基逐出了饭店。美国资产阶级和俄国大使馆打出这一阵棍棒，实指望高尔基被迫离境。

“我决不后退。要么，就把我强行驱逐出境，要么，我就全胜而归，哪怕就在此地待上一年……那也无妨！要像一个鞑靼人那样硬，宁折不弯，不能像一条狗，委曲求全。”

高尔基面对资本家和无耻之徒的攻击，表现出大无畏的气概。“资产阶级报刊发表文章，蛊惑群众，说我是无政府主义者，要把我赶走，赶回大西洋东岸。”

被赶出饭店之后，已是深夜，高尔基及其一行来到大街上，高尔基记起，离此不远处，似乎有一个作家俱乐部，不久前他曾同老作家马克·吐温带领的一批青年作家一起在这里举行过宴会。

作家俱乐部安顿他住了下来，这里还住了几位新作家。

“每天晚上，在‘俱乐部’宽敞的前厅里，壁炉前，围坐着一群年轻作家，一些采访员也常到这里来，我给他们讲俄国文学和革命情形，讲莫斯科起义……报刊采访员们一面听，一面记，最后叹一口气，十分遗憾地说：

“‘这简直动人极了，可是，我们报纸是不会登的……’”

高尔基问，为什么他们不能在报纸上如实地报道莫斯科起义——要晓得，“这一事件，很可能象征着二十世纪今后的前途”。记者们对高尔基说，他们一切取决于东家——资本家，为了迎合读者的趣味，扩大销路，必须搜寻个人丑行秽闻。

通过这些谈话，高尔基可以说是对美国新闻工作者有了相当的了解。

在美国各大城市里，工人群众和黑人居住区的居民，总是热情洋溢地欢迎高尔基。

高尔基在做宣传工作的同时，并没有中断艺术家的工作。高尔基对纽约的初步印象，反映在特写《黄色魔鬼的城市》中，这篇特写成为他的一组辉煌的政论作品《在美国》的第一篇。

应当说，在俄罗斯和世界文学中，高尔基第一次表现美国资产阶级和帝国主义的支柱——美国的“文明”,他以极其犀利的笔触揭露其剥削实质,对资本主义最高发展阶段的代表人物表现了极大的轻蔑,表现出无产阶级的仇恨。

高尔基的艺术观察力之深刻与敏锐是十分惊人的,透过光怪陆离的外表,看出美国资产阶级文明危害人类的、残酷的实质,看出其虚伪和欺骗性。

“好像在城市中心一个什么地方,一块硕大的金锭,夹着令人迷醉的叫声,以惊人的速度在飞舞旋转,他朝大街小巷喷撒细细的金粉,于是人们一天到晚贪婪地在寻觅、捕捉、争夺这些细碎的黄金……这块黄金,便是这座城市的心脏。全部生活,都靠这颗心脏的跳动,生活的全部意义,都在于扩充这颗心脏的体积。为了这一点,人们白天黑夜地挖掘土地,打铁,盖房子,呼吸工厂的烟尘,有时还吸进污染物,吸进有害的空气……这种龌龊不堪的处境,使人精神萎靡,使人成为黄色魔鬼手中得心应手的工具,成为黄色魔鬼的金矿石,黄色魔鬼可以不停地从其中提炼黄金,为自己添子添孙。”

文章中这一中心形象,恰像是整个资本主义美国的一种象征。

在另外一篇特写《百无聊赖》中,描写了星期天的一个娱乐场所。许多人在这里观看表演,这座城市里此类表演有一个目的:教导人们,生活在世上要和气,要听资本家老板的话……

高尔基忙于别的事情,没有全部写出他已构思好的《在美国》这组特写。为俄国革命募的款,由于反动资产阶级的捣乱,没有达到预定的数额,——总共才募集到一万美元。但是,在美国这段时间里，他写成了《母亲》。

他还写了剧本《仇敌》和一组讽刺小品《我的访问记》。

在一篇小品中，他同一位百万富翁进行“谈话”，又谈起美国。通过这位百万富翁（“合众国的大王之一”）的形象，高尔基怀着极大的蔑视心情，层层深入地揭示出美国金融巨头的思想体系。

我们可以看到一位“合众国的大王”的面貌，听到他公开发表对科学、哲学、宗教、艺术的看法。

为了说明金元帝国美国的优越性，百万富翁说：“美国人——是世界上最优秀的人。美国人的钱最多。谁也没有我们这么多的钱。因此全世界都要来祈求我们……”

从美元到世界霸权——高尔基早就指出了美国资本家要走的狂妄道路。

谈到社会主义者时，百万富翁也是很狂妄的：

“有一个好政府，就不应当有社会主义者。可是在美国，社会主义者越来越多了。这就是说，华盛顿办事的人没有很好地尽到责任。应当剥夺社会主义者的公民权。”

如今美国资本家正在迫害美国共产党，正是要千方百计地剥夺共产党人的公民权。

谈到黑人，百万富翁也是同样不可一世：

“我们处死黑人，只因我们看到他和白人相处随随便便。于是马上就用绳子将他的脖子一勒，给吊到树上了事……决不姑息！如果遇到有伤体统的事，我们是决不马虎的……”

高尔基就是用这样辛辣的笔触，痛斥了美国资本家。

资产阶级报刊驱逐高尔基的目的没有达到，急得不择手段了。

高尔基在一封信中写道：

“这会儿他们又在报纸上骂起我来。我在此地一家杂志上发表了一篇关于纽约的文章，标题是《黄色魔鬼的城市》。他们不大喜欢……黄色报刊发疯似的攻击。在我住的楼房大门上，有人贴了很不礼貌的标语，将我骂得一塌糊涂。”

一九〇六年五月，传来一个消息说，沙皇政府终于得到了法国政府的贷款。

列宁就这件事写道：

“……立宪民主党人在一九〇六年春天帮助政府借得了二十亿法郎，用来枪毙人，用来作为战地法庭和讨伐队的经费。”

高尔基写了一篇杂文，作为对此事的回答。这篇杂文中说，在俄罗斯知识分子传统的观念中，法兰西是自由与文明的化身，而如今的观念是，法兰西是扼杀俄国革命的帮凶，二者相比，何其不同。

“法兰西！对于一切正直和勇敢的人来说，这是一个多么亲切的字眼儿，就像是听到了热恋中的未婚妻心爱的名字一样。你的历史上出现过多少伟大人物！你奋起战斗，世界人民都为之欢欣鼓舞，你遭受苦难，世界人民都感到十分难过。

“你为正义而战，表现得多么英勇，多么顽强，为争取自由而战，多少忠实的儿女流尽了热血。

“你贪得无厌地追求黄金，使你的名声一落千丈，银行大亨插手国事，玷污了你正直的灵魂，用巧取豪夺的污水浇灭了你心中正义的火焰……

“伟大的法兰西，当年曾经是世界文明领袖的法兰西，你可晓得你干的这件事是多么卑鄙龌龊？

“你伸出这一只卑污的手，暂时地拦住了一个国家走向自由与文明的道路……由于你的黄金，俄国人民又要流血。

“让俄国人民的鲜血，给你那虚伪的脸上憔悴苍白的两腮，涂上一点鲜红的颜色，永远作为可耻的标志吧！……

“我这里也向你唾一口，这一口是血，是胸中的怒火！”

高尔基的这篇杂文，在法国资产阶级报刊上引起了轩然大波。教授、新闻记者、社会活动家争先恐后地表示愤慨和震怒，因为这位革命者对他们的国家竟是如此不恭。

他们说，法国人不是很喜欢高尔基的作品吗？并且为释放高尔基花了不少力气，法国人热爱高尔基，可是高尔基却是这样忘恩负义！有一个新闻记者甚至说，他为了看《底层》的演出，曾花过五十法郎去买一个池座。

高尔基写了一篇文章《致日·里沙尔、茹柳·克拉列季、列涅·维维安诺先生及法国其他记者们的公开信》，来回答这些责备。

“我写了一篇文章，讲的是法国政府和金融资本家贷款给尼古拉·罗曼诺夫[①]，帮他筹建军事法庭、安排血腥镇压和各式各样的兽行，我的文章惹得你们摇舌鼓唇，在你们的墨水瓶中掀起了轩然大波，这一切我都知道了，你们对我的反驳，我统统拜读过了，不过……你们用不着高兴！……

“你们说：‘高尔基蹲监狱的时候，我们维护过他，可是他，

①指当政的尼古拉三世。——译者注

唉……’

“‘我对你有恩,你就要报答我的恩典!’——这就是你们话里的意思。可是我竟全无报答之意,而且,你们施恩于我,我认为全是误会……

“因为,我们是敌人,而且我相信,是不共戴天的敌人……

“我看,这几句话完全准确地、永远不变地说明着我们之间的关系。”

然而高尔基在回答法国历史学家奥拉尔的信中,却解释说:

“看起来,你理解错了,认为我是指责整个法兰西的。怎么会以为我这样天真。我懂得,统治阶级、政府及其忠实的奴仆们奉行什么政策,人民是概不负责的……

“我指责的是银行家、金融资本家的法兰西,警察局与各部部长的法兰西,我羞辱的是当年侮辱爱·左拉的那个法兰西,正是那个法兰西,在普鲁士国王和随便哪一个入侵者面前战战兢兢,丧失民族气节,如今只是一心想着自己的安逸和法郎的安全……

“俄国革命的发展将是缓慢的、持久的,但是俄国的革命将以人民的胜利而告终。

“我相信,俄罗斯人民绝不会偿还法国银行家的贷款,因为已经付出了自己的鲜血作为代价。

“决不偿还。”

第三章

一

高尔基多次发表这样一些言论，一再显示自己属于布尔什维克社会民主党，不用说，返回俄国是完全不可能了。他于是到了意大利。

意大利人成群结队地在大街上热情欢迎高尔基，许多素不相识的人向他致意，同他握手。那不勒斯还举行了欢迎高尔基的群众大会。

一家意大利报纸援引了高尔基在群众大会上答词的结语：

"大家谈到我的革命活动，我感到又激动又惭愧，因为在俄国革命大军中，我只是普通一兵。你们所表示的敬意，我认为是向俄国革命致敬。我个人，我并代表我的祖国，代表全世界无产者，向你们表示感谢。"

高尔基在给叶·康·玛林诺夫斯卡娅的信中写道：

“我们的祖国，是一个很好的国家。您可知道？现在，它在全世界音乐会上是演奏第一小提琴的角色，它还要这样演下去，而且，我相信，会演得像开头一样好。”

高尔基在喀普里岛住下来，成了一个政治侨民。

反动势力的气焰日益嚣张，使他的作品越来越无法和俄国读者见面。许多小说根本无法在俄国发表，如：《一月九日》，杂文《俄国的沙皇》，《中篇小说的一节》——对士兵讲的故事，《斥候》。

短篇小说《斥候》反映的是十二月起义：黑魆魆的楼房，街头的火堆，前来屠杀工人的士兵，士兵们胆战心惊，全不明白这一切是怎么回事。

中篇小说《没用人的一生》，写的是保安机关的活动，只允许付印了三分之一。读者只读到小说的开头，简直无法想象整个作品究竟是怎么回事。

剧本《最后一代》刻画了一群专制警察制度的奴才。这个剧本曾经出版，却禁止上演。

《仇敌》一剧也是绝对禁止上演的。

高尔基回忆说，他曾经无法理解，现实社会的矛盾会发展到极点。可以说，《仇敌》一剧便是十分真实、十分出色地第一次表现了发展到极点的俄国现实社会的矛盾。

在俄罗斯文学和世界文学中第一次表现出一批新人，他们同“生活的主宰者”进行了“自觉的、不懈的、彻底的、你死我活的斗争”。指望“生活的主宰者”实行人道，农民请求政府开恩，工人要求老板仁慈，还有列宁称之为“托尔斯泰主义的历史罪过”的那种精神，全都成了过去。

《仇敌》一剧，其手法之简洁是十分惊人的——且看工人列夫申和雅高金同工厂厂长的侄女娜佳的对话：

“娜佳：我叔叔怎样？……他不是很和气吗？是不是他……也得罪了你们？

“列夫申：我们没说他得罪我们……

“雅高金：（阴郁地）对我们来说都是一个样。不管是严厉，还是和气……

“列夫申：（温和地）严厉的——是老板，和气的——也是老板……凡是乌鸦都一般黑……小姐，你叔叔是个挺漂亮的男子……可是他漂亮他的，不能抵我们受罪……”

这两位工人十分简洁、十分精确地说出了他们所了解到、所体会到的真理。

剧中所表现的这两位工人，代表的是在布尔什维克影响下日益团结起来的群体。党派来的布尔什维克辛佐夫在领导着工人们。剧情是波澜起伏的。第一幕杀死了厂长，工人要将工厂烧掉，可是辛佐夫将工人的斗争引导到布尔什维克反对无政府主义的轨道，剧情一步步进展，同时也将无产阶级反对资本家的斗争渐渐推向高潮。该剧正是一九〇五年第一次俄国革命事件的反映[①]。

一九〇五年末，高尔基在一封信中写道：

---

①鲍·瓦·米哈伊洛夫斯基在一篇评论《仇敌》的文章（《第一次革命期间马·高尔基的戏剧》，1951年）中证实说，奥列霍沃祖耶沃的莫洛佐夫工厂事件，是该剧事件的原型。例如，一九〇五年二月，杀死厂长纳扎洛夫，随后就举行大罢工，罢工中工人们坚决要求解雇技师戈列夫。斗争过程中，厂方曾经宣布解雇大批工人，也有传闻说，工人要炸毁纺纱车间。社会民主党委员会在许多环节中领导着这一斗争。——作者原注

“真理是纯洁的。一切伟大的事物都是纯洁的。人民像天空那样纯洁。对待人民必须忠实,必须言行一致……”

高尔基的小说《母亲》,便是要说明像天空那样纯洁的真理。

高尔基写出了俄国革命工人运动这样广阔的画面,不仅是因为二十世纪初他在尼日尼和索尔莫沃进行了广泛的观察并积累了丰富的感受,而且是由于他深刻地研究了全国的现实生活。

高尔基在这部小说中,表现了一个普通青年工人巴威尔·符拉索夫成长为一个坚定的革命者、一个布尔什维克的过程,表现了工人群众的觉醒过程,表现了布尔什维克的地下工作,表现了布尔什维克骨干力量的成长和壮大。一九〇五年革命失败后写成的《母亲》,乃是高尔基对于俄国社会主义革命即将取得胜利所做的预言。

小说的中心形象是母亲符拉索娃——一个普通的妇女,受丈夫压迫,受宗教迷信思想束缚。但从她多方照顾儿子的行动,可以看出她秉性聪慧,内心世界极其丰富,一旦看到儿子和儿子的同伴们被捕,她的阶级意识迅猛觉醒。后来她自己毅然决然也走上布尔什维克革命斗争的道路,担负起儿子的工作。

作为艺术家的高尔基,通过一位普通的俄罗斯妇女,工人的妻子和工人的母亲,写出了一九〇五年革命者的形象,因而这一形象成了世界文字中最感人的一个形象。

一九〇六年秋天,高尔基正在写《母亲》的时候,给叶·巴·别什柯娃写信时,谈到一个未收入小说中的场面,他这样写道:

“后来,她因为参加革命活动受审判,她要发言,讲一讲全世界孩子们[1]认识真理的过程。”

母亲相信真理一定能胜利,这一点正是社会主义现实主义的重要因素之一。

一九〇五年十一月十三日,符·伊·列宁在《新生活》报上发表《党的组织与党的文学》一文,文中号召:

“打倒非党的文学家!打倒超人的文学家!文学事业应当成为无产阶级总的事业的一部分……成为有组织的、有计划的、统一的社会民主党的工作的一个组成部分。”

列宁揭穿了资产阶级作家依赖钱袋、接受收买的“自由”,号召创立真正自由的、公开站在无产阶级一方的文学。

“这将是自由的文学,因为它不是为饱食终日的贵妇人服务,不是为百无聊赖、胖得发愁的‘几万上等人’服务,而是为千千万万劳动人民,为这些国家的精华、国家的力量、国家的未来服务。”

不能不看到,高尔基创作这部小说,正是响应列宁的号召的。《母亲》是真正面向无产者,面向千百万劳动者的,因为他们是“国家的精华,国家的力量,国家的未来”。

巴威尔·符拉索夫的原型,基本上就是工人巴·阿·扎洛莫夫,是索尔莫沃党组织领导人之一;尼洛芙娜的原型,就是扎洛莫夫的母亲,是党组织的一个工作人员,负责分发文件,执行过其他许多重要的、带有危险性的任务。

小说中描写的示威游行,取材于一九〇二年闻名的索尔莫沃

①在母亲眼里,巴威尔是她的孩子,工人们也就成了她最心爱的“孩子们”。——译者注

五一节示威游行，取材于高尔基从克里米亚回来，前往阿尔扎马斯流放地受审，在尼日尼停留时看到的一些情形。

高尔基积极为示威游行者进行法律辩护。一九〇二年十月十四日，他就审讯五一游行参加者一事，发表了一份呼吁书。

但这是一部艺术作品，这部作品具有世界性的宣传意义，通过俄国革命者的一系列形象，表现出火样的热情，无比高尚的道德品质，自我牺牲的英勇精神，对自由对祖国的无限热忱，从此俄国工人阶级的旗帜、工人阶级斗争与光荣的旗帜赢得了崇高的评价，而对于这样一部艺术作品来说，历史上实有的人物和事件，仅仅是为创作提供了一些基本轮廓。

列宁在《论大俄罗斯人的民族自豪感》一文中写道：

"我们感到自豪……因为大俄罗斯工人阶级在一九〇五年创立了一个强大的群众性的革命政党……我们满怀着民族自豪感，因为大俄罗斯民族……证明了它能给人类做出为自由和社会主义而斗争的伟大榜样……"

俄罗斯人民因为具有扭转乾坤的力量而感到自豪，在高尔基的小说的许多艺术形象中，都体现出这种自豪感。

在俄罗斯文学中第一次表现出工人是自己国家未来的主人，是祖国历史的创造者。

但是小说中所表现的不只是工人。

高尔基描写出农民流动和农村分化的广阔画面。贫苦的农民开始意识到，工人不是他们的敌人，而是他们的带头人。在工厂做临时工的农民雷宾，受到工人思想的熏陶，回到农村宣传革命。高尔基曾写道："在一九〇七——九〇九年间，斯托雷平部长[1]绞死不少雷宾;许多雷宾在国内战争时期成了游击队队员。”

列宁在一九〇九年说,高尔基“以其伟大的艺术作品,将自己同俄国及全世界工人阶级紧紧地联结在一起”,这毫无疑问,首先指的就是不久前问世的小说《母亲》。

前三期的《知识》文丛只不过发表了《母亲》的第一部,出版之后,彼得堡出版事务局就予以扣留,一九〇七年八月三日并提请司法院检察官以“散布有害文字,煽动犯罪,煽动工人仇视有产阶级,教唆造反及图谋叛逆行为”的罪名,对高尔基起诉。

因此,在《圣彼得堡市政厅公报》上,登出了一条有趣的通告:

“圣彼得堡地方法院依法通缉尼日戈罗得油漆作坊手艺人阿列克塞·马克西莫维奇·别什柯夫(即马克西姆·高尔基)。该犯触犯刑事法第七十三、一百三十二条,及一百二十九条一、四两款。”

“尼日戈罗得的手艺人”就在喀普里岛,这是全世界都知道的,还要发布通告到处缉拿,妙就妙在这里。

既然成了一件“案子”,小说的命运就可想而知了,那就是,后来几期《知识》文丛被大砍大杀,整段整段地被删掉:删掉了雷宾在农村进行宣传和受到警察拷打、对符拉索夫和他的同志们进行审讯等不少场面。

但是即使经过这样的删改,《母亲》还是不能出单行本。到一九一七年推翻专制政权之后,小说才第一次在俄国出版。

---

①斯托雷平——一九〇六年四月起任内政部部长,对革命者进行残酷镇压。因此在历史上称为斯托雷平反动时期。——译者注

符·伊·列宁在付印以前就读过这本小说。

高尔基十分亲切地回忆起他在伦敦第五次党代表大会上见到列宁并且谈起《母亲》的情景。当时列宁“十分亲切地闪动着神采奕奕的眼睛，立即就谈起了《母亲》一书的缺点”。原来，他从伊·巴·拉得日尼柯夫处得到手稿，早就读过了。

“我说，这本书写得太仓促，但我还没有来得及说明为什么写得这样仓促，列宁便点点头表示赞成，自行解释说：快一点写出来，好极了，这本书是非常及时的，许多工人参加革命运动并不是自觉的，有些随大流，这会儿他们读一读《母亲》是大有益处的……接着他郑重其事地问，《母亲》有没有译成外文，给俄国和美国审查机关删掉了多少，他听到说已经对作者通缉，始而皱眉，继而仰起头来，眯起眼睛，发出一阵非常开心的笑声……”

一九〇六年高尔基发表了许多政论文章之后，西方资产阶级人士对高尔基的态度已经是越来越冷淡了，《母亲》的问世，当然更加强了这种趋势。可是《母亲》的问世，却为高尔基形成了十分稳定的、广大的工人读者群。

据安·卢那察尔斯基[①]说，“工人报纸，主要是德国工人报纸，还有部分法国和意大利的工人报纸，将这部小说改编成各种形式，作为报纸副刊或小品文，散发了多至几百万份。《母亲》成了欧洲无产者家喻户晓的书”。

至于俄国的工人读者，那就更不用说了。偷越国境的少数外国版本，或者是《知识》文丛的剪辑本，都像宝贝似的，传来传去，

①卢那察尔斯基（1875—1933年）——苏联社会主义文化奠基人之一。——译者注

被读得稀烂。

这部小说，在历史的重大关头，成为进行革命宣传的重要文件。在俄罗斯革命出现低潮的时候，这本小说是具有特殊意义的：读者被斯托雷平反动政策压得透不过气来，读了这部小说，受到鼓舞，获得了必胜的信念。

至于知识分子，尤其是作家们，高尔基对他们进行了愤怒的、无情的抨击。俄国资产阶级民主主义知识分子，在第一次革命失败之后，政治态度转变之快，是我们难以想象的。

很多作家背叛了民主主义原则。

列·安德列夫的短篇小说《黑暗》，索洛左布的长篇小说《人造的神话》，阿尔则巴舍夫的中篇小说《萨宁》，库普林的短篇小说《海的病》，等等，一齐发了狂，对革命冷嘲热讽，嬉笑谩骂，提倡不要原则，描写色情。

高尔基给康·彼·彼亚特尼茨基的信中说：

"每天都有些预想不到的事——库普林的《苏拉米弗》，'现代派'的诗，列奥尼得[1]的谈话……伊兹高耶夫和别的一些叛徒的文章——每天都有人在你面前站出来，撕掉了伪装，一身的烂疮……真想大喊一声，同这些下流货拼个你死我活，把这些'朝三暮四的东西'捣个粉碎……看来，一个个好像都成了醉汉，发了疯。"

彼亚特尼茨基没有得到高尔基的同意，便在文丛上发表了库普林的短篇小说《学生》，高尔基给他写信说：

"我坚决反对……文学为小市民'效劳'。小市民希望并要求

①即安德列夫。——译者注

库普林之流、安德列夫之流以及其他一切舞文弄墨的人，将过去的日子说得天花乱坠，免得小市民对今后的日子感到恐慌。”

高尔基是极其富有政论家的敏感和热情的，从下面一封表白他当时心情的信中便可以看出这一点：

“看样子，我的慢性神经过敏症越发严重了，我的皮肤出奇地敏感，只要一接触俄国来的邮件，一双手不由得便攥成拳头，胸中就一股劲地发抖——恼怒，鄙视，预感到必定有卑鄙龌龊的勾当……实在说，是因为我热爱俄罗斯文学，热爱祖国，相信祖国的精神力量。这是一种极其深厚的爱。”

高尔基在许多文章中流露出对变节的作家的痛恨和愤慨。

他住在国外，工作着，和党保持着联系。

高尔基以一个享有发言权的布尔什维克代表的身份，出席了伦敦第五次党代表大会。

他在回忆录中，谈到列宁在代表大会上的发言：

“……符拉基米尔·伊里奇快步走上讲坛，喊‘同志们’一词时，发音有点儿不清。我以为他是不善于讲话的，可是过了一会儿，我和所有的人一样，给他的讲话‘吸住了’。我还是第一次听到，能够将那么一些复杂的政治问题，讲得那么简要……

“他右臂向前，微微扬起，手掌像是在掂量每个字眼儿的分量，筛去一些无用的词句，提出有力的论点和证据，说明工人阶级有权力，有义务走自己的道路，不能跟在自由资产阶级后面，甚至也不能并肩同行，——所有这一切都不同凡响，而且经列宁他这么一讲，觉得好像这不是他的个人意见，而确确实实是历史的必然。”

高尔基回到喀普里岛后，给伊·巴·拉得日尼柯夫写了一封信：

“代表大会给我的教育太大了！许多糊涂观念给弄清楚了，孟什维克的许多想法我晓得是怎么回事了，这对我是大有教益的。”

马·高尔基和符·伊·列宁在代表大会上的会面，成为他们两人之间密切交往的开端。

娜·康·克鲁普斯卡娅写道：

“我不记得伊里奇同高尔基在伦敦代表大会之前有没有见过面，但从高尔基参加过伦敦代表大会之后，伊里奇一谈到高尔基，他的脸上总是放出光彩，眼色总是显得特别柔和。”

二

列宁曾经住在离彼得堡不远的芬兰境内，领导俄国国内党的工作，直到一九〇七年年底。沙皇的暗探们到处在搜寻他。一九〇七年十二月，列宁冒了很大的危险，通过冰封的海面，越过国境，再一次出国[1]。

列宁一到日内瓦，就看到高尔基的来信，高尔基一再邀他到喀普里去。

列宁回信说：

“读了您的来信非常高兴。真的，如果能到喀普里去一下该

---

①在苏芬战争之前，芬兰有一部分国土一直在波罗的海东岸俄国一边。——译者注

多好！我一定抽时间去拜访您。可惜目前不能去。我们受托到这里来安排报纸：把《无产者报》从芬兰迁到这里来。我们是选择日内瓦还是别的城市，现在尚未最后决定。无论如何必须加紧进行，新的工作麻烦很多。”

于是出现了一个想法，想请高尔基经常为布尔什维克机关报《无产者报》撰稿。

一九〇八年二月二日，列宁在日内瓦给高尔基寄出一封信：

“我们把您列为撰稿人。您能不能为头几期写点东西（像《新生活》报上所发表的论市侩那样的东西，或者您现在正在写的中篇小说的片段等均可）。”

卢那察尔斯基当时也住在喀普里，列宁给他写过一封十分感人的信，这封信表明，他十分看重、十分希望高尔基为党工作，同时又是多么无微不至地珍惜高尔基作为一名作家的劳动，表现出列宁对他人的伟大关怀。

“您打算在《无产者报》辟一小说栏并委托阿·马克西莫维奇负责，这是再好不过的事，我非常高兴。我也希望把《无产者报》上的文学批评栏固定下来，委托阿·马克西莫维奇负责。但是我害怕，而且非常害怕直接提出这一点，因为我不了解阿·马克西莫维奇的工作性质（和工作爱好）。如果一个人正在从事严肃的、巨大的著述工作，如果琐碎事情，报纸工作，政治评论会危害这一工作，那么妨害和打扰他就是愚蠢和犯罪的行为！”

不过，高尔基并没有参加《无产者报》的编辑工作，主要是因为当时在哲学上出现了分歧。有几位党内文学家（阿·波格丹洛夫[①],安·卢那察尔斯基等)背离了科学的辩证唯物主义,走上了哲学的理想主义。

高尔基曾给《无产者报》寄去一篇文章,谈的正是这一问题。

列宁坚决反对哲学上这一新的流派,但他主张,布尔什维克派的机关报《无产者报》,必须在这些问题上暂时不要介入,要把哲学上的争论和党的工作分开。

根据这一点,他不赞成在《无产者报》上原封不动地刊登高尔基的文章。

他给高尔基写信说:

"我们对于自己派别的工作仍然和从前一样协力进行,因为我们中间没有一个人对于在革命时期所采取的政策表示懊悔。因此我们有责任在党的面前坚持这个政策。我们只有同心协力才能担负起这个任务,并且应该在《无产者报》及党的一切工作中来贯彻这个任务。"

不过,想在党的实际工作中保持团结一致,结果并没有办到;波格丹洛夫一伙同布尔什维克主义的分歧也在策略问题上表现出来了。波格丹洛夫一伙提出要求从国家议会中召回社会民主党的代表,全部转为不合法的活动,而列宁所提出的布尔什维克的策略是,合法活动与不合法活动适当配合。

在这同时,波格丹洛夫、卢那察尔斯基和其他一些人,在高尔基密切配合与帮助下,着手在喀普里建立一所学校,让俄国各地党组织选派工人到这里接受训练,为党的工作培养专门人才。

---

①波格丹洛夫(1837—1928年)是马林诺夫斯基的笔名,修正主义者。其哲学观点曾受到列宁的批判。——译者注

建立一所“党的大学”的这一打算，得到刚从俄国来到此地的尼·叶·维洛诺夫(“米哈伊尔”)的热情响应。

高尔基写道：

“维洛诺夫是一个工人，布尔什维克；蹲过几次监狱；一九〇六年后，在乌拉尔某地，狱卒将他毒打一顿，扔进单人牢房，又剥光了衣服，朝他遍体鳞伤的身上浇了一通浓盐水。他躺在肮脏、冰冷的沥青地上，在盐水中泡了八个昼夜；本来十分强壮的身体因此给弄垮了。”

百折不挠的组织家维洛诺夫，在喀普里养病，略见好转，就动手筹建学校，并且亲自潜回俄国去招收工人。

一九〇七年春末，他招收学员的工作胜利结束，俄国各地党组织选派的学员全部到齐，立即就开学上课。

但是因为学校里讲课的人大多数是“召回派”或者赞同“召回派”的人，于是学校自然变成了这一新的派别开展宣传和组织工作的中心。

因此，在《无产者报》扩大编委会的若干决议之中，有一项决议是根据列宁提议做出的，即《关于在国外某地举办党校问题的决议》。

这项决议强调指出，“布尔什维克派对党校不负任何责任”。

学校中发生了分裂。学员中形成了一批列宁主义者，他们听到列宁声明拒绝去喀普里演讲，便一齐到巴黎去见列宁，因为这时列宁已经从日内瓦来到巴黎。

维洛诺夫同高尔基商量了一下，也跟着他们去见列宁。

高尔基一向对波格丹洛夫的追随者们狭隘的派性观点十分

反感，认为学校首先是布尔什维克的共同事业；出现这样的分歧，他感到十分痛心。

一九〇九年十一月十六日，列宁和来到巴黎的维洛诺夫见面以后，趁他听过维洛诺夫汇报，感受正深的时候，当天就给高尔基写了一封十分亲热、十分鼓舞人心的信：

“我一直深信您和米哈伊尔同志是新派别的最坚决的分子，我也曾觉得要想同这样的派别分子友好地交谈简直是可笑的。今天第一次见到米哈伊尔同志，和他倾心地谈到各种问题，讲到您，我发现我完全错了。过去我只是把学校看作新派别的中心。原来这种认识并不正确，这不是说学校不是新派别的中心（学校是这样的中心，现在仍然是这样的中心），而是说这种说法不全面，没有说出全部真相。有些人主观上想把学校变成这样的中心，客观上它也是这样的中心，但是除此以外，学校还从真正的工人生活中吸收了真正先进的工人。因此，在喀普里除了新旧派别之间的矛盾以外，还存在着一部分社会民主党人知识分子和质朴的俄罗斯工人间的矛盾。俄罗斯工人克服国外的种种纠纷、吵闹、‘风波’等等，不顾一切，想尽办法把社会民主党引上正路……

“亲爱的阿·马·别什柯夫，我从米哈伊尔的谈话中知道您现在心情沉重。客观形势使您一下子就看到了工人运动和社会民主主义的这些方面、表现和形式，而在俄国和西欧历史上，这些东西曾不止一次地使那些信念不坚的知识分子对工人运动和社会民主主义悲观失望。我相信您不会这样。和米哈伊尔谈话以后，我很想紧紧握您的手。过去您用自己的艺术天赋给俄国（而且不仅是俄国）的工人运动带来了如此巨大的益处，今后您还将带来同样的益处,无论如何您绝不要被国外斗争的枝节问题所引起的沉重心情压倒。有时候,实际的工人运动往往不可避免地产生这些国外的斗争、分裂以及小组间的争吵,这并不是因为工人运动内部薄弱或社会民主党内部有错误,而是因为工人阶级借以为自己铸造政党的成分过于复杂。无论如何俄国会铸造出一个优异的社会民主党,而且会比从可诅咒的侨居处境有时所想的更快,可靠性也比从某些外部表现和个别情节出发所设想的更大。"

这时,因为波格丹洛夫及其一伙脱离布尔什维克一派,资产阶级报刊出现了许多谣言,编造得特别起劲的是关于布尔什维克如何对待高尔基和高尔基已被开除出党的谣言。

一九〇九年十二月十一日,《无产者报》为此专门发表一篇短评《资产阶级报纸关于高尔基被开除的无稽之谈》。这篇短评是列宁写的,结尾谈到了编造谣言这场把戏的用心:

"资产阶级政党想要高尔基脱离社会民主党。资产阶级报纸拼命想扩大社会民主党内部的分歧,拼命丑化这种分歧。

资产阶级报纸是白费力气的。高尔基同志用他的伟大的艺术作品把自己同俄国和全世界的工人运动结合得太牢固了,他对这些报纸只能报之以鄙视而已。"

一九〇八年四月列宁来到喀普里的时候,高尔基已经写完了中篇小说《自白》(但还没有发表),小说在艺术方面也表现出波格丹洛夫、巴沙洛夫和卢那察尔斯基的哲学偏见对作者的某些影响。卢那察尔斯基的一些政论作品为他们提出了自己的方针,小说便反映出按照这一方针进行"造神"的思想。

从那时起,有一年半时间,高尔基和列宁没有通信,直到一九

○九年十一月十六日，列宁听说高尔基在喀普里党校闹分裂之后情绪十分消沉，便给他写了那封鼓励他的信。

列宁在随后的一封信中给高尔基详细说明了波格丹洛夫之流的“僵死的政策”，说明他们“不去针对不同的新环境，针对已发生变化的、要求不同方式和不同组织形式的时期采取革命方法，而一味保存（在罐头里）一九○五——一九○六年间的革命词句的策略……”

列宁这些信件，对于高尔基和“召回派”的关系起了决定性的影响，显然在他们的关系中打开了一个真正的缺口。

一九一○年三月二十七日，列宁给维洛诺夫的信中写道：

“同高尔基没有通信。听说他对波格丹洛夫大为失望，明白了他的欺骗行为。您是否有喀普里方面的消息？”

但是恰好就在这时，高尔基恢复了同列宁的友好通信。

他在三月底或四月初写的一封信，已经散佚了，但列宁在回信中对党内一些事情做了详尽的说明，根据这一点便可以判断，高尔基写信给列宁正是想得到第一手的说明材料。

高尔基由于殷切地希望得到列宁的指教，从此和列宁更加亲近了。

三

一九一○年八月一日，列宁给母亲写信说：

“我在那不勒斯衷心地向您问好。我是从马赛坐轮船到这里来的，又便宜，又舒适。就像在伏尔加河上航行一样。我要从这里到喀普里去住几日。”

高尔基时常回忆起列宁在喀普里岛上的情形，列宁是一个极好的伙伴，一天到晚快快活活的，对世上的一切都是那么兴致勃勃，永不厌倦。这段时间，他们恢复了亲密无间的友谊。

“他不论什么事情都是兴致勃勃的……钓鱼，在南方太阳晒得滚烫的喀普里石头路上散步；欣赏黄尝木金黄的花朵和肮脏的渔家孩子。晚上，听人讲俄罗斯，讲农村的情况，他羡慕地叹口气说：

“‘俄罗斯的情况我了解得太少了。除了辛比尔斯克、喀山、彼得堡、流放，——再就不知道了！’”

但是，我们尤其关心的是在喀普里对文艺思想方面的问题进行的一些谈话。能说明这些谈话性质的，只保存了一些片断的材料。

一九一〇年十一月二十二日，列宁给高尔基写信说：

“夏天我们交谈的时候，我曾对您说过，我给您写过一封关于‘自白’的伤心信，但是由于当时开始和马赫主义者发生分裂，信没有寄出去，您回答说‘不该不寄来’。”

后来，列宁给高尔基指出，他在论陀思妥耶夫斯基的一篇文章中，所流露的观点是自相矛盾的，列宁写道：

“谈到神，神的东西以及与此有关的一切，您有一个矛盾，我认为这也就是我们在喀普里最后一次会晤时谈话中我所指出的那个矛盾：您同‘前进派分子’决裂了（或者说好像是决裂了），但没有注意到‘前进派’的思想基础。”

列宁还指出，高尔基一些观点自相矛盾，正是“自白”余波的影响,尽管高尔基在喀普里交谈时自己表示过要否定这本书。

一九三〇年五月十六日,高尔基给娜·康·克鲁普斯卡娅的信,对于当年在喀普里的谈话,是一份十分重要的补充材料:

“他在喀普里同我谈到当时的文学,对我这一代的作家,都能一针见血地说明其特点,毫不留情、毫不费力地揭露其本质,他也指出了我的短篇小说中的一些严重缺点,随后责怪我说:‘您不该把精力花在写一篇一篇的短篇小说上,现在您应该集中精力写一本书,写一部大部头的长篇小说。’我说,我有一个想法,要写一个家庭一百年的历史,从重建莫斯科时期起,一直写到现在。这个家庭的创始人是一个农民,因为在一八一二年游击战中有功,地主取消了他的农奴身份,派他做村长,这个家庭后来出了各种各样的人物:官吏、神甫、工厂主、别特拉舍夫分子①、聂恰耶夫分子②、七十年代和八十年代的社会活动家。他十分用心地一面听,一面问,最后他说:‘这个主题好极了,当然,这很不容易写,那要很多时间,我想,您能写得好的,但我看不出:您要写什么样的结局?现实生活还不能提供一个应有的结局。不行的,这个题材还是革命成功以后再写吧,现在要写一部像《母亲》那样的东西。’”

列宁劝高尔基不要写他所讲的历史题材,指定他写当前政治上最迫切的题材——像《母亲》那样的东西。

我们今天很清楚,高尔基在创作上用了几年的时间来实现这一意图,甚至是想说一不二地实现这一意图——写一部《母亲》的

①别特拉舍夫分子——十九世纪中期俄国一部分进步知识分子成立的一种组织的成员。——译者注

②聂恰耶夫(1847—1882年)主张实行暗杀手段。——译者注

续篇。

一九〇七年,阿列克塞·马克西莫维奇给伊·巴·拉迪日尼柯夫写信说:

“我写好了小说提纲:《巴威尔·符拉索夫》——分成三部:流放,工作,革命。”

高尔基给巴·杰茨尼斯基的信中也谈到这部小说:

“……我有了扎洛莫夫流放时写的信件、他的文学习作,熟悉了两个党的许多工人和最大的一些加庞式的人物:别特洛夫、伊诺柯夫、契列莫痕、卡列林,还有伦敦代表大会的许多印象,但这一切都还是不够的。《夏天》《莫尔多瓦女人》《幻想家》《萨什卡》——都可以算是《儿子》[①]的草稿……”

侨居国外,高尔基无法得到材料;如果喀普里的工人党校对于“前进派”[②]来说,是建立一个新派别的组织中心的一种手段,那么对于高尔基来说,首先就是接近俄国出来的工人的一种手段,寻找他所需要的材料的手段。

列宁就常常给他找机会去接近工人,有一次通知高尔基说,有些俄国工人要来了,请他到波洛宁去:

“自从伦敦代表大会和喀普里办学校以后,您又可以同工人们会面了。”

高尔基要写列宁提出的主题,还是搜集不到足够的材料。

“前进派”在波伦亚党校招收的工人,同高尔基也没有什么接

①《儿子》即上文的《巴威尔·符拉索夫》计划中的《母亲》的续篇。——译者注

②前进派——即波格丹洛夫的召回派,因该派于1910—1917年在国外办《前进报》而得名。——译者注

触。当阿姆菲捷阿特罗夫给高尔基写信谈到他和波格丹洛夫的关系时，高尔基回信说：

“……给他写信——我可不干，因为我早就和他断绝了一切往来，断绝了一切关系。而且和他们全部断绝了关系，但我和工人们还有关系，虽然我不到党校里去，关于这一点我向工人们声明过，说明过不去的原因：我不愿意和我不喜欢的人见面。”

从列宁的信中可以看出，高尔基当时十分热心创办一份大型的布尔什维克杂志。一九一〇年十一月十四日列宁在信中问他：

“工作好吗？我们在夏天谈过的那个杂志有什么结果没有？”

但是要创办大型布尔什维克杂志，资金不足，也没有印刷条件，而列宁又坚决反对同持孟什维克立场的，或者所谓“前进派”的实际上是资产阶级自由主义派的人士进行任何形式的合办。

高尔基曾经有一次同列宁会面，专门商量创办一个出版社和办杂志的事。

谈了很长时间之后，高尔基约定，过一天再来，谁知由于气候太坏，到了晚上他大量咯血，因此第二天他就离开了。

这次会见是在巴黎，是在一九一一年春天，这从列宁的信中可以推测出来。

列宁在四月下旬写的信中说：

“亲爱的阿·马！身体好吗？玛·费来信说您回去后咳嗽等等。但愿您已经康复。”

高尔基从哪里回去？自然可以想到，是从列宁所在的巴黎回去的。

五月底，列宁从巴黎寄出一封信：

“同像马尔托夫这样的孟什维克实行统一是绝对没有希望的，这一点我已经向您谈过。”

创办布尔什维克出版社和大型杂志的事没有能够实现。

高尔基没办法，只好在《知识》文丛上发表作品，虽然他早已看出，发行人康·巴·彼亚特尼茨基无法将文丛办成战斗性的刊物。在文丛上发表了两部写俄国小城镇生活的中篇小说——《奥古罗夫小城》和《马特威·科舍米雅金的一生》。

《奥古罗夫小城》是描写市民这一社会阶层的一部小说。高尔基在喀普里党校讲演时说：“小市民，可以叫作小一点的强盗，对他们来说，好事坏事全都一样，他们生成是一毛不拔的个人主义者，除了他们自己和自己打的算盘，世界上什么事情他们都看不到。”

写的是一九〇五年奥古罗夫小城的生活。传来了革命的风声，惊动了这座风平浪静、死气沉沉的小城。而对于好打架的奥古罗夫市民瓦维拉·布尔米斯特罗夫来说，“自由”就成了无法无天的胡闹。本城的玛雅金们，富裕的市民库鲁古罗夫和巴祖诺夫，挑动布尔米斯特罗夫出来对付小城里开始觉醒的人们，结果是大打出手。

高尔基描写了反动的小市民成为黑帮的过程，描写了城中小市民根深蒂固的守旧势力，苟且偷安的习气，是如何阻挡革命车轮的。

从此以后，“奥古罗夫精神”变成了一个普通的名词，它所代表的便是束缚俄国的这样一种顽固的守旧势力。

一九〇九年是第一次俄国革命以后工人运动最消沉的一

年。但是在第二年十一月，列宁就学生和工人示威游行发表《转变没有开始吗？》一文，指出，从一些迹象来看，一个新的“民主高潮”就要到来了。

他接着又写了《示威游行开始了》一文，他写道：

“无产阶级开始行动了，民主青年跟着行动起来。俄国人民正在苏醒过来，投入新的斗争，迎接新的革命。”

这一年，布尔什维克办起了一份周报《明星报》。这是一九〇七年以来，布尔什维克的第一份合法报纸。这份报纸将工人团结在自己的周围，对工人产生了巨大的影响。

《明星报》整个出版时期不长，多次遭到没收和罚款，因此，出版也是时断时续的。高尔基从《意大利的童话》中选了几篇在《明星报》上发表，列宁给他写信说：

“您能帮助《明星报》，使我万分高兴。我们办这个报困难得要命——内部的、外部的、财政的困难一言难尽，但是，不管怎样，我们还能坚持下去。”

列宁在下一封信中写道：

“《明星报》还将继续办下去，或者出周报，或者出一戈比一份那样的日报。您写的那些精彩的童话，对《明星报》的帮助极大，这使我非常高兴……”

列宁要高尔基写一份《五月传单》（“拿出当年的精神，就像一九〇五年那样……”），谈到写传单，又联想到《意大利的童话》：

“能有像《明星报》上的童话那样的革命传单就好了。”

符拉基米尔·伊里奇·列宁称赞高尔基写的童话是“精彩

的”,这部童话集的卷首题词是安徒生的名言:“什么故事都比不上生活本身创作的故事更动人。”

在那不勒斯,人群扑到电车轨道上,不让车辆行驶,车上工人便拒绝开车;在热那亚,凭手的样子,就能断定是罢工工人的孩子;母亲是生活中战胜一切的源泉,孩子是社会主义者,是意大利的工人,他们能凭味道闻出什么是真理,因为真理总是散发着劳动的汗味。——这便是这一组童话的题材。

“……阳光下,熙熙攘攘、五光十色的人流往来如梭,伴随着人流的是一阵阵快活的喧嚣,孩子们在笑,在叫闹,当然不是所有的人都那么轻松,那么愉快,想必有不少颗心紧紧地压在沉重的悲痛之中,不少人头脑里各种矛盾纠缠不清,但是,我们都是为自由而战斗,战斗!

“我们团结得越紧,胜利就越快地来临!”

《意大利的童话》激发工人的锐气,增强他们对自己力量的信心,使他们更加相信很快能战胜现实社会的黑暗势力。

高尔基创作《意大利的童话》,就是打算给工人看的。在准备出单行本的时候,他写道:

“我认为《意大利的童话》对于俄国工人是一本不坏的读物,我很想将俄国版本弄得特别细致些,这个夏天我要全部用来做这件事。”

一九〇八、一九〇九、一九一〇年,以斯托雷平为首的反革命势力,残酷地镇压工人和农民。斯托雷平反动势力对革命者跟踪暗探,滥施绞刑、流放,企图让一九〇五年的局面永远不再出现。

作为对反动势力的回答,高尔基写了这样一些暴露性的作品，如《没用人的一生》《最后一代人》《瓦萨·日列兹诺娃》，如《奥古罗夫小城》《玛特威·科舍米雅金的一生》。

但在一九一〇年，高尔基就写了一个剧本《古怪人》，高尔基为剧中一个角色、作家马斯塔柯夫安排了这样一段台词：

“我真是幸运，我生活在这里，且看，我们的俄国，我们可爱的、光荣的祖国，正是雷电轰鸣，波涛汹涌……我看到的是一张张逗人喜欢、特别叫人心爱的俄罗斯人的面孔……一代极不平凡的儿女正在成长——你有没看见？……我生活得太愉快了，列娜，这是真话！一场大火未熄，另一场大火又起……我多么想写诗，短诗，长诗，多么想使用壮丽、亲切的语言……我要告诉人们——‘同胞们，不要怕！我们一定要胜利！’”

“一场大火未熄，另一场大火又起……”——剧中作家马斯塔柯夫说的这两句话，显然讲的是一九〇五年那一场革命和即将来到的革命高潮。

观众从舞台上听到这样的台词，必然会联想到国内的情况。

列宁认为一九一〇年夏季罢工和随后出现的一些示威游行，乃是革命风潮的开端。

列宁写道：

“斗争的第一个回合再一次向我们表明，在一九〇五年曾经动摇沙皇政权并且在这次即将到来的革命中将摧毁沙皇政权的那些力量还依然存在。”

四

一九一一年是列宁同孟什维克派、召回派和取消派进行坚决斗争的一年，是为发展和巩固布尔什维克党而进行斗争的一年。现在这一切都是在工人运动出现了新高潮的条件下进行的。列宁写道：

“现在，全体布尔什维克应当更紧密地团结起来，巩固自己的派别，更明确地规定这个派别的党的路线，把分散的力量联合起来，为消除俄国社会民主工党内向无产阶级传播资产阶级影响的分子而战斗。”

沙皇政府的疯狂镇压，使部分党组织遭到破坏，一向主张取消不合法的党组织的孟什维克正好利用这一点。列宁以及团结在列宁周围的布尔什维克进行了坚决的斗争，保卫了党，保存了党的基本骨干。

一九一二年元月，终于召开了布拉格会议，俄国差不多所有地区都有代表出席会议，会议正式宣布布尔什维克为独立的政党。

列宁给高尔基写信谈到布拉格会议的结果时说：

“不管取消派混蛋们怎样捣乱，我们终于把党和它的中央委员会恢复起来了。我想您会和我们一起为这件事情高兴的。”

一九一二年四月勒拿河上的枪杀事件，引起无产阶级怒潮在全国范围内猛烈爆发，随之而来的是规模盛大的五月罢工，五月罢工表明，一九一二年罢工运动来势之猛，绝不亚于一九〇五年罢工运动的势头。

符·伊·列宁给高尔基的信中说：

“俄国正出现革命的高潮，——不是别的什么高潮，而正是革命的高潮。”

一九一二年四月二十二日（公历五月五日），每天一期的布尔什维克党报《真理报》创刊号出版了。这份报纸在帝国主义大战和一九一七年革命前夜，在组织工人群众的事业中，起了特别巨大的作用。

高尔基在一九一三年元月给列宁的信中写道，他已经为莫斯科的布尔什维克报纸筹集到一些款子，并且正设法出版一种最新的文学作品集刊，作为《真理报》的副刊。

高尔基在《真理报》上发表了一些短篇小说，中篇小说的一些片段，以及《意大利的童话》。但是，除此之外，他一直还在想着出版一种大型的布尔什维克杂志，他可以在上面发表大部头的作品，免得在别人家的刊物上发表。

符·伊·列宁曾经给阿列克塞·马克西莫维奇写信，对他所提到的办杂志的事做了回答：

“我们应当从秘密刊物和《真理报》做起。不过我们并不想停留于这种状态。您既然说过，‘现在已经到我们应当有自己的杂志的时候了’，那就请您对这句话负责吧：或者立刻为一个具有一定纲领、一定编辑部、一定撰稿人员的大型刊物拟定筹款计划，或者根据同样的计划着手扩大《启蒙》杂志。

“正确点说：不是或者——或者，而是既要——又要。”

《启蒙》是一种合法的布尔什维克杂志，在此以前只发表社会政治和经济方面的文章。高尔基答应为《启蒙》开辟一个小说栏，并答应担任该栏主编。

列宁给高尔基的回信说：

“您能担负《启蒙》杂志的工作，我和这里所有的人都非常高兴，坦白地说，我曾经这样想过：只要在信中和阿·马谈到我们的小杂志或不像样的杂志，他的兴致一定会低落。我后悔，后悔不该有这样的想法。”

列宁在给尼·加·鲍列塔耶夫写信时告诉他说：“现在高尔基非常热心地在为《启蒙》出力，要将《启蒙》办成一种大型杂志。”

可是列宁和高尔基的这一愿望并未实现，一方面因为资金不足，一方面是一九一四年的战争迫使杂志停刊。高尔基认真负责地主持着小说栏，直到停刊为止，他还热心地为《真理报》撰稿。

“俄罗斯将成为大地上最光明的民主国家！”——高尔基曾经这样表达过他对俄罗斯的未来，对俄罗斯人民的未来的信心。

即使在侨居国外时期，在斯托雷平反动时期，他一直在文艺作品中，在政论文章，在书信中，在一切工作中宣传这一理念。

“一切来之人民，任何成功都靠人民的力量……”——这是中篇小说《士兵》中一个英勇的女宣传员维拉的话。

在同名的一个短篇小说中，有一个男宣传员费陀尔·嘉金，有人问他是不是老信徒，他回答说：

“所有的人民都是老信徒！老早就相信真理最有力量，这种信念已经是根深蒂固了，——我讲的是劳动人民，大地上的一切，都是他们创造的，是他们培育的……凡是来自人民，用他们伟大的劳动和经历了巨大的痛苦所创造的一切，都是所向无敌的！永远无敌！直到最后胜利……”

在高尔基的每一部作品中，总是用这种或那种形式，表现出这样一种对俄罗斯人民强大的，尽管暂时还潜藏着的力量的强烈信心。

一九〇五、一九〇六年以后，同仁出版社的大多数作家都星流云散，还有几个走上了反对革命，反对民主运动的道路。工人阶级的觉醒，革命春风的吹动，也惊动了这些人。列·安德列夫在和高尔基分道扬镳之后，一九一一年八月十二日，一时良心发现，给高尔基写信说：

“你现在要是能在俄国，你还是能把俄国文学界失散的力量召集起来的，就像当年筹办《知识》文丛时的情形那样；你能再一次把人召集起来那有多好……你流亡国外，简直是无法弥补的损失。”

列·安德列夫是如此看重高尔基在文学界的组织作用和感召力量。

继《奥古罗夫小城》和《玛特威·科舍米雅金的一生》这两部精彩的中篇小说之后，高尔基又写了一组短篇小说，后来总题名为《俄罗斯漫游散记》。在这组小说中，像早期那些作品一样，重新写起漫游的主题，但是这一次是从更高的创作角度来写的。

高尔基一方面深入刻画俄罗斯人的心理状态，揭示出人民丰富的创造力不能充分发挥的社会根源，同时从十分广阔的角度描画出使人振作、使人奋发的俄罗斯大自然。

高尔基在《启蒙》杂志上以《称心的漫游》为题发表过这一组小说，其中有一篇《航行》，描写了渔夫们从里海返回故乡伏尔加上游的情景。

一条双桅帆船上，一个身材魁伟的小伙子，背靠大桅坐着，紧傍小伙子是一个年轻女人正在挖鱼肚肠，周围是一些健壮的、似生铁铸成的汉子，他们经受过热风的炙烤，经受过海洋苦水的浸泡。

这样的渔夫，俄罗斯在平静中蕴藏着力量的这一画面，俄罗斯肥沃的土地，这一切都描写得那样瑰丽，那样富有诗情画意，完全可以列为世界艺术珍品。

在二十世纪头十年间，高尔基写过一篇长诗，诗中主人公是传说中的壮士瓦西里·布斯拉耶夫。

在壮士歌中，歌颂这位壮士道：

妈妈送他去学识字，
他学会了识字。
叫他学写字，
他写字写得很好。
叫他学唱圣歌，
他唱歌唱得呱呱叫。

这种歌颂俄国壮士奋发有为的力量的情调，使高尔基十分喜爱。在这首长诗中，布斯拉耶夫幻想着劳动的威力，劳动能够将大地打扮得像新娘一样，给她佩戴上绿宝石。

啊哈，要是我的力气再大一点多好！
呵一口气就把积雪融掉，

我要走遍大地，将大地全部耕犁，
我要走一辈子——到处建造城市，
到处将教堂建筑，将花园开辟！

不难看出，这正是高尔基的夙愿，他认为创造性的劳动是有世界意义的，认为俄罗斯人民将做出自己的贡献。

阿列克塞·马克西莫维奇在给康斯坦丁·费定的信中，谈到瓦西里·布斯拉耶夫时说：

"没有更地道的俄罗斯壮士了，一个好小伙子爱上了大地，虽说有点儿调皮，可是活儿干得真漂亮！"

多少年来他一直盼望着能有一位俄国作曲家写一部瓦西里·布斯拉耶夫的歌剧，并期盼天才的俄国演员沙里亚宾[①]能演唱布斯拉耶夫的唱段。

他写道：

"菲·沙里亚宾是一个象征性的人物。出现像他这样的人物，是为了要我们记住：俄罗斯人民是多么刚强，多么美好，多么有才能！这正是一个能和他媲美的人物，这个人顽强地穿越了生活中的荆棘与沟壑，为的是能够豪迈地跨进世界上卓越的人民行列，对着所有的人歌颂俄罗斯，对着所有的人表明，俄罗斯灵魂博大，壮美，绝不是庸碌无为。应当爱俄罗斯，俄罗斯值得你爱，俄罗斯饱含着伟大的力量和动人的美。"

他对自己人民的伟大力量的信念，不是来源于书本，不是来

①沙里亚宾(1873—1938年)，伟大的俄罗斯歌剧演员。他的演唱当年轰动欧洲。——译者注

源于抽象的、一成不变的观念,而是来源于经常不断的观察。他的一双眼睛是极其敏锐的,他的生活阅历之丰富是惊人的。

在喀普里时,他在一封信中写道:

“我们都生在同一个国家,这个国家的亿万人民有着极好的脑袋瓜儿,但是还没有学会充分地运用自己的脑袋瓜儿,这样好的脑袋瓜儿还在白白地被糟蹋。可是,你等着吧,它会像火一样地迸发,燃烧,发出耀眼的光芒!这是势所必然的!”

第四章

一

一九一三年，因为纪念“罗曼诺夫王朝三百周年”，俄国宣布大赦。这次大赦所涉及的政治犯，只不过是那些因为文字狱被判刑或者应当判刑的人。

列宁看了沙皇的“诏谕”，写信给高尔基说：

“好像文学家全都获得了大赦。您应当试试回国一趟，——当然，首先应该了解清楚他们会不会因‘学校’这一类事而对您采取卑鄙手段。也许他们不会指控您。

“对革命的作家来说，能到俄国（新的俄国）走一趟，以后可能给罗曼诺夫王朝以百倍的打击……”

同一时间，团结在《真理报》周围的彼得堡工人发表了一封《致马克西姆·高尔基的公开信》，要求他返回祖国：

“我们深信，接近祖国的人民，接触祖国的土地，必定会有力地推动您的创作。工人阶级中蕴藏着的日益成熟的力量，对于您的创作，是取之不尽的材料来源。”

但是，高尔基肺病恶化，一时还不能回去。高尔基自从一八九六年以来，一直为肺病所苦，到一九一三年秋天，病情特别严重起来。

一九一三年九月列宁给他的信说：

“您在信中谈到的病况，使我非常不安……

“在喀普里休养以后，冬天您要回俄国去吗??? 我非常担心，这会损害您的健康，使您无法工作。在意大利这个国家有没有一流的医生?”

列宁的担心竟是多余的。给高尔基治病的医生伊·马努欣应用他发明的肺病新疗法颇为成功地止住了病情的发展。

不过疾病并没有中断高尔基的写作。他的几部伟大的自传体小说，便是在这一年开始写作的。

上面已经讲到，高尔基在一八九三年写过一些有关自己童年的札记。但是在这些早期的自传性札记中，记叙事件，全是为了慨叹自己身世的不幸。

他扬弃了这种写法。不要写自己，而要写生活，只是把自己写作见证人，这样一种想法，毫无疑问，二十年来，一直萦绕在作者的脑际。

一九〇〇年，出版家康·彼·彼亚特尼茨基请他寄自传时，他回信说：

“我觉得我的生平事迹只能作为一部小说的素材，而且，除了十分遗憾地发表了的一些之外，我再也没什么可以补充的了。”[①]

一九〇六年在美国，在写作《母亲》的时候，他就给伊·巴·拉迪日尼柯夫写信说：

“有不少各种各样的写作计划，并且凑便也想动笔写写自传——美国人要出大价钱买自传版权，据说不下十万美元。”

所以提到钱，是因为阿列克塞·马克西莫维奇一直想着为布尔什维克党募集经费的事，高尔基就是为此事到美国去的。

但是，要按所设想的写法去写一部自传，准备还不成熟。

马克西姆·高尔基一向是先写一些分量不大的短篇小说作为准备，然后动手写大部头作品。

阿列克塞·马克西莫维奇一再说，“学习写作就应该学习写小小说，小小说可以使作者学会用词简练，写得更加紧凑”。

凡是要写大一点的东西，高尔基自己就是采取这一原则的。写《童年》之前，先写成了短篇小说集《一个行人的札记》。

这一次写传记体小说，问题就不仅是将未来的作品在技巧上写得多么高超，多么紧凑，还在于高尔基对他的自传有其独特的写法。

正是如此，第一篇这种类型的小说——《马卡尔生活中的一件事》，就是写于一九一二年二三月间，高尔基将自己写成了一个叫马卡尔的小伙子。从《解冻》《古宾》《老板》这几篇短篇小说中，也可以看出这种痕迹。然后他才动手去写较为接近事实的自传作品。

---

①当时一个姓戈罗杰茨基的人未经高尔基同意发表了他的传记和部分私人书信，高尔基对此十分不满。——译者注

一八八七年高尔基生活中发生了一件事，在以后好多年他想起这件事都觉得惭愧。

高尔基在《我的大学》这部小说中，谈到他写《马卡尔生活中的一件事》这篇小说的用意。

“在这年十二月里我已经下决心要自杀。为了说明自杀的原因，我曾经试写过一篇小说《马卡尔生活中的一件事》。可是我写得不成功，小说写得拙劣、令人讨厌，而且缺乏内在的真实性……里面讲的事情是实在的，可是讲述这些事情的好像并不是我，讲的也好像不是我的事。如果撇开它的文学价值不谈，我倒也觉得这里面有使我惬意的一点：好像我已经能够超脱自己了。”

高尔基挑出自己经历中一件最不愉快的事，并且将这件事公之于众——这实在是“超脱自己”。

他正是以这种态度动笔写《童年》的。

《童年》从一九一三年八月二十五日起，在《俄罗斯言论》报开始连载。

但是，看样子，高尔基正式将这部小说安排进创作日程是在一九一二年年底，是在写作短篇小说《老板》期间，当时阿列克塞·马克西莫维奇给《现代人》杂志主编叶·里亚茨基写信说：

“到秋天我将写出一部大部头作品。”

因为在思想和人事问题上与《现代人》发生分歧，高尔基不得不将小说交由《俄罗斯言论》报发表。

一九一三年夏天，该报发行人伊·德·瑟京赴喀普里找高尔基面谈，商定了这项合同。

高尔基写作《童年》是何等郑重其事，这从他给《俄罗斯言论》报主编菲·伊·勃拉戈夫的信中看得再清楚不过了：

“稿子未能寄出，请多多原谅！原因是健康不佳，因而为《俄罗斯言论》写作的小说，至今没有写完，我是怕由于身体不适将小说写坏了，怕无意中夹杂一些不健康的东西，这是有可能的。”

有意思的是，作者在寄出第四章时，怀疑起这部小说——或者如他在一些信中所称的——《传记》的题名是否正确。

九月间，他给勃拉戈夫写信说：

“寄上传记第四章；本书应当题为《外祖母》，不应题为《童年》。您是否同意改一改书名？”

高尔基怀着深深的热爱，从多方面将阿库琳娜·伊万诺夫娜·卡什林娜刻画成一个性格丰满的俄罗斯人的形象，她感情深厚，正直无私，严肃认真，以至于高尔基一度想将小说改名为《外祖母》。

但是，寄出下一章时，他写信说：

“经考虑，我觉得不必麻烦您了，书名就不用改动了。还是叫《童年》吧。”

《童年》在《俄罗斯言论》报上刊载以后，后来只作过极少的删节，这部小说一直还是报纸上刊载时的原样，这就表明了作者当时写作这本小说是何等深思熟虑。

《童年》这部世界文学名著有何动人之处呢？书中人物吵嘴，打架，打得头破血流，可是尽管如此，为什么《童年》还是如此妙趣横生，蕴含着如此饱满的、蓬勃向上、乐观进取的精神？

“我们的生活是令人惊奇的，这不仅因为在我们的生活中，这层充满种种畜生般的坏事的土壤是如此富饶和肥沃，而且还透过这层土壤胜利地生长着鲜明、健康、奋发有为的事物，生长着善良的——富有人性的事物，这些事物使我们产生十分坚定的希望，相信我们还会有光明的像人一样的生活。”

这不仅是高尔基的预言，而且是小说的基调，小说便是遵循这一基调创作的。

在俄罗斯文学中，有些作家也写过自己的童年——如谢·阿克萨柯夫[①]、列·托尔斯泰、符·柯罗连科。

但是，阿克萨柯夫和托尔斯泰的《童年》，是在家庭的温暖中度过的，着重描写的是人物的个人感受，是书中主人公的悲欢。

甚至柯罗连科，虽然写出了十分广阔的时代画面，在《我的同时代人的历史》一书序言中却做了这样的说明：

“我写的不是我的时代的历史，只是我的时代中一个人的历史，我希望能叫读者事先了解一下透视这一切的角度……这里写的不是传记，因为我并不注意生平事迹的完备；不是自白，因为我不相信真有谁肯当众自我剖白，也不相信这种剖白会有什么益处；不是画肖像，因为很难保证将个人肖像画得惟妙惟肖。”

高尔基无须回答这样的问题——他的小说不是生平传记，不是自我剖白，不是肖像画。他写的是他亲眼见到的一段往事。小说中着重写的不是他个人的遭遇，而是通过他的家庭和他所遇到的许多人的遭遇，反映了俄罗斯人民的生活。

而当高尔基写到他妈妈遭受毒打那一令人寒心的场面时，他写道：

---

①谢·阿克萨柯夫（1791—1859年），俄国作家，著有《家庭纪事》《孙儿巴戈罗夫的童年时代》。——译者注

“回忆起野蛮的俄罗斯生活中这些铅一般沉重的丑事，我有时问自己：这些事值得讲吗？每一次我都重新怀着信心回答自己：值得的；因为这是一些活生生的、千真万确的丑恶事实，它直到今天还没有消灭。这样一些千真万确的事实，要想把它从人的记忆、从灵魂、从我们一切沉重的可耻的生活中连根儿拔掉，就必须对它了解得十分透彻。

促使我描写这些丑事的，还有一个更积极的原因。虽然这些丑事令人作呕，虽然它使我窒息，想把无数美好的灵魂毁灭，——然而俄罗斯人的灵魂仍然是那样健康，虎虎有生气，它正在消灭这些丑事，而且一定能够消灭这些丑事。”

高尔基这种政论性的直接插笔，道出了艺术的真实。他揭示出过去年代现实生活的本来面目及其各种矛盾。

高尔基在全苏作家第一次代表大会报告中说：

“创作使记忆活动达到了这样一种紧张程度，此时记忆活动的迅速足以从知识和印象的蓄积中抽出最突出和最富于特征的事实、情景、细节，并且用最确切、最鲜明、最为读者喜闻乐见的词句表达出来。”

最完美的作品，高尔基才给予崇高的称呼“创作”，《童年》正是他的创作之一。

《童年》实质上是一部无产阶级的作品，这是因为它产生在风起云涌的革命年代，受到了列宁的直接影响。卡什林家年轻的茨冈工人，高尔基的父亲马克西姆·萨瓦季耶维奇和外祖母，如果生活在俄国历史上的革命年代，就会成为《母亲》中的人物。

二

一九一三年十二月底,《童年》一书脱稿后,高尔基离开喀普里回到了祖国。

他的回国,完全出于警察署意料之外。据伊·巴·拉迪日尼柯夫说,高尔基的护照,是他在那不勒斯俄国领事馆代办的,办护照时领事说,高尔基回去必定被捕。

但是政府却慌了手脚,不晓得该怎样对付这被通缉的著名作家:是逮捕呢,是搜查呢,还是按"旧案"起诉?"旧案"因为当事人流亡国外并未了结,但"旧案"要提出来又显得不符合大赦精神。

况且,高尔基回国被发觉时,他已经到了彼得堡。

我们可以在警察署的档案中看到一段记录:

"社会保安局圣彼得堡分局局长报告,上月(十二月)三十一日,阁下知悉之亡命分子、尼日戈罗得手艺人阿列克塞·马克西莫维奇·别什柯夫,显由维尔日鲍洛沃车站乘车抵此,已由该局派员暗地监视。"

高尔基到了彼得堡,在车站上才偶然被几个暗探认出来,这对于保安局是一件丢脸的事,使得警察署大为恼火,质问边境上的宪兵:

"如阿列克塞·别什柯夫此等有名的革命家返回帝国境内,汝等可曾报告?何时报告?报告何人?"

他们不敢逮捕高尔基,却借口写作《母亲》而对"旧案"恢复起诉。这件"案子"拖了很长时间,结果还是不了了之。

政府的仓皇失措是可以理解的，因为高尔基归国受到各方面的欢迎，欢迎信和祝贺信雪片似的飞来，信中一致认为他的归国将推动国内革命高潮进一步发展。

阿列克塞·马克西莫维奇给安费捷阿特洛夫的信中说：

“民主力量对我的欢迎是亲切感人的，仅莫斯科一地来信表示欢迎祝贺的就超过七十件，这里面有面包工人、织袜女工、自来水厂工人，甚至还有‘一群庄稼汉——诺沃多尔日县的农民’。这太使我感动了。”

欢迎信潮水般地涌来，寄信的有印刷技术工人职业协会、期刊与文学工作者协会，来自各个城市：塔鲁萨、诺夫戈罗得、雅库茨克，有尼日戈罗得的各个小组，雷宾流放地一些流放者，还有各报纸、杂志，尽管黑帮报刊咬牙切齿地咒骂，却阻挡不住这股洪流。

莫斯科的一群大学生写道：

“现在正是我们从漫长的噩梦中觉醒的前夜，就在这个时候您回到了我们这里……我们希望春天很快来到，这个希望越来越有了把握，并且我们万分相信，您将和我们一起迎接春天的来临。”

一封工人的欢迎信中写道：

“我们相信，您回到祖国，以及您的创作活动，会增加我们的力量，并且会帮助我们，帮助俄国无产阶级挣脱重重黑暗势力的可恨的桎梏。”

当时还带病的作家，避开了一切群众性的欢迎祝贺，于一九一四年二月，在彼得堡附近芬兰的一个小镇穆斯达米雅基住了下来。

高尔基尽管有病,却已经积极地在着手培养无产阶级新生的创作力量了。

很久以来,所有的初学写作者都殷切地向他求教。在喀普里时就是这样的,稿件从俄国的四面八方寄到这里请他审阅。他不能不处理这大量的信稿。

早在一九一一年,高尔基在《现代世界》杂志上发表一篇文章《论作家的自我修养》。他在文章中写道,在一九〇六年至一九一〇年期间,他阅过的“来自民间的作家”的手稿有四百多篇。

他指出,绝大多数稿件与当时报刊上发表的文学作品截然不同,报刊上的作品带有忏悔性,显得灰心绝望,有的偏重分析,调子低沉,而这些稿件却表现出积极向上,朝气蓬勃的精神。

高尔基认为文化不高并不要紧。

他写道:

“我不是谈天才,不是谈艺术,我说的是真实,是生活,主要说的是这些人,他们对于富有生命力的事物,对于前进中的高尚事物,也就是最富于人性的事物,爱得最真挚,最感人。”

一九一四年,由他编辑出版了无产阶级作家作品第一集。高尔基在第一集序言中对工人们说:

“等到历史向全世界无产者说明,在八年的反动时期中,你们受到多大的摧残,你们又是怎样坚持斗争,全世界工人对你们的坚韧不拔、朝气蓬勃的精神,对你们的英勇顽强,将感到吃惊。”

一九一四年出版了伊·莫洛佐夫的《断锁草》。高尔基在该书序言中写道,看到邮递员送来一个灰色的稿本,那字迹说明是用不惯于写字的手写的，他感到无比的喜悦。“喜悦是因为，不工整的诗，技巧不高的散文，他收到的越来越多了，作者发出的声音越来越高，越来越振奋人心了；可以看出，在生活的底层，人们日益强烈地意识到他们同世界的联系，可以看出，小人物越来越向往伟大的、丰富的生活，越来越渴望自由。”

就在一九一四年，高尔基与谢·别·波德亚切夫结识，帮助他提高技巧，并且要他拿一篇小说，编入无产阶级作家作品第二集。

高尔基在这几年里，精神非常振奋，战斗情绪非常饱满。一九一三年他就写道：“谁也不能否认，俄罗斯已经黑云压顶，预示着一场大规模的暴风骤雨就要来临……”

他在这里，在彼得堡，也在为党，为党的机关报《真理报》效力。一九一四年罢工的浪潮淹没了彼得堡。政府的镇压，使大街上平添了一个个的街垒，工人与军队多次发生冲突。

就在这时，布尔什维克在全国议会的代表阿·叶·巴达耶夫小心翼翼地到穆斯达米雅基去见高尔基：

“我受我们党中央的委托去见高尔基。不仅在报纸方面，而且有一系列其他的党的工作问题，需要他帮助与配合。

我们谈完了正题以后，高尔基一连串问了我许多问题，革命运动形势怎么样，地下工作如何，布尔什维克在议会中有什么活动，布尔什维克代表在议会之外怎样开展工作，等等。但高尔基最关心、最感兴趣的是，厂里有什么动态，工人群众情况如何……我和他谈过的事情，他都办得十分热心，他为当时党的工作，尤其是为《真理报》的出版发行，创造了很大的方便，提供了必要的资金。”

高尔基对帝国主义之间的大战，表现出极大的愤慨，对这场战争的反动阶级实质，进行了最无情的揭露。

《真理报》被完全封闭了，进行了大规模疯狂的逮捕，被捕的人一批一批地流放到西伯利亚。布尔什维克在议会中的代表也遭到逮捕，被判到流放地落户。

高尔基在给被流放的《真理报》编辑谢·瓦·马雷舍夫的信中说：

“总而言之，空气是十分沉闷的。有时候我觉得俄国现实生活从来没有这样需要我，很长时间以来都没有觉得自己有这样大的劲头儿。但是，亲爱的同志，我得承认，有时简直束手无策，两眼昏黑。非常困难……但有些事情还能进行。这主要是因为彼得堡的无产者培养出了一批很好的人。”

最后一句话说明高尔基和无产者一起在进行地下工作[①]。

一九一五年夏天，马雅可夫斯基到穆斯达米雅基去见高尔基，对高尔基朗诵了自己的诗作，高尔基很喜欢他的诗，并受到极大的鼓舞。

高尔基办起了大型的《纪事》杂志，并亲自主持文艺部分，通过杂志聚集了一批年轻力量，他吸收马雅可夫斯基参加了杂志的编辑工作，想方设法在《纪事》上发表他的长诗《战争与和平》——这是一部反对帝国主义大战的出色的新作品。检查机关从杂志的校样中抽掉了这部作品。

---

①一九五七年七十一期《真理报》刊登米·巴甫洛夫的文章《在革命参谋部里》，文中说：1915年年底，由阿·马·高尔基提议，俄国社会民主工党（布）中央委员会政治局工作人员，在我家，谢尔多鲍尔街四号三十五户，建立了秘密联络点。——作者原注

高尔基领导的《帆》出版社，出版了马雅可夫斯基的第一部大部头诗集。资产阶级报刊对马雅可夫斯基的恶毒攻击铺天盖地，高尔基出版这部诗集正是维护马雅可夫斯基，称颂他是一位大诗人。

《纪事》杂志站在国际主义的立场，激烈地反对帝国主义应声虫自由派和孟什维克分子的立场。

一九一六年，在《纪事》杂志上发表了小说《童年》的续篇——《在人间》。

在这第二部小说中，尼日尼-诺夫戈罗得的画面更为宽阔了。书中以极其高超的笔力刻画出商人、神像画工、木匠、泥瓦匠、流浪汉等一系列形象。奥古罗夫精神在人们的生活中不断地被奋发有为的意志和创造性的劳动所战胜——这便是高尔基几部自传体小说的含义。这在工人阶级觉醒和整个民主运动兴起的时代，是配合得再好不过的了。

《纪事》杂志从一九一五年末开始出刊，过了一年，《纪事》杂志和《帆》出版社的活动，已经理所当然地引起了一切反动派、自由资产阶级和“护国主义”集团的痛恨。

战争使高尔基心中浮起层层的阴云，他的心情十分沉重。

他给康·阿·季米利雅捷夫[①]写信说：

“人们天天担惊受怕，由于害怕而互相仇视，变得粗野无礼，人格越来越不受尊重。”

《纪事》杂志多次发表康·阿·季米利雅捷夫的文章，《帆》出版社预定出版他的文集。

---

①季米利雅捷夫（1843—1920年），俄国伟大的生物学家。——译者注

与此同时，高尔基计划由《帆》出版社出版一批青少年读物。为此，他请弗利济奥弗·南辛写哥伦布的生平，请罗曼·罗兰写贝多芬的传记，请威尔斯写爱迪生的传记，请季米利雅捷夫写达尔文的传记[①]。高尔基要孩子们和青年一代晓得，所有的民族都产生过——现在还在产生——伟大人物，都有崇高的榜样。"在你抢我夺，丧失人性，江河日下的今天，做这件事是完全必要的。"——他给罗曼·罗兰的信中这样说。

他还计划出一批小册子，揭露帝国主义战争的真正意图。高尔基曾经谈到出版这批小册子的指导思想是："……应当编写出对资本主义的控诉书，资本主义乃是这场世界惨祸的根本动因，还要指出，资本的互相竞争，就孕育着似此种种惨祸的胚胎。"

在这段时间，他和列宁的往来都通过列宁的妹妹玛·乌里扬诺娃[②]。她常到高尔基这里来传递哥哥的书信和传达哥哥交代的任务。列宁有一封信，谈到他给高尔基送去一本书：《关于农业中资本主义发展规律的新材料》，要求在《帆》出版社出版。这本书已经由《帆》出版社登了出版预告，但在革命前未来得及出版。

一九一六年，列宁送交《帆》出版社另一部著作——《帝国主义是资本主义的最高阶段》，这本书在革命前夕也在《纪事》杂志上登了出版预告。

---

①弗利济奥弗·南辛（1861—1930年），俄国海洋学家，北极考察家。罗曼·罗兰——法国大作家。威尔斯——英国作家。达尔文——英国学者。贝多芬——德国作曲家。爱迪生——美国发明家。——译者注

②玛·乌里扬诺娃（1878—1937年），当时在彼得堡、莫斯科等地做党的工作。——译者注

有一位布尔什维克党中央的代表，当时潜居彼得格勒[1]，多次从高尔基手里获得布尔什维克活动经费，后来他说，阿列克塞·马克西莫维奇在政治上与策略问题上很不老练，工人群众经常到他那里去找他，毫无顾忌地“高谈阔论”，大发牢骚，大谈国事。工人们到高尔基这里来，保安局十分清楚，阿·马·高尔基的住宅四周经常布置有暗探。

黑帮报纸《俄罗斯呼声》发表一篇署名为“尤维纳尔”的文章，是颇有意思的，可以说明对高尔基怀恨到了何等程度。

拿“尤维纳尔”的话说，高尔基出版的一切东西，都可以“归纳”为下述“定理”：

“战争仅仅是对法国、英国、俄国的政府及其敌方德国、奥地利政府有好处……

“对于世界各国无产阶级，什么战争都没有好处。

“于是就谈起了和平，用什么方式取得和平呢，那些‘说法’在正式刊物上连大致提一提都是很不体面的。”

这位“体面的”作者在文章结尾大声疾呼，要进行“谴责”，说这样做“具有真正的爱国意义”。

当然，“尤维纳尔”苦苦要求的不是什么“谴责”，而是要求采取更严厉的警察手段。

果然，这篇文章发表在一九一六年十一月二十七日，十二月一日，警察署署长便要求出版总局写一份对《纪事》杂志的审查意见，以便报告内政部部长。

如果那时不是二月革命“封闭”了警察署的大门，毫无疑问，

---

①彼得堡在一九一四年改名为彼得格勒。——译者注

警察署一定会将《纪事》杂志社封闭的。

三

《纪事》杂志的反战宣传，揭露了包括沙皇政府在内的各帝国主义国家政府的掠夺用心。在资产阶级报刊厚颜无耻地鼓噪“爱国主义”的喧嚣声中，这种宣传，在民主知识分子中，在传播正确认识战争的实质和用心方面，有很大的意义。

这在当时是能够揭发整个国家沙文主义集团的唯一的一份合法刊物，锋芒所指，从黑帮分子到自由资产阶级，以及那些“社会主义”政党的活动家，——就是历史上落得个“社会沙文主义”尊号的那些资本主义的走狗。

但是在二月革命的形势下，杂志的一些领导人乱了阵脚。政治部的责任编辑尼·苏哈诺夫，又是《现代人》的撰稿人，一向自称是孟什维克国际主义者，如今表示拥护资产阶级政府；原来就是“前进派分子”的编辑委员瓦·巴扎洛夫，在二月革命一开始就写了一篇文章，表示希望民主力量参加资产阶级政府。

主持文学部的高尔基，这时在《纪事》上发表了他的自传体小说《在人间》和一些优秀的短篇小说(《可怕的嘴脸》《浅灰色与蓝颜色》《歌儿是怎样编成的》《书》《鸟的罪过》《轻浮的人》等等)。他受到杂志内部许多知识分子文学家的影响，迷失了革命方向。

列宁在一九一六年给阿·什利亚普尼科夫的信中就说过：“高尔基始终是在政治上最没主见而且是感情用事的。”

高尔基因为和布尔什维克的地下组织失去了联系，在二月革命后出版的第一期《纪事》杂志上写道：

“……我们不应忘记，我们都是旧社会过来的人，不应忘记，担负改造国家这项伟大事业的人，在旧社会饱经世故，养成了彼此猜疑，互不尊重，只看到自己鼻子底下的利益。”

互相仇视，粗野无礼，不尊重人格，高尔基给康·阿·季米利雅捷夫信中所讲的情况，那是对市侩和市侩式的知识分子观察的结论。

看惯了帝国主义战争时期这些现象，便用这种眼光看待整个俄罗斯人民群众，看待“九百个俄国县城”的居民，高尔基于是十分担心，担心古老的俄国社会难以实行“新的原则”，因为他一直忘不掉被他描写得跃然纸上的《奥古罗夫小城》。

高尔基在同一篇文章中写道：

“不应忘记，我们生活在千百万庸人的汪洋大海之中，他们在政治上是盲人，对社会问题一窍不通。”

高尔基所看重的不是在革命前夕日益成长壮大的无产阶级大众，对他们在当时的作用估计不足，而是看重资产阶级的作用。“只有和民主力量紧密结合，工作才能顺利开展，不知它是否懂得这一点？……”还有一些类似的说法。

高尔基在这一时期所写的文章，都充满着小资产阶级对社会敌人的轻信。

列宁在这个时期，像笼中雄狮似的，怒火万丈，一直在寻找机会返回俄国。他几乎每天给《真理报》写《远方来信》。外国报纸谈到高尔基有一封信，信中呼吁临时政府和执行委员会尽快缔结和约。列宁读过这篇报道后，写了第二篇《远方来信》，信中写道：

“他们是这样转述马·高尔基这封信的。

“人们在谈到这封充满了流行的庸俗偏见的信时，一定会感到沉痛。笔者有一次在喀普里岛同高尔基会晤时，曾经警告过他，并且责备过他在政治上所犯的错误。高尔基用他无比和蔼的微笑和坦率的声明挡回了这种责难，他说：‘我知道，我是一个不好的马克思主义者。并且，所有我们这些艺术家，都是负不了多大责任的人。’要反驳这种话是不容易的。

“毫无疑问，高尔基是一个伟大的艺术天才，他给全世界无产阶级运动做出了而且还将做出很多贡献。

“但是，高尔基为什么要搞政治呢？

“在我看来，高尔基这封信不仅反映了小资产阶级的极其流行的偏见，而且还反映了一部分受小资产阶级影响的工人的偏见。我们党的一切力量和觉悟工人的全部精力都应当放在同这种偏见作坚持不懈的全面的斗争上。”

列宁在这篇题名为《如何争取缔结和约？》的文章中阐明，只有无产阶级和贫苦农民掌握国家政权后，才能取得“真正民主的、真正光荣的和平”，至于资产阶级临时政府，因为本身天生是帝国主义性质的政府，除了帝国主义性质的和约外，缔结不出任何别的和约。

“建议这个政府缔结民主和约，那无异于向妓院鸨母宣传行善积德。”

我们曾经看到，在一九〇八、一九〇九年间，有些人背叛、变节，有些人惊慌失措，吓破了胆，在这种情势下，高尔基看到俄国社会民主党分裂成若干派别和集团，认为是党的力量削弱了，他为此感到痛心；我们也曾看到，列宁始终不渝地相信工人阶级中蕴藏的力量，怀着这样的信心给高尔基写信，告诉他：俄国工人阶级“无论如何会铸造出一个优异的俄国社会民主党，而且有时会比从可诅咒的侨居处境所想的更快，可靠性也比从某些外部表现和个别情节出发所设想的更大”。

一九一七年高尔基与列宁学说的分歧，其根源在于，对俄国无产阶级在经历了极端反动年代之后，究竟蕴藏着多大的力量，有着不同的估价。

在极其黑暗的斯托雷平反动年代，列宁坚定地相信俄国无产阶级的革命力量，不怕出现任何困难。在二月革命两个月之前，列宁向瑞士青年工人做过一次关于第一次革命的报告，谈到一九〇五年俄国罢工运动的规模时说：

“……这表明无产阶级的潜力是多么巨大。这说明在革命时代，——根据最确切的俄国历史材料，我可以毫不夸大地肯定说，——无产阶级能够把斗争的力量比平时大一百倍地发挥出来。这说明人类直到一九〇五年还不知道，无产阶级在为真正伟大目标而进行斗争、进行真正革命斗争的时候，是可以并且一定会发挥出多么伟大多么雄厚的力量的！”

高尔基对俄国无产阶级当时的力量估计不足，不仅是由于担心有觉悟的工人在反动的小资产阶级中，在“奥古罗夫式”的环境中孤立无援，而且，还因为担心农村无政府状态的自发势力；在高尔基看来，这种自发势力自从帝国主义战争以来越发不可收拾了。这些想法使他产生了这样的估计。

后来，高尔基回忆说：

"一九一七年，当时列宁回到俄国，公布了他的《提纲》①，我想，他这种提纲，是要将数量上微不足道、却有着英雄主义素质的、在政治上受过锻炼的整个工人大军，要将真心革命的全部知识分子，贡献给俄国农民作祭品。俄国这独一无二的积极的力量就这么摔掉了，就像是一把盐摔进了农村这样一个淡水的烂泥塘，无声无臭地溶化掉，消失得无影无踪，对精神、对生活、对俄国人民的历史，一点儿也不起作用。"

高尔基对国内的政治力量和文化力量的状况做了这样的估计，于是认为当务之急的事情是，必须使先进工人同科学技术界知识分子紧密地联合起来，并且认为革命的基本任务首先是创造有利条件，努力促进文化力量飞速发展，促进知识广泛地民主化。

为此，他创立了一系列的事业单位："发展传播有益科学自由协会""社会教育同盟""文化与自由协会"等等。

同样因为这一点，他在《新生活报》②发表的一些文章中，宣传要"刻不容缓地、有计划地、全面地、坚持不懈地"开展文化教育工作，因为这是摆脱目前面临着的社会危机的最可靠的途径。

甚至在有名的一九一七年七月，列宁称之为"整个革命的转折点"的日子里，高尔基还写文章大谈"群众自发的落后趋向"，说人民必须在文化之火中"进行锻炼，才能挺起腰杆，完全摆脱受奴役的状态"。

---

①即有名的《四月提纲》。——译者注

②《新生活报》——孟什维克的报纸，1917年9月起发行，1918年被封闭。与前面所提到的《新生活》报是两回事。——译者注

“怎么又是文化?”——高尔基自问自答说:

“是的,还是文化。我认为没有别的办法,只有文化才能救国,免遭灭亡。”

这里反映的正是“最常见的小资产阶级偏见”和一部分觉悟不高的工人的见解。高尔基竟号召走这样一条道路。

“但是,高尔基为什么要搞政治呢?”列宁在政治斗争的关键时刻愤怒地这样问。

以列宁为首的布尔什维克党认为,工人阶级要走的唯一道路和社会与文化进一步发展的先决条件,乃是由革命的无产阶级和贫苦农民夺取国家政权。

列宁在十月革命前一个月写的一篇有名的战斗性论文《布尔什维克能保持国家政权吗?》,是为了同革命事业的叛徒“新生活派”进行论战的,因为他们喋喋不休地说,“敌对势力的进攻会把无产阶级专政扫荡得干干净净”。列宁进行这场论战,是为了粉碎“新生活派”的论点,使党和群众更加坚定地相信日益壮大的无产阶级革命力量。

“资本家的反抗力量我们已经看到过了,全体人民也看到过了,因为资本家比其他阶级更自觉,他们一下子就了解到苏维埃的意义了,他们马上竭尽自己的一切力量,采取一切办法,用尽一切毒辣手段,以至采取前所未有的造谣诽谤的手段,制造军事阴谋,来破坏苏维埃,消灭苏维埃,践踏苏维埃(在孟什维克和社会革命党人帮助之下),把苏维埃变为清谈馆,长年累月地说些无聊的空话和玩弄革命的把戏来打扰农民和工人。

“而无产者和贫苦农民的反抗力量我们还没有看到过,因为只有当政权掌握在无产阶级手中的时候，当千百万为贫困和资本主义奴役所摧残的人们实际看到和感觉到国家政权落到了被压迫阶级手中，并正在帮助贫民对地主和资本家展开斗争，粉碎他们的反抗的时候，这种力量才会完全显示出来。只有那时，我们才能看出，人民中间蕴藏着多么无穷无尽的回击资本家的力量；只有那时，恩格斯称为‘潜藏的社会主义’的东西才会出现；只有那时，如果有一万个公开的或暗藏的、积极活动的或消极顽抗的工人阶级政权的敌人，就会有一百万个新战士起来和他们斗争，而在此以前这些新战士在政治上是沉睡不醒的，他们一直在贫困折磨和绝望状态中苟延残喘，不敢相信他们自己也是人，不敢相信他们也有生活的权利……”

伟大的社会主义革命的天才预言者、鼓舞者和组织者列宁则是这样讲的。

一九一七年十月二十五日（十一月七日），世界历史上开始了一个新的时代。

第三部

第一章

一

布尔什维克在彼得格勒参加地下工作的活动分子说，在一九一七年革命前夜，高尔基对党的工作帮助是很大的。布尔什维克党中央的代表，经常从他这里获得来自执政人士的情报，还能了解民主知识分子的工作情况、关心的事和种种想法，因为正是阿列克塞·马克西莫维奇极力在推动他们参加推翻君主专制的革命工作。

坐落在克沦威尔克大街（现名马克西姆·高尔基大街）上的高尔基的住宅，成了革命运动中各种情报的汇集中心，好像成了一个情报站。

但是在二月革命和推翻帝制以后，前来传递情报的人员和情报的性质都渐渐起了变化。布尔什维克从地下活动转为公开斗争，高尔基身边，苟且偷安的知识分子越来越多了，他们被布尔什维克运动的声势吓破了胆。

十月革命以后，高尔基却成了诉苦和发牢骚的中心。盗窃、抢劫、私刑、捣毁酒库——来访的人对这样那样事件各有各的说法。这一切高尔基都是不加分析，原封不动地“装进脑袋”。他写道：“社会上风气越来越坏了，这责任会落到工人阶级的头上，因为肯定有些人要说‘社会上群众胡作非为，是工人政府纵容的’。”

他还保持他先前形成的看法：要懂得，一九〇五年无产阶级在数量上、素质上都比一九一七年这会儿强得多，那时候工业也没有遭到这样大的破坏；原来真正的无产阶级，有几万人死于战争，补充进工厂的是一批批农村青年小伙子，需要对他们进行长期教育，要刻不容缓地、坚持不懈地进行文化教育工作和革命改造工作。

高尔基举出他收到的一些信件为证，说农村中投机倒把活动十分猖獗，高尔基写到农村风潮使领地上一些文物（如藏书）受到破坏，写到著名女演员玛·尼·叶尔莫洛娃被窃，写到菲奥多西雅有些士兵贩卖人口：将一些土耳其族女人，亚美尼亚族女人和库尔德族女人从高加索一带运到菲奥多西雅出卖，每一名卖二十五个卢布，——资产阶级散播的这些耸人听闻的流言蜚语，全给收进了高尔基的文章。每一桩抢劫、偷窃、投机倒把和打砸事件，高尔基都摆出来，要苏维埃政权负责。

应当感到吃惊的是，高尔基竟没有看到布尔什维克所做的大量工作，布尔什维克夺取政权头几个月，就跟落后阶层的无政府主义行为进行了特别坚决的斗争。

列宁发布过关于惩治抢劫犯和投机倒把犯的法令;还有在第三次苏维埃代表大会上的讲话,列宁在讲话中说,流氓、无赖和怠工者是得到资产阶级喝彩的、反对劳动人民政权的一群匪帮,——这些法令与讲话都是见诸报端的、是众所周知的事实。列宁在彼得格勒苏维埃大会上讲话时说,对投机倒把犯和抢劫犯要坚决镇压——就地枪决。列宁在《苏维埃政权的当前任务》一文中谈到旧社会的残渣,这些残渣只能增加社会的犯罪、流氓行为,干一些行贿、投机倒把和各种乌七八糟的事。“要消除这些现象,就必须花费时间,必须有铁的手腕。”列宁写道,我们面临着资产阶级剥削复辟的危险,今天这种剥削“表现为小资产阶级自由散漫的和无政府主义的……自发势力,表现为这种自发势力对无产阶级纪律性进行的日常的、细小的,可是为数极多的进攻和袭击。我们应该战胜这种小资产阶级无政府主义状态的自发势力,而且我们一定会战胜它的”。

高尔基没有看到,俄罗斯人民群众已经掀起了巨大的革命浪潮,甚至最偏僻地区的农民都夺取了土地,表现出创造性的进取精神,工人们到处占领工厂,纷纷成立各种新的组织。

列宁在全俄第三届苏维埃代表大会上说:“有人说我们什么事都没有做出来,说我们总是无所作为,说苏维埃政权的统治没有带来任何成果。对这些人我们只能说:请你们深入劳动人民中去,深入群众中去看一看吧,在那里正如火如荼地开展有组织的创造性的劳动,在那里正沸腾着革命创造的新生活。”

十月革命后的头几个月,也就是脱缰野马似的人群捣毁宫中酒库、大搞抢劫掠夺之日，正是高尔基最猛烈地抨击布尔什维克之时。他着力揭露不良现象，看不到，也不愿看到主要的、本质的东西——无产阶级革命强大的建设性力量。他只看到一点：文物遭到破坏，社会财富遭到抢劫，小私有者的个人主义膨胀，以及如他说的“到处粗野无礼”。

列宁在《预言》一文中援引了恩格斯在一八八七年预言世界大战及其后果时所讲的话：“到处是饥荒、瘟疫，军队和人民群众因缺吃少穿而引起的粗野无礼”，接着写道：

“恩格斯做的这个不容争辩的结论是多么简单明了，每一个稍微能思索一下多年艰苦残酷的战争带来怎样客观后果的人，都是看得十分清楚的。而那许许多多不愿意或不善于思索这个极简单结论的‘社会民主党人’和可怜的‘社会主义者’，又显得多么愚蠢。

“数年来的战争会不使军队和人民群众变得粗野起来，这可以想象吗？当然不能。”

列宁将革命比作分娩时剧烈的阵痛，说生产“会使妇女遭到极大的损失，痛苦，昏迷，血流如注，半死不活”。可是“谁会由于这一点而拒绝爱情和生育呢？”列宁这样问道，“马克思和恩格斯……常常说，从资本主义过渡到社会主义是不可避免地要经过一个长久的痛苦的分娩期的”。

高尔基不会看不到列宁的文章也是针对着他的。一个新世界经过分娩之痛而呱呱坠地，不能不使他更仔细地去观察革命中一些惨痛现象。在列宁发表这篇文章之前，他就写道：

“在阳光最明朗的日子里，脏东西和烂东西总是格外显眼，但是经常有这种情况,我们过分地把注意力集中在与美好希望背道而驰的事实上,就看不到阳光,感觉不到它那滋生万物的力量了……如今俄罗斯人民一齐动手在创造自己的历史——这是一项万分重要的大事,应该从这点出发,去估价那使我们高兴的好事和叫我们痛心的坏事。”

高尔基这篇文章发表在一九一八年五月十七日,从此以后就不在《新生活报》发表文章了。

据瓦·德·邦奇-布鲁耶维奇说,列宁一直盼望着高尔基到莫斯科去。七月三十一日,邦奇-布鲁耶维奇打电报给高尔基说:“今天去您家[①],家里人等您回来。您没有回来,家里人甚感意外。符拉基米尔·伊里奇回克里姆林宫之后,今天也等了您一天。”

谁知道革命后,他们第一次见面,是在卡普兰[②]行刺,列宁受伤之后了。

列宁被刺一事,给高尔基震动很大。这一事件使高尔基认清了党在斗争中所遇到的反抗是何等激烈,何等疯狂凶狠。这一凶狠毒辣的手段所激起的全国人民空前的义愤,人民对列宁的无限爱戴、无限忠诚,对敌人则是满腔怒火,满腔仇恨,这一切使高尔基看清了:列宁的思想,布尔什维克的思想是多么深入人心。

高尔基在他写的列宁回忆录中说道:

“我们见面是很亲热的,但是,很显然,亲爱的伊里奇那双锐

①高尔基的妻子叶·巴·别什柯娃在莫斯科有一套房子,她和儿子住在那里。——作者原注

②卡普兰是行刺列宁的女刺客。——译者注

利的、洞察万物的眼睛，望着我这个‘迷过路的人’，流露出明显的惋惜之情。”

关于这次见面情形，高尔基写进了回忆录，字里行间自然渗透着回忆者的主观色彩。这次会面真正的详细情形我们不得而知了。只能够说，这次会面，两位老朋友十分激动，——高尔基对布尔什维克的事业还有点不信任，列宁因为高尔基迷失方向而感到惋惜，但又高兴的是，看得出他能够克服政治上的糊涂观念，再一次“给全世界无产阶级运动带来莫大的利益”。

列宁同高尔基的谈话看来是真挚感人的。我们都晓得，列宁是一位最善于教导人的“教导员”。我们晓得，他给高尔基的一些信件像是一种最好的教材，严肃地、孜孜不倦地教导他服膺列宁的思想。难怪高尔基在回忆录中说：“他对我的态度，是一个严师和一个和善的、体贴入微的朋友的态度。”显然，这次会面谈话，也正是持这样一种态度。

列宁很了解高尔基，列宁也知道高尔基在《新生活报》所发表的那些过头的话，同无产阶级艺术家的伟大贡献，那是无法相比的。

高尔基在后来写的一篇杂记中说：

“……从卑劣地行刺符·伊·列宁那一天起，我觉得自己又成为一名布尔什维克了。”

这话不知是否言过其实。但是，正如当年在伦敦社会民主党第五届代表大会上，在喀普里岛，在巴黎那样，高尔基重新受到列宁的感召，却是毫无疑问的。

这次谈话的效果是，高尔基积极地挑起了重担，动员国内广大的知识界人士参加苏联建设，将高等学术机关和高等学校恢复起来，为广大的劳动阶层出版读物，保护国家文物，组织科学家和作家开展科学研究和创作活动，——直到出国为止的三年时间中他一直担负着巨大的工作，他的工作在苏联文化史上留下了不可磨灭的痕迹。

高尔基专门给符·伊·列宁写过一封信，提出要出版一份情报性的杂志，综合报道和阐述苏维埃政权每一年的成就。他说，必须为负有宣传义务的共产党员提供宣传材料。后来出版的杂志《我们的成就》，便是实现这一想法的。

在这之前，高尔基就一直受到一些人的围攻，这些人对革命抱着疯狂的仇恨，甚至对高尔基在《新生活报》发表的文章都十分不满，——他们那些穷凶极恶的来信有很多都保存下来了，——这会儿他们的攻击更是格外地咬牙切齿了。“布尔什维克马克西姆·高尔基收”——其中一封信的信封上是这样写的：“因为你这个最最苦命的[①]别什柯夫是叛徒——俄国的卖国贼　而一切祖国的叛徒都应该绞死的　所以送给你这个叛徒一副绞索　你如果有种的话　你就用这副绞索自己勒死吧，因为人人恨你，德国人的钱也救不活你。上帝要惩罚你，人民要惩罚你。”

当真还附寄了一根绞索，底下落款是：“民众迫切的心灵的呼声”。

“在我们看来，你是俄国民众的该隐、犹太和彼拉多。”[②]——

①Максим（马克阿姆）意思是最大限度地，Горький（高尔基）一词在俄语中有苦难的、苦命的意思。写信人借此进行谩骂。原文中这一段未加标点。——译者注

②彼拉多——审判耶稣的犹太总督。——译者注

流亡国外的作家契诃夫写的信中这样写。可想而知，他所代表的也是同样一些“民众”。

可是也立即出现了另外一种反映。第六军司令部的彼得格勒工人纳沃莫夫从前方给高尔基写信说：

“亲爱的阿列克塞·马克西莫维奇，我今天读到一篇报道，说您投身到保卫苏维埃政权的行列，我是多么高兴啊！您是我们热烈爱戴的作家。很长时间以来，我暗暗地、默默地为您担心，如今，怎能不表示我由衷的高兴？您是不认识我的，正如有成千上万的像我一样的工人，您都不认识，但这并不要紧。”

有一位工人得米特里·巴甫洛夫，原是索尔莫沃人，在组织莫斯科起义和一九一六年地下工作中是他的战友，也从农村同富农做斗争的战线上写信给他。高尔基为他写过一篇出色的特写《米佳·巴甫洛夫》。

德·阿·巴甫洛夫写道：

“亲爱的阿列克塞·马克西莫维奇！首先请允许我向你表示我由衷的高兴，高兴的是，您是我们的人，您终于和我们在一起了！在那热烈工作的时刻，大家都在紧张战斗，我们队伍里看不到您，心里可真有点儿不是滋味哩！我可真有点儿受不住哩，因为几十年来一向认为您是我们工人最亲近的朋友和老师，更主要的是我们的同志！啊，我们在一起经历过多少战斗，经受过多少折磨。但是，好啦，最要紧的是您又和我们在一起了，您是我们的人了，现在您再也不会离开我们了，永远在一起了！这就太好了！”

二

一九一八年十一月二十九日，高尔基在“英俄友好”群众大会上担任主席。他在会上做报告时说：“俄国工人的政府在文化上的建树，由于是在最艰苦的条件下进行的，并且要求集中力量进行奋战，因而采取了人类历史上从未有过的方式和规模……照耀着全世界的俄国革命的火炬，牢牢地擎在符拉基米尔·列宁的手里。”

一个月后，高尔基主持了第一次国际大会。高尔基将这个日子，十二月十九日，称作“俄国无产阶级的节日”“俄国革命的重大纪念日”。“倒不是欧洲和亚洲各个国家和民族的代表对俄国人民讲了许多话，这些话有多么重要，多么新鲜，多么响亮，而是这二十三位发言人表现了对工人的俄国有着高度的信任，对它的历史作用有那样深刻的理解，这种感情是十分重要的，意义是十分重大的。”

在这以后，他在《共产国际》杂志上发表了不少文章。在这些文章中，一方面表现出他先前的一些“担心”，担心旧社会在精神上留下的余毒会影响工人群众，会使他们对劳动抱消极、错误的态度；另一方面表现出高尔基今天新的感受，——对俄罗斯无产阶级的革命精神尽情地讴歌，俄罗斯无产阶级运动正是整个欧洲社会革命的开端，在西方，无产阶级兄弟队伍已经在响应。几乎每篇文章同时也是一篇呼吁书，呼吁国际革命力量和国际知识界认清俄国革命的意义。

他在《昨天与今天》一文中写道：

“必须懂得，今天在尘埃、烂泥中，在一片瓦砾中，已经开始了一项伟大的工作，要将人解放出来，摆脱旧社会沉重的铁网的束缚；必须认清，旧社会的丑恶现象，将随同旧社会的人一起，逐步被消灭。

“事情竟是这样，在维护正义事业而进行的决战中，走在各国人民前面的却是最没有经验的、最弱小的战士——俄国人，在经济上、文化上都落后的国家的人，过去受苦比别人多的人。全世界昨天还认为他们是不开化的人，可是今天，他们一方面还吃不饱肚子，却已经奋起战斗，拼个你死我活，既勇猛，又无畏，像一些能征惯战的老战士。

“只要心在跳动，忠诚的心——决不动摇，忠诚的思想决不为倒退的思想所左右，忠诚的手决不会丢开工作，——俄罗斯工人相信，他志同道合的兄弟决不允许扼杀俄国革命，绝不会让已经受了致命伤、奄奄一息的旧世界复活……”

一九一九年是无产阶级革命力量进行大搏斗的一年。刚刚在南方打退了克拉斯诺夫匪帮，西伯利亚和伏尔加流域又出现了大股柯尔察克的军队。刚击溃了柯尔察克并且将他赶到了西伯利亚，红军又得集中全力对付已经入俄罗斯中部的邓尼金。与此同时，自卫军又从西面向彼得格勒进兵，而且只发动两次攻势，就进抵彼得格勒城下。外国干涉者的军队又从阿尔汉格尔斯克步步进逼。

国防委员会主席列宁表现出非凡的毅力，指挥着各条战线，坚定不移地相信我国的革命力量。

他在铁路员工代表会议上讲话时说：

“这样一个民族是永远不可战胜的，只要这个民族的大多数工人和农民都知道，感觉到并看到，他们正在捍卫自己的苏维埃政权、劳动者的政权，他们正在捍卫这样一种事业，这一事业的胜利将保证他们和他们的子孙能够享用一切文化财富和人类劳动的一切创造。”

高尔基一九一九年住在彼得格勒，在这里工作，生活在工厂倒闭，工人饥饿贫困的环境中，面对一片不景气现象，他感到十分沉闷。这一切情形他都讲给列宁听，或写信告诉过列宁，讲到无产阶级革命的根据地不稳固，他又担心农村和庄稼汉的势力会胜过革命力量，将革命淹没。

列宁很清楚，高尔基留在彼得格勒，埋头于保护文物和文化建设的工作中，看不到真正的革命声势，而他周围许多知识分子的牢骚怨言，弄得他莫知所从。

他想让高尔基离开彼得格勒，劝他乘“红星”号宣传轮船去伏尔加河上看看。见高尔基无论如何不肯去，就又劝他到戈尔基去：“……我常到乡下去待两天，在那里我可以给您安排得很好，短时期或者较长的时间都行……老实说，您真的需要稍微换一换空气。”

高尔基还是不肯去，继续留在彼得格勒。

于是列宁在一九一九年七月三十一日给高尔基回信时说，彼得格勒是近来最值得担心的一个地方，居民受害最重，工人献出的优秀分子最多，饥饿情况严重，面临着战争危险，外部敌人疯狂进攻，内部阴谋分子疯狂破坏……

“您的信和您的谈话一样，谈了许许多多不健康的印象，这些印象使您得出了不健康的结论……本来有办法可以满足一个艺术家的心愿的，您却自己捆住了手脚——一个政治家可以在彼得格勒工作，但是您不是政治家。今天——无端打碎玻璃，明天——枪声和狱中的哀号，接着是留在彼得格勒的非工人中最消沉的人的片言只语，然后是知识分子的，不是首都的首都知识分子的千千万万的印象，接着又是受委屈的人们的千百种牢骚……”

列宁所列举的，显然都是高尔基在同他谈话中和信中所讲的事实，不过他列举这些事实，是在说明，在全国形势迅猛发展的同时，还存在一些问题，值得严重注意。“军队中的新事物，农村里的新事物，工厂里的新事物，您这个艺术家，在这里无法看到，也无法进行研究。”

列宁看全国的形势，看到有无穷无尽的困难，但是也看到不断出现的一切新事物，新事物每天都带来新的成果。

高尔基住在彼得格勒，看到的则是瘟疫、饥饿、投机倒把、秩序混乱、打碎的玻璃、砸烂的机器等等。

列宁写信告诉他，必须到工农兵中去，去观察新生活是怎样建立的，告诉他，住在彼得格勒，他什么也看不到，只能看到当年首都的败落景象，看到“首都知识分子的怨恨”。因此列宁一再劝他“彻底改变一下环境，改变一下生活圈子，改变住的地方”。

不管列宁怎样劝说，高尔基并没有“改变住的地方”，但是列宁信中那些推心置腹的谆谆劝导，对高尔基还是有影响的。

高尔基在《共产国际》杂志第十二期上发表了一篇文章，反映了他对列宁的态度，他认为只有列宁能够号召俄罗斯革命力量和全世界革命力量。

高尔基写道：

“他是一个不平常的人，历史不仅要他彻底打翻名叫俄国的这个五花八门、乱糟糟、懒惰无能的人类蚂蚁窝，将这个艰巨的任务交给了他，而且他的意志像一个撞击不停的攻城槌，阵阵撞击震撼着西方巍然耸立的资本主义国家，震撼着东方已有几千年根基的万恶的封建专制的庞然大物。”

高尔基在这个时期，一直还认为十月革命是实现社会主义学说的一次“大规模的尝试”，是一次具有世界意义的社会“试验”。同时不能不看到，关于“五花八门、乱糟糟、懒惰无能的人类蚂蚁窝”这番说法，也表现出高尔基信心不足，因为许许多多的“奥古罗夫小城”给高尔基的印象太深了，虽说历史已经将拆毁这些“小城”的重任赋予了列宁。高尔基没有理解，奥古罗夫时代已成了过去，十月社会主义革命激荡着整个国家。

很有意思的是，在高尔基发表这篇文章的同时，列宁的一本小册子《共产主义运动中的“左派”幼稚病》发表了，这本小册子对历史的动力做了另外一种列宁主义的评价：

“一切历史，特别是革命的历史，它的内容总是比最优秀的政党、最先进阶级的最觉悟的先锋队所想象的更丰富多彩，更生动活泼，更‘巧妙’。这是不难理解的，因为最优秀的先锋队也只能表现几万人的意识、意志、热情和理想；而革命却是在人的一切聪明才智特别高潮和紧张的时候，由千百万被最尖锐的阶级斗争所激励的人的意识、意志、热情和理想来实现的。”

后来高尔基回忆到他和列宁的“意见分歧”时，在一封信中写道：

“这种‘意见分歧’，依我看，意义是很深刻的，可以作为一个题目请哲学界展开讨论，因为，在经历方面，就对现实社会粗略的了解来说，也许我比他‘更有资格’，但是他是个理论家，对俄国现实社会的了解竟比我深刻得多，高明得多……”

一九二〇年七月，列宁来到彼得格勒。七月十九日，在道利达宫举行了共产国际第二次会议。列宁在会上做了关于国际形势的报告。他的报告引起了轰动全场的、经久不息的热烈欢呼。报告结束后，人们在热烈的欢呼声中簇拥着他走出会场。

康·费定，当时是记者，在回忆录中写道：

“人多得不得了，几百个人哪管又闷热、又拥挤，拼命地往前挤，要走近些好好看看他，不管经过两廊、圆形大厅、前厅，他都给人群围得水泄不通。”从拥挤之处来到开阔的地方，康·费定看到高尔基也在这里面。“高尔基站在圆柱旁边，在列宁后面，没有戴帽子，头上洒满了阳光，老远就看得清清楚楚……我看到高尔基脸上有一种新的表情，和我以前见面时看到的大不一样。看样子他十分激动，而且在克制自己的激动，这使他的目光变得十分严厉，脸上一向表情丰富的纹丝如今一动不动的。我觉得他的神情十分威严，他的脸色像是流露着一种坚定不移的决心，那正是贯穿在刚才列宁讲话中的基调，也是整个会议所表现的基本精神。”

高尔基和列宁这一次会面，是一九一八—一九二〇年他们之间关系的总结。

高尔基曾经说，符拉基米尔·伊里奇在彼得格勒几条大街上走来走去，像是要向这座城市永远告别似的；在去车站以前，他还去看过高尔基。

三

高尔基常常到苏维埃俄罗斯的新首都莫斯科去看列宁。

高尔基向列宁直接提出的问题是多种多样的。除了自己在文化工作中遇到的一些日常问题外，还有科学家的创造与发明的问题，成立鉴定委员会的问题，如何制止少年犯罪的问题，高尔基还倡议颁发一项关于没收逃亡白匪财产的法令，以便保护其文物，并提出成立科学馆，恢复爱尔米达什①，出版科学著作，充实普尔科夫天文台等问题。

“每逢高尔基来的日子，我们这些符拉基米尔·伊里奇秘书处工作人员的心情总是格外愉快。我们这种心情是符拉基米尔·伊里奇那种特别兴奋的情绪所引起的，他等待高尔基时心情是那样急切，大家都感觉得到，他对高尔基的爱是那样深厚，将高尔基看作一个亲密的朋友，认为他对无产阶级革命事业贡献出了自己全部的伟大天才，——这一切都使我们十分感动。”

这是列宁秘书处的工作人员马·格利雅谢尔的回忆。

有一个要求支持科学家工作的文件，列宁在上面写的批语是很有意思的：

“同志们！我恳切地要求你们，不管何时何地，高尔基同志如

①爱尔米达什——即彼得堡美术博物馆。——译者注

果因此类问题要求你们支援，你们要千方百计予以协助，如果有这样那样的阻碍、干扰或者反对意见，要及时将事情原委报告给我。”

毫无疑问，有许多事情，高尔基要求列宁批准的，他都忘记了，历史也没有记载。例如，显然高尔基在列宁面前就为东方学院讲过话。他给东方学院院长的回信证明了这一点：

“……意外地收到东方学院来信对我表示敬意，十分感谢，只是恐怕我担当不起。

“自然，我不认为，在你院创建方面，我起的作用会有像您说的那么‘大’。您猜想的倒是一点也不错，我忘记这回事了，不记得写信给符拉基米尔·伊里奇讲过东方学院的事了。

“我给列宁找的麻烦太多了，在那艰难的年月，我常拿各种各样的事情去麻烦他——水力采泥炭啦，有残疾的儿童啦，高射炮校正仪啦，等等；宽宏大度的伊里奇将我提的方案无例外地一律叫作‘闲笔和神来之笔’。将他那和悦、锐利、幽默的眼睛一眯，就笑起来，问：‘嘿嘿，又是一处闲笔？’

“可是有时候，他笑声未息，却已经看清楚这不是‘闲笔’。他那具体事物具体分析的精神，他那‘精神视力’观察具体事物思想内涵的本事，是极其惊人的。”

高尔基每遇到列宁，常常将彼得格勒的见闻讲给他听。譬如，一九二〇年夏天在戈尔基，他对伊里奇说，彼得格勒的工人将木房拆毁当柴烧，砸烂门窗，打碎玻璃，将房顶铁皮白白糟蹋掉，可是他们自己家里房顶还漏雨，窗子上遮的是三合板，等等。列宁一时没有讲话，高尔基于是想：“琐碎事情讲得太多，惹他厌烦了。”

“吃过茶后我们去散步，他对我说：‘您别以为我不看重小事情，而且您所讲的不爱惜劳动成果，这也不是小事情，当然不是小事情：我们还很穷，我们要珍惜每一根劈柴，每一个铜板。破坏太大了，剩下的东西，对于恢复经济有用的东西，就应当十分爱惜……’他就这个问题谈了很久，使我吃惊的是，他看到那么多的‘小事情’，而且他是那么善于将这些司空见惯的微不足道的事情，进行广泛的概括。”

毫无疑问，这些谈话，促使高尔基在《彼得格勒真理报》和《红色报》发表了一组文章《谈劳动》，谈到无谓地毁坏财物是愚蠢的行为，毁坏财物“不管对社会、不管就政治方面来说，都是犯罪的行为”。

俄共(布)第九次代表大会决议将五一劳动节变为全俄星期六义务劳动日，高尔基在《真理报》发表《通往幸福的道路》一文。他在文章中写道：

“在一些阴暗的角落里，那些贪婪成性的蜘蛛正企图修补被革命风暴吹烂了的网。我们就应当懂得而且要清楚地记住，我们这艰巨的、看起来十分平常的工作，对于全世界都有着极其深刻的意义，我们今天为消除破坏后果所花的每一份忠诚的、用在节骨眼上的力气，都具有极其巨大的作用和伟大的意义。”

阿列克塞·马克西莫维奇一再强调，“幸福的道路”一定要经过艰苦的劳动，如他在扫除文盲的报告中讲的，我们必须晓得什么东西是我们所富有的，什么东西是我们所没有的，要晓得我们的长处和我们的短处。

高尔基在这几年中所创办的最重要的国家文化事业单位，就是《世界文学》出版社。高尔基抱的宗旨是，为苏联读者出版东方和西方的全部古典文学作品，一律经过重新翻译、校订，并附评介和注释。他把一批优秀的作家、学者和翻译家联合在出版社的周围。《世界文学》丛书接连不断地出版，直到高尔基因病出国。

康·伊·楚柯夫斯基在回忆录中谈到当时由科学院院士、教授、知名作家和翻译家组成的编委会工作的情况：

“在几年的时间中，我们都是在高尔基的主持下进行这项工作的，这时我才第一次发现我原来不曾想到的他的一些特点。

“……原来他对外国文学是第一流的行家。有些人讥笑他：‘一个大无产者，连一国外文都不懂，还主持学术委员会哩！’可是这位无产者比有些教授都有学问。不管你对他谈到谁：不管是戈托林、渥尔茨沃尔特、沙米索，还是路德维希·蒂克，他谈起他们的作品，就像研究了一辈子似的那样熟悉、透彻，虽然讲起他们的名字往往带一点尼日戈罗德口音。譬如，有人提到一个从来没有人听说过的法国小作家，我们都不吱声，觉得很难为情，可是高尔基一本正经地说：

“‘这位作家的作品有这样、这样几本。这一本不怎么样，可是这一本（这时他面露喜色）太好了，是一部很有分量的作品。’”

有很多和高尔基相处过的人，都讲高尔基学识十分渊博。有一次康·费定送给他一本全亚美尼亚人族长纳尔谢斯·克莱恩斯基的书。这本书是在威尼斯出版的。书中的一篇文章被翻译成了二十四种语言。

费定写道：

“高尔基认为怪新奇的，我觉得十分得意，可是我这种高兴一下子就过去了，因为我大吃一惊，将高兴全给忘掉了……高尔基说：

“‘是的，有这么一个人。大概是在十二世纪。他当时还有一个名字，要是我没有记错的话，他另外一个名字叫什诺尔加里。他不仅是一位神学家，还是一位诗人哩……在威尼斯出版，也有个道理。您可晓得那里有一个亚美尼亚人居住区？……’

“他于是讲起了威尼斯的亚美尼亚人，讲得既清楚，又详细，就好像他刚刚准备好正要做一个亚美尼亚历史的专题报告呢。”

高尔基不管和什么人谈起来，不管是考古学家、地理学家，还是旅行家，他所表现的知识之丰富，都会使对方惊倒。给人印象尤深的，是在他主持下编纂《诗歌丛书》的情形，他对俄国历代文化是那样精通。

他积极地参加了彼得格勒戏剧局的工作，建立了演出崇高悲剧的大剧院。高尔基说：“我们这个时代。需要有英雄的戏剧。”同时他为人民喜剧院写了《说大话能手》一剧，——这是苏维埃戏剧史上第一部讽刺剧。

第八次党代表大会（一九一九年三月）决议号召同官僚主义进行斗争。“必须同这种坏现象进行坚决无情的斗争，再也不能听之任之。”

《说大话能手》是高尔基为响应这一号召写的一个剧本。剧本主人公斯洛沃捷柯夫是一个讲空话的大王，城市的大事，革命工作的需要，一齐淹没在空话里。他满嘴都是：组织性啦，集体领导啦，工作要协调啦，化消极因素为积极因素啦，节约啦，等等，可是没有看到斯洛沃捷柯夫给人一点实际好处。讲漂亮话一点用处也没有——这就是本剧的主题。

为了宣传劳动的意义，高尔基曾经想将各族人民的文明史编成一组剧本上演。他在《将文明史编成剧本》一文中写道：

“……为了教育群众对自己、对自己的劳动有一种较为自觉的态度，必须尽量将人类逐步学会生活本领的全过程告诉他们，告诉他们，人类精神上的需要是怎样产生和逐步发展的，是怎样慢慢地、但是十分顽强地战胜自己身上的生物习性和学会利用大自然中的天然的力量的。”

阿列克塞·马克西莫维奇坚持不懈地从事文化教育工作，不管多么平常的工作，他都不嫌麻烦：他既给无产阶级作家协会做报告，也给民警文学小组做报告。

他给赫伯特·威尔斯的信中说：

“您问我近况如何。我在人民教育方面做了不少工作，可是什么东西也没有写。”

情况并不完全如此。高尔基工作之余在写《喀山的生活》，即后来的《我的大学》(《在人间》的续篇)，并且发表了《回忆列夫·托尔斯泰》。

这部回忆托尔斯泰的书，是高尔基的优秀作品之一。他以极其高超的艺术技巧塑造出一个天才作家的形象，描写了托尔斯泰的各种矛盾。

高尔基谈到他有一次在莫斯科和列宁见面的情景。列宁抱怨说：

“‘……读书——简直没有时间。昨天夜里我才读完了您那

本关于托尔斯泰的书。’

“他一面笑着，眯起眼睛，舒舒服服地在靠椅上伸了伸腰，放低了嗓门，连忙接下去说：

“‘一颗巨星，是不是？第一流的伟人！老兄，这才叫艺术家……还有一点惊人之处，您可晓得？在这位伯爵以前，文学里就没有一个真正的庄稼汉。’”

高尔基记得，他们见面时不止一次谈到文学：谈到伊凡·沃尔内依、马雅可夫斯基、杰米扬·别德内依，谈到无产阶级文学。

一九二一年，高尔基担任苏联第一份大型杂志《红色处女地》文学艺术部主编，直到出国时才放下这项工作。

一月十八日，符·伊·列宁写信给阿·卢那察尔斯基谈到达里辞典时说：

“真是一件了不起的东西，但要知道，这是一部充满方言的辞典，而且已经过时了。现在该编纂一部现代俄语辞典，比如说，一部包括现在使用的和从普希金到高尔基的经典作家们使用的词汇的辞典。”

这便是列宁第一个将高尔基称作俄罗斯文学的经典作家。

彼得格勒的生活环境与紧张的工作，加剧了高尔基的病情。列宁晓得此事以后，很不放心，力劝高尔基出国疗养。

他给缅任斯基写信说：

“要帮帮高尔基，而且要抓紧，因为他由于这一原因不能出国，他正在咯血。”

一九二一年八月九日列宁写信给高尔基：

“您那样地咯血，竟然不肯走！！真是太过分了，太不理智了。到欧洲找一个好的疗养院将病治一治,可以加倍地工作。这是真话……快走吧,治病去。我请求您,不要那么固执!”

高尔基的肺病在严重地恶化。不久他便动身出国了,并打算在一九二二年三月底回国。

实际上不是那么顺利,他在德国和捷克斯洛伐克的一些疗养院治疗了两年半,到春天又遵照医生的嘱咐,移居意大利。

但是这段时间并不是他休息和安逸的日子。这段时间他恢复了紧张的艺术创作活动。

列宁对他说“找一个好的疗养院将病治一治,可以加倍地工作”,这话倒是说对了。

在这几年当中,高尔基写成了七部新作:《我的大学》《回忆录》《一九二二年至二四年短篇小说集》《日记片断》《阿尔塔莫诺夫的家业》和长篇史诗《克里姆·萨姆金的一生》的前两卷。

《我的大学》这部小说,是自传三部曲的第三部,其前两部便是《童年》和《在人间》。

高尔基在小说中回顾了自己的青年时代。他在喀山,在喀山商人谢苗诺夫的面包烘房里当工人,后来又在杰林柯夫的面包房里给面包师傅做助手。

他在喀山,同码头工人生活在一起,第一次懂得了劳动在人的生活中的意义。

“劳动生活的音乐吸引我来到伏尔加河上;这种音乐直到今天还使我陶然欲醉;那是我第一次体验到英雄劳动的诗意,那一天我永远不能忘记。”

高尔基在狂风骤雨中参加了卸驳船的工作。这一场面恰似在告诉苏联青年,要拿非同寻常的力量建设自己的国家。

他在喀山遇到一些热爱自由的大学生,他们谈的话,他觉得是说出了他想说而“没有说出来的话”;他在喀山,自己也试着在被压迫的、累得筋疲力尽的面包工人中间进行“宣传”。

他是抱着上大学的愿望到喀山来的,结果却进入了面包房的地下室。

对于当年来到喀山的列宁来说,“帝国”大学的大门也只开放了很短的时间。一八八七年二月,喀山大学发生学潮,结果大学生乌里扬诺夫以及和他一起的一些同志被学校开除。

谁知,出版于一九二三年的这部描写那段时期生活的小说,竟成了列宁所能看到的最后一部高尔基的作品。娜·康·克鲁普斯卡娅写道:“……我记得,他在一生的最后几天,还在听人读《我的大学》。”

娜·康·克鲁普斯卡娅在给高尔基的信中还讲了一件事。所指的是高尔基发表在《共产国际》杂志上的那篇文章。

“……记得,我有一次写信对您讲过这一点,——伊里奇在他弥留之际,找出一本杂志,上面有您写到他的一篇文章,要我将您的文章读给他听。伊里奇的脸对着我,他听着,望着窗外的远方——他是在回想他的一生,他在想念您。”

列宁的死使高尔基十分吃惊,十分震动。消息传来的时候他正身处异国,正在生病。他得到列宁去世的消息后写道:“列宁的死对我个人来说也是一个沉重的打击。”

一九二四年二月四日,他写信给马·菲·安得列耶娃说:

“来信收到,你的信中谈到列宁,谈得很好,我已写好一些回忆列宁的文字……

我一面写，一面流泪。甚至托尔斯泰死时我都没有这么悲痛过。就说现在——我写这封信，手还在颤抖。”

他在后来的岁月中，从未忘记过列宁。一九三〇年，他读了娜·康·克鲁普斯卡娅写的列宁回忆录，写信给她，谈到读过回忆录后的激动心情：“这一夜我一直在想着：一颗灿烂的智慧巨星陨落了，一颗伟大的心脏停止了跳动！”

第二章

一

高尔基对自己写得十分精彩的列宁回忆录，后来又扩充了内容，深化了其思想性。

高尔基将列宁称为最伟大的领袖。他的思想既伟大，又纯真，照高尔基的说法，他维护真理，是决不含糊的。他是一个英明睿智、无所畏惧的人，他本人像真理一样，纯洁而真实，他是一个有空前气魄的革命天才，是社会主义新文化的奠基人。

阿列克塞·马克西莫维奇对自己写的回忆录第一稿很不满意："……回忆符拉基米尔·伊里奇的文章，我没有写好。他的死使我太难受了。我失去如此敬爱的人，怎能不悲痛欲绝，这种心情，恨不得一吐方休。"

也许，对列宁的怀念，和长篇小说《阿尔塔莫诺夫的家业》的创作也有关系。一九二四年春天，阿列克塞·马克西莫维奇在列宁去世之后，移居索伦托，紧接着就动笔写这部小说。

一九一〇年他曾经对列宁谈过这部小说的题材，说这是一个家庭的历史，其创始者原是一个农民，后来地主取消了他的农奴身份。列宁当时十分用心地一面听，一面问，最后说：

“我看不出：您要写什么样的结局？现实生活还不能提供一个应有的结局。不行的，这个题材还是革命成功以后再写吧……”

高尔基在革命前曾经几次要动手写这部小说。一九一六年《纪事》杂志曾经登出小说《阿尔塔莫诺夫的家业》的出版预告。但是找不到列宁所说的“结局”。

只有在革命以后，高尔基才实现了列宁的遗愿和自己的创作计划。小说名称的改变，有力地说明了小说的变化。

一九二五年八月四日，他给老朋友阿·叶·波格丹洛维奇写信说：

“写完小说《阿尔塔莫诺夫的家业》，不久即可寄去。这是一部长篇。”

小说《阿尔塔莫诺夫的家业》历史性地概括了改革时期（从十九世纪六十年代起）俄国资产阶级兴盛和衰败的过程，直到革命为止。我们所看到的是这一时期中工厂主阿尔塔莫诺夫一家三代人的历史。

这个家庭的创始者伊里雅·阿尔塔莫诺夫，是一个魁梧、强壮的汉子，农奴时代当过拉茨基公爵的管家，获得自由后决心创立自己的家业：麻布工厂。因此他来到德列莫夫城。伊里雅·阿尔塔莫诺夫虽然成了剥削者和吸血鬼,却由于过去是庄稼汉,仍然有农民那一把强壮的力气,没有丢尽劳动出身的本色。这个劳动人民出身的人,变成了工业建设的开创人。

农民出身的这种典型人物,高尔基认为是被俄罗斯文学遗漏了的。他写道,在废除农奴制以前,“农奴制的农村,已经从农村贫贱的人群当中,产生出大量有才能的工业组织者:柯柯列夫、古鲍宁、莫罗佐夫、柯尔钦、茹拉夫廖夫等一些人。农民大众造就出这样一些人物,好像是以此来显示他们之中蕴藏着很大的力量和才能。但是贵族文学好像看不到,感觉不到这种情形,不肯将这些意志坚强、生气勃勃、十分现实的人物,将这些建设者、剥削者、‘老板’描写为时代的英雄……”

伊里雅·阿尔塔莫诺夫是一个精力充沛、健康、有本事、十分严厉的企业主。

“阿尔塔莫诺夫举起长长的大手,将手掌紧紧地攥成拳头。

‘我是会揍人的,在我跟前别想调皮……’”

他对自己的老爷拉茨基公爵,抱着傲慢的、十分瞧不起人的态度。

“去世的公爵尤利,读了有七千本书,学问算是很深的,连上帝也不用信了。走遍了天下,所有的国王都接待他,算得上一个了不起的人物!可是盖了一座毛纺厂——垮了……就这么一辈子只好吃庄稼汉的饭。”

伊里雅·阿尔塔莫诺夫的侄子阿列克塞,在跳舞时谈到老爷,说了一个顺口溜:

老爷莫凯
原来有五个听差，
如今老爷莫凯
自己当了听差！

伊里雅的儿子彼得原来是一个单纯可爱的小伙子，变成了私有主后，成了一个胡作非为、酗酒、放荡的浪子。

彼得的弟弟尼基塔是一个驼子，他不想在阿尔塔莫诺夫家里过罪恶、放荡、残酷的生活，进了修道院。

阿尔塔莫诺夫家的扫院人季洪·维雅洛夫说：

“阿尔塔莫诺夫这一家人，你们弄得我也不信上帝了……你们不信神，也不信鬼。家里供着圣像是为了骗人的。那你们家有什么呢？没法了解。好像是有的。一伙骗子。你们是靠欺骗过日子的。”

季洪仿佛成了阿尔塔莫诺夫一家人的审判员，成了洞悉东家一切罪行、所做的一切坏事的审判官。

高尔基在一篇文章中写道：

“我们的贵族文学喜欢而且善于将农民描写成逆来顺受的猥琐人物，描写他们一心相信世界上有‘上帝做主’，其实现实生活中是没有这回事的，可是有些庄稼汉，像屠格涅夫小说《黄鼠狼与卡里内奇》中的卡里内奇，像托尔斯泰的《战争与和平》中的普拉东·卡拉塔耶夫，却盼了一辈子。在废除农奴制前二十年，就有人开始将农民描写成这样一种逆来顺受的一心盼望‘上帝做主’的猥琐人物……”

现实生活已经造就出不少工厂主、造船业主、商人，他们都是“不久前的庄稼汉”，可是文学依然在“热心地刻画猥琐的奴才、讲良心的好人普拉东”。

高尔基通过季洪·维雅洛夫这个形象所表现的农民，不是宽恕阿尔塔莫诺夫一家的罪恶，而是谴责阿尔塔莫诺夫一家的罪恶。

高尔基在给罗曼·罗兰回信中谈到，他将季洪·维雅洛夫作为阿尔塔莫诺夫的对立面，季洪·维雅洛夫是“《战争与和平》中普拉东·卡拉塔耶夫脱胎换骨变出来的一种典型”。

高尔基通过《阿尔塔莫诺夫的家业》，表现了资本主义工业建设的开端、兴旺及其在无产阶级革命冲击下的灭亡。

这个资产阶级家庭的创始人伊里雅·阿尔塔莫诺夫说：“你们，你们的儿子、孙子，将来有的是事情做。三百年内不用犯愁。”

可是他说错了。高尔基以卓越的技巧描写了工人阶级的成长，工人说：“都滚开吧，我们是主人了。”小说中写道，尽管“工厂、人，甚至马匹，都像上了发条似的干活儿”，德列莫夫城的工人居住区的气氛却越来越不平静，工人心情越来越坏，害肺病的越来越多。

小伊里雅指着许多十字架对他的父亲彼得·阿尔塔莫诺夫说：“你看，那里埋着那么多人，都是被工厂害死的。”

无产阶级革命冲翻了阿尔塔莫诺夫一家，冲得这一家人星流云散。小说的政治意义在于表现了资本主义灭亡的规律性和必然性。那几年，一批新的资产阶级分子正在制造理论根据，认为在苏联还可以经过修修补补重新实行资本主义，在这种情况下，小说的出版是非常及时的。高尔基发表这部小说，给这类“理论”当头一棒。他正是在苏维埃时代写成了这部小说，也指明了阿尔塔莫诺夫一家的“结局”，因而十分出色地完成了列宁的遗愿。

高尔基这几年中，艺术创作之旺盛是惊人的。一九二五年春天，《阿尔塔莫诺夫的家业》几乎是刚刚写完，高尔基就对一位来访者说：

“……是的，正在写作。正在写一部长篇。第一次写这么大的东西，还不知写得怎么样。

“历史纪事，是的，也许可以算历史纪事。小说要从头到尾表现布尔什维克思想是如何形成的。我想写到一九一八年，囊括两次革命。”

谈话中没有讲出这部书的名字，但是毫无疑问，所谈的就是后来定名为《克里姆·萨姆金的一生》的这部小说。

他在喀普里时就有一项构思，要写一个知识分子，在革命失败后，在一九〇七年——九〇八年期间脱离了革命。高尔基现在重新拾起这一构思，将这一主题写成了一部大型作品，看样子，远远越过了原来的构思。

一九三二年，高尔基在苏联总工会出版社常务编委会扩大会议座谈会上，曾谈到这部作品的构思：

“早在一九〇五——九〇六年的第一次革命失败后，我就想写这部书了，那时候有些自己标榜革命的知识分子——他们确实在一定程度上也参加过发动第一次革命——在一九〇七、一九〇八年陡然向右转了方向……我于是想写这么一个人物，依我看，是一个很典型的知识分子。这类知识分子是我亲眼看到的是相当多的……大概无须我讲,诸位也晓得,有些流亡国外的知识分子,正在大肆诋毁苏联,组织阴谋活动,干一些卑劣龌龊的勾当,——这类知识分子大多数都是萨姆金式的人物。

《克里姆·萨姆金的一生》是一九一七年革命之前几十年中俄国知识分子生活与社会生活的写照。但是这部小说采取了别具一格的写法:各种各样的、急风暴雨般的时代大事,都是通过小说中心人物,“具有中等身价的知识分子”克里姆·萨姆金的意识折射出来的,高尔基以极其高超的艺术手法描写了这一折射。

这部长篇史诗是一份极其有力的暴露性材料,是一篇犀利的杂文,其矛头是对准同资本主义结下了不解之缘的,最终必然加入死心塌地的敌人阵营的那一部分知识分子。

高尔基身处异国,一面忙于紧张的创作活动,思想上却和自己的祖国血肉相连。他极其关切地注视着苏联的生活、苏联的报刊、苏联的文学。因此,工人通讯员、农村通讯员、青年作家和参加社会主义建设的普通工人,每天从祖国的四面八方给他寄来几十件书信、稿件,提出许多求教的问题,将他当作好朋友、好老师、好参谋,将自己的文学习作寄给他看,把自己的工作情形讲给他听,这就成了十分自然的事。

德·阿·鲁道亨写道:

“寄给他的稿件是那么多,也许世界上还没有一家编辑部能收到那么多的稿件,可是如果说编辑部对不用的稿件要么往篓子里一扔,要么简单地批个‘不用’退回去,高尔基却要给每个作者提出恰如其分的意见。

“他对初学写作者特别关心。他诱导文学新手发挥自己的才能，使他们鼓起勇气，养成学习的爱好——他在这方面花费的力气是非同小可的。”

信件来自苏联的四面八方，高尔基的地址有时候是猜想出来的。不过，写不写地址都没有多大关系，因为欧洲所有的邮政干线，只要一看到“高尔基”这个名字，就将邮件送往索伦托。

一九二六年高尔基在一封信中谈到自己收到来信时的心情：

“往往许多信中欢笑伴随着热泪，有时候读着读着发起急来，巴不得立刻回去，要不是这部小说(《克里姆·萨姆金的一生》)，我就走他娘的，才不耐烦养病哩。”

高尔基一谈到回国，竟是这样急如星火。

这时候，他的健康状况已经有所好转，高尔基决意等小说一写完就立即回国，他写道：

“我是一个欢喜接近人的人，因此，我回到俄罗斯，不干工作，要走走，看看，谈谈。我熟悉的地方，都想去走走：伏尔加、高加索、乌克兰、克里米亚、奥卡河，踏着过去的足迹，重新看看过去经过的山山水水。每一次，——可以说每天如此——收到初见世面的年轻人的来信，就感到像是一团火，很想立刻朝他奔去。这些人多么叫人喜欢，他们热血沸腾，热情似火！感人极了。”

高尔基喜从何来，从这类片断文字中是不难看出来的。

国内正在进行着一场蓬蓬勃勃的运动，群众蕴藏的潜力越来越得到解放，越来越发挥出建设新世界的强大威力。

广大的工人、农民，在布尔什维克党的领导下，在国内战争中粉碎了革命的敌人，恢复了全国的工业，转入了经济改造时期。

英雄的实践所提供的有力证据，早就使高尔基认识到了农村潜藏的雄厚力量。他写道：“有朝一日完全有可能这么说‘从一九一七年十月至一九二七年，在这十年间，俄罗斯农村向前跨进了五十年……’”

一九二七年他写的文章中，有一篇是写普通的社会主义建设者的，他写道：

“新的俄罗斯人，新国家的建设者——这就是我的喜悦和骄傲。

“我向小人物表示敬意，他们既是小人物，但又是伟大的人物，他们分散在祖国熊罴出没的地方，在工厂、在草原、西伯利亚原始森林、高加索山区、北方冻土地带散落的农村中，在对他们还不太了解的人群中工作，虽然有时感到十分孤独，但他们是为国家劳动，勤勤恳恳地做事，这些事情看起来微不足道，但是有巨大的历史意义——我向这样的人，表示由衷的敬意。

“同志！你要知道，你要相信，你是世界上最有益的人。你做的是本身的小事情，这正是以实际行动在创造新世界。”

高尔基向劳动者表示敬意，因为他们担负着改造俄国的伟大事业，要建设一个新的国家，这个国家的创造精神，对于“人类所开辟的整个大地”会发生很大的影响，而且已经在发生影响。

他在一封信中说：

“我想写一本关于新俄国的书。我为此已经积累了不少十分生动的材料……这是一件十分严肃的大事。每想到这一点我总是十分激动。”

但是他必须亲自回祖国去，以便用他那艺术家的眼睛实地看看祖国目前的情形。早在一九二五年八月的信中他就说过：

“如果到时候能将此书写完，大约在二六年春天我就回俄国去。”

在这封信前后，高尔基为了自己写的九十年代回忆录发布出版预告的事，给阿·叶·波格丹洛维奇写过一封信：

“关于这些年的事，我还能写很多，但我特意压缩，因为还要留一点材料好写一部类似历史纪事的东西，从十九世纪八十年代写到一九一八年。我已经在写了。能否写好，还没有把握。”

从这番话里可以看出，高尔基最初以为《克里姆·萨姆金的一生》的篇幅要小得多。

一九二五年春天，他打算“秋前”写完，到了八月里，又把期限延长到一九二六年春天。小说本想写一卷，他本来认为再有八九个月就能写成。可是又写了四个月，到一九二五年十二月，他给维·雅·希什柯夫的信中这样说道：

“我什么时候能回俄国？要等我把我已开始写的这部很长的长篇写完以后。大概一年以内还写不完。回到俄国后我就不再写东西了，我要在俄国跑一跑，就像您那样。”

后来小说的布局还在不断地扩展。又过了四个月，一九二六年五月一日，阿列克塞·马克西莫维奇写信给阿·巴·查培根说：

“……我在写一部书，也算是了却‘夙愿’，是一部小说，记叙四十年的俄国生活。就篇幅来说，是一部大作品，我还得写一年半。”

不久，又确定了这部史诗的规模。

一九二六年七月七日，阿列克塞·马克西莫维奇给本书作者的信中说：

“要谈这部新作品如何，为时还早。这部作品将分三卷，四十五印张。我才写了一卷。”

这样来推算，到一九二六年夏天，写成了十五印张，就是说写好了第一卷初稿。

一九二六年九月二十三日，阿列克塞·马克西莫维奇给笔者写信说：

“我的健康实在不佳。倒霉的是，右臂上部作疼，头也疼，以前头从来没疼过。还有——支气管炎，到秋天必犯。对我是有影响的——影响太大了。我正在写长篇，写第二卷，别的就什么也不能写了。”

一九二六年年底——九二七年年初，第一卷定稿完成，但是阿列克塞·马克西莫维奇在划分章节时变动了几次，又花了些时间。阿列克塞·马克西莫维奇当时所设想的这部“三部曲”的第一卷，到一九二七年夏季才问世。出版时的篇幅比原定篇幅超出了一倍。但是一九二七年年初，第二卷也动笔了，一九二七年这整个一年都在写第二卷。

同年十二月二十七日，阿列克塞·马克西莫维奇收到国家出版社出版的小说第一卷后，在给笔者的来信中诙谐地说：“在莫斯科出版的《克里姆·萨姆金的一生》比柏林出版的多出一百一十九面——真不得了！可是我写成的第二卷手稿比第一卷还多。想一想《奥勃洛莫夫》竟有七百面之多，也就不觉得难为情了。”

第二卷已写成的手稿，并不是第二卷的全稿。高尔基一九二八年二月二十一日又给笔者写了一封很诙谐的信，这才真正说明

第二卷写完了：

“《克里姆·萨姆金的一生》第二卷我已写完。我很高兴。可是我不知道，读者高兴不高兴。有意见快讲吧。不然的话，我可又要写下一卷了。”

阿列克塞·马克西莫维奇在一些信中将《克里姆·萨姆金的一生》叫作一部“十分浩繁的小说”，正是因为要写一部这样的小说，他不能如期回到苏联，他原是要在一九二六年春天回国的。他在给各方面人士的一些信中一再地说，等小说写完，立即回国。他在一九二六年一封信中说：

“俄罗斯动人的事太多了，很想亲自去领略一番，可是我叫小说拖住了，小说写不完，我是无法回俄罗斯的。”

可是到一九二八年春天他才写完第二卷，于是他再也不想熬完他给自己规定的期限，停止小说的创作，于一九二八年五月动身回国。

二

高尔基到达涅戈列洛，——这是当时从波兰进入国门的第一站，就受到当地居民的热烈欢迎。列车向莫斯科驶去，一路上火热的欢迎浪潮从四面八方向高尔基扑来。

高尔基到达莫斯科时那许多动人的场面，白俄罗斯-波罗的海车站广场上的人山人海，那热情洋溢的群众大会，那震天动地的一片欢呼声——这一切像是一个辉煌的节日，永远留在全国人民的记忆中。

阿列克塞·马克西莫维奇在报上发表文章说：

“我受到这样热情的欢迎，感到十分激动，直到现在，我还无法用言语来表达我的感情。我不晓得，在别的时代，别的国家，有没有一个作家会受到读者这样亲切、这样热情的欢迎。这样的热情实在使我惊骇不已。我从来不认为，也没有想到，我的工作应当得到这样高的评价……我看到，我感觉到，在这种受之有愧的欢迎中，最重要和最使人高兴的是，苏联一代年轻人懂得要尊重劳动，懂得如何来推崇劳动。这就是说，他们已经懂得，已经体会到他们正在做的以及将要做的工作具有极其深刻的国际意义——世界意义……亲爱的同志们，懂得这一点，那不是言语所能形容的！”

在斯维尔德洛夫大学，在“阿莫”工厂，在三山纺织厂，在莫斯科苏维埃会议上，在莫斯科省工会理事会全体会议上，在许多工人俱乐部里，在莫斯科工人通讯员会上，在东方劳动者共产主义大学，红军中央俱乐部，一些杂志编辑部，《农民报》报社，地方志编者会议上，科学宫里——人们到处十分亲热地欢迎作家高尔基。

他在一次集会上说：

“我觉得，我离开俄罗斯不是六年，而是至少有二十年。在这段时间中，我们国家变年轻了。我的印象是，在旧事物之间，在旧事物包围中，新事物，年轻的事物正在成长……这就是我所看到的。我看到祖国年轻了。在这段时间里我也变年轻了。”

高尔基回国后即前往拜谒列宁墓。高尔基在自己伟大的朋友、苏维埃国家的奠基人、新世界的缔造者的灵柩前，默默地站了半个小时……

虽然高尔基一再说，回国后“不干工作，要走走，看看”，这话是很难叫人相信的，因为在人们的观念中，高尔基总是和工作分不开的。

果然，高尔基回国不久，就投入了苏维埃文化方面的日常工作，说日常工作，实则包括他对苏联思想领域的伟大建树。

回国后第三天，高尔基在莫斯科苏维埃会议上，为了回答盛情的欢迎，在发言时就倡议创办《我们的成就》杂志。高尔基说，我国劳动者必须设置一面镜子，从镜子里可以不仅看到自己一个方面的成就，而且可以看到多方面的——科学、文化、生产等各个领域的成就。

六月九日，高尔基出席了在莫斯科召开的全苏食品业工作人员代表大会，并讲了话。

阿列克塞·马克西莫维奇在答谢大会敬意时说：

“亲爱的同志们，你们要晓得，我心里是多么不平静，我在莫斯科看到的情形，以及一路上所见所闻，是多么叫我激动，确实使我年轻了至少二十岁。我之所以有这样的感觉，是因为受到气氛的感染，这是一种精神十分饱满的气氛，发挥了智慧和干劲进行创造的气氛，尽管困难重重，你们还是在进行史无前例的创造……真正合理的社会理想一定要在地球上实现，而且为时不远了。人类将获得自由，变得聪明、健康、勇敢。你们正带领全世界向这一目标迈进。”

特别使他感到惊讶的是跟青少年的会见。在一个学校的庆祝会上，有一个十四岁的男孩子发言，随后是一个比他多少大一点的女孩子发言。男孩子讲的是当前的形势和教育的任务，女孩子讲的是科学的意义。

高尔基写道：

“男孩子也许他自己不觉得，他讲的话使我感到多么惊讶，多么新奇：

“‘叔叔，阿姨们，小朋友们！’

“他简直像一个老练的报告员，讲得又流畅，又风趣，甚至文辞也很美；女孩子讲得感情充沛，用自己的话语谈到要用知识来战胜旧观念，战胜迷信，谈到‘科学上的勇士们’。

“我想：‘嗯，这两个孩子是天才，是例外的情形。’

“可是后来我在许多集会上听到何止一二十个少先队员做报告，他们都能讲得这么好。”

高尔基不仅出席各种集会，访问企业单位，学校，他还经常在莫斯科大街上走走，同散步时遇到的人谈一谈。六月二十六日他写信给娜·阿·别什柯娃，谈到他这种观察莫斯科生活的方法：

“我常在大街上走走，不过要化一下装，贴上一绺长胡子；要想好好看看，不致被人包围，这是唯一的好办法……我看到的新鲜有趣的东西可真不少，看起来我今后得多用这种观察事物的方法，这样可以一点不受约束。”

文学界最有意义的一件大事，就是有高尔基参加的作家们一次盛大的集会。这些作家当中，有些正是受他引导进入文学界的，有些人的作品是他在索伦托曾经过目的，也有一些人，是他从来不认识的。

高尔基凝神地注视着一张张面孔。这是苏维埃新的文学力量。高尔基讲话时十分激动，十分热情，像是要把几十年来萦绕心中的对文学的抱负一下子掏给大家。

“我一向把文学看作一种革命事业。每次我谈起文学，就像是参加战斗，为了维护我最爱、最敬重的人，要同现实社会争一个长短。我们正在形成一个新的阶层。这是一个有点‘英雄’气概、善于进攻的市侩层……这一新的市侩阶层，其内部力量要比以前强得多，它是比我年轻时代的市侩阶层更加可怕的敌人。现在文学就应当比那时的文学更具有革命性，必须进行斗争，必须在文学作品中对这种现实进行严厉的、尖锐的批判，但是，与此同时，还应当去探索、发掘和肯定新人物的积极特征。”文学应当表现新人物。“用什么方法表现新人物呢？我想，必须将现实主义同浪漫主义结合起来。不是现实主义，不是浪漫主义，可又是现实主义，又是浪漫主义，好比是两胎一体。”

回国不久，各种感受正深，高尔基便积极地动手创办《我们的成就》杂志。

他在国家出版社召集的会议上说：

“同志们应当从日常生活中提取出一切新生事物，加以记载，不是写长篇大论，而是记叙其生动事实，不是为了证明新生事物确实存在而进行这样那样的推论，而是直截了当地描写其事实，要写得十分具体，并且要有血有肉……生活中有没有什么东西值得我们去表现呢？我回来只有八九天，但我是一个十分熟悉俄罗斯生活的人。我看到今天，也看到过昨天，这些天来，我看到，在改变生活方面，已经有了一些成绩。人已经变了样子。”

七、八月间，高尔基开始在国内游览。通过这种游览，他为

《我们的成就》杂志取得了一批十分生动的材料。

该杂志的《苏联各地见闻》栏，每一期都有高尔基的文章。

他回忆过去，将过去与今天相对比。他看到许多变化，他用艺术形式抒发自己的感受。

在巴库，高尔基回忆到他一八九二年和一八九八年来到巴库的情形[①]，描述了他当年在这“苦役监牢”里看到的阴森森的劳动场面，又叙述了他今天看到的采油场是什么样子。

“我常常这样回忆过去，年轻的读者也许要嫌烦了吧！可我是有意这样做的。我觉得青年人不了解过去，想象不出老一辈过的日子有多么痛苦，斗争多么英勇，他们不了解老一辈工作的环境多么艰苦，他们不了解，直到老一辈组织起来推翻旧制度，打碎旧制度之前，一直是在这种环境中干活的。

“我晓得，我这脑子里‘老古董’太多了，但我就是忘不掉，而且我认为不应当忘掉。油场上那可怕的泥泞，黑中带绿的一洼洼的石油，溅满了石油、被石油污染中毒的几千名工人，工棚顶上油污的孩子……这一切情景，还清清楚楚地呈现在我的眼前……”

高尔基在工人这种暗无天日的贫苦生活的衬托下，又描写了石油老板们荒淫无耻的豪华生活。

“如今巴库的面貌变得认不出来了，往日工人居住区那一片乱糟糟、愁惨惨的房子，就像是地震过后的一片瓦砾堆，如今也难得见到了。”高尔基接着描写了他今天看到的采油场，又描述了比

①高尔基说，他第二次到巴库是一八九七年。这是记错了，他第二次到巴库是一八九八年，在梯弗里斯被捕释放后，路过这里。因此处不是直接引文，本书作者便径自写成一八九八年。并加了底注。——译者注

比-艾巴特城,“人们在这里占用了一部分海面,要将水下油层开采出来”。谈到工人通讯员和青年作家的集会,从他们身上,高尔基看到巴库的青年人和别处青年人一样,兴趣非常广泛,非常多样化,进取心和求知欲很强。

高尔基脑海里经常出现符拉基米尔·伊里奇的形象——“在这富饶的土地上,工人阶级正在劳动,发挥出工人阶级巨大的威力……如果他能看到这一切,该是多么高兴啊!……”

高尔基从巴库去梯弗里斯,又从梯弗里斯到了亚美尼亚。

阿列克塞·马克西莫维奇到各个城市,在同作家们谈话时,都一再宣传《我们的成就》这份杂志的宗旨和意义。

他说:

“这份杂志要反映我国正在进行的文化工作以及各方面工作总的动向。格鲁吉亚、阿塞拜疆、亚美尼亚、乌克兰,还有别的共和国,都要在这份杂志上有所反映,让整个文化界有所了解。要表现新建设辉煌的全貌。我一向是一个幻想家,我觉得,这将是一件很好的事。”

阿列克塞·马克西莫维奇对广大群众讲话,则大讲劳动的伟大意义。

他在梯弗里斯苏维埃全体会议上说:

“我如果是一个评论家,要写一本评价高尔基的书的话,我要说,他能成为目前这个样子,只不过因为他对劳动体会很深。我要说,高尔基能有今天,因为他懂得劳动的伟大意义,而世界上一切有价值的东西、美好的东西、伟大的东西,都是劳动创造的。”

阿列克塞·马克西莫维奇顺着格鲁吉亚军用大道归来的时

候，在符拉迪高加索稍事停留。高尔基在车站前的群众大会上说：

“请大家原谅，我不会做报告，讲得不漂亮。写文章马马虎虎，讲话可没有口才。我常常听到你们讲‘无产者’这个词儿……可是我在此地没有看到无产者，我看到的是名副其实的主人……我看到，这些主人翁正在建设规模无比宏伟的新工程，像第聂伯尔工程这样的一些工程……”

高尔基离开符拉迪高加索，穿过北高加索，到了察里津。然后顺伏尔加河上溯，到达喀山。

高尔基在《我们的成就》创刊号上写道：

“……喀山。尼日尼-诺夫戈罗得。但这些城市引起我的回想实在太多，现在就不一一赘述了。”

高尔基后来也没有找出时间来描述在这些城市的见闻，但是我们可以从一些片段回忆中，晓得他来到这些城市时的一些情形。

阿列克塞·马克西莫维奇来到喀山那一天，是一个炎热的晴天。小火轮“乌里茨基”号停靠在码头上。伏尔加河岸上人山人海，欢呼声、欢迎的叫喊声震天动地。

鞑靼作家卡维·纳泽米回忆说：

“高尔基一见面就热心地向我们问这问那。他一再问到一些新书，问这些新书什么内容，希望大家对人的生活中和思想意识中的一些根本变化，认真去思考，并且要用艺术手法反映出来。”

高尔基在喀山一些集会上，谈到他这次在苏联各地游览中的感受，谈到他因疾病缠身客居意大利，说意大利虽美，终是他乡，说他这样一个远离祖国多年的人,在这次游览中看到的新鲜事物太多了。

如今他来到伏尔加岸边,回到自己家里。回到自己的故乡,故乡人民盛情地欢迎他。

高尔基说:“我十分敬重刚毅不拔、意志坚强的人。有些人,我从前想都没想到的,如今在生活中出现了,在工作中出现了,他们正在创造伟大的事业。”

他说,在《我的大学》一书中,描写了他过去在喀山的生活情形。但是,实际他当时在这里过的日子,比书中所写的苦得多。但是“所有那些个人的遭遇,——我们每一个人都有自己的遭遇——所有这一切,与我们现在所经历的伟大变革相比,是微不足道的”。

阿列克塞·马克西莫维奇说,他过去了解俄罗斯,了解俄罗斯人民,可是他现在要改变多少年来形成的观念。“如今我在苏联看到的人民,我感到又熟悉,又不熟悉……你们下定决心在改造世界。”

在尼日尼-诺夫戈罗得,阿列克塞·马克西莫维奇在隆重的市苏维埃会议上发言,对他这次在苏联各地游览进行了总结:

“从莫斯科到爱利宛尼,从爱利宛尼到尼日尼,经过这八千俄里的行程……以及我停留的许多地方……我的感触太深了。我感到,我们国家有很好的人民,他们有智慧,有主人翁的觉悟,对自己的历史使命已经初步有了很好的理解。”

高尔基在“红色索尔莫沃”工厂,看到这个旧式工厂彻底改建工作只是刚刚开始,看到车床一个一个地紧紧挤在一起,心里感到难过。这些英雄的、十分能干的工人，在极其拥挤、极其原始的劳动条件下，“几乎是赤手空拳”在造航海大帆船。

但是，高尔基却称赞巴拉赫纳造纸厂是一项“人类智慧的杰作”。

“……伏尔加岸边一根根的原木从水中自动进入电锯，锯好的碎木又自动进入滚筒，在滚筒里用水冲洗干净，去掉树皮，然后顺着一个槽子上升到几百英尺高处，从上面落下来，成为一个个的圆堆，碎木又从这些圆堆自动进入机器，机器将碎木碾成木浆，木浆流入另一座机器加工成型，大捆大捆的纸张从这座机器里出来，直接进入货车的车厢。这一切是出奇简单，又出奇地巧妙，要写这样的工厂，我再说一遍，要用诗来写，来歌颂这人类智慧的结晶……”

高尔基在对工人讲话中说，他十分清楚，十分理解我国工人阶级在创建第一批社会主义企业中所遇到的困难。但是，当他看到工人阶级所向披靡的力量和精神以后，他认为这些困难全都不在话下。

高尔基在索尔莫沃的群众大会上，在谈到苏联国内大事的时候，说必须信赖共产党，听从共产党的领导，因为正是共产党领导工人阶级夺取了国家政权。“我讲的是共产党。我没有参加组织，不是共产党员，但是凭我的良心，我不能不对你们说，党——的的确确是你们的大脑，你们的力量，确确实实是你们的领导者，这样的领导者，遗憾而且不幸的是，西方无产阶级还没有。”

高尔基在《我们的成就》第三期，写到第聂伯尔工程。第聂伯尔工程建设刚开始不久，遍地是炸碎的石块，吊车轰鸣，吊起一根根大铁桩，下进汹涌奔腾的第聂伯尔的岩质河底。高尔基写道：

“我是新时代与旧时代决战的见证人。我要在历史法庭上提出见证，供劳动青年认清历史的真相，因为他们对苦难的过去了解得太少，所以他们对今天往往太不珍惜，而且对今天也不能很好地理解。”

因此高尔基便一部接一部地写历史的“见证”。

高尔基在哈尔科夫附近的库利雅什，在天才的教育家和作家安·谢·马卡连柯带领的往日的流浪儿中间度过了几天。

安·谢·马卡连柯回忆说：

“这几天，在我的一生和孩子们的一生中，都是最幸福的日子。不过我认为，马克西姆·马克西莫维奇是工学团团员们的客人，不是我的客人，所以我竭力使他和团员们处得十分密切、十分亲热。”

高尔基和工学团的年轻人通信已经有好几年了，亲眼看着他们在文字拼写、文法运用方面一天一天地长进，社会知识也在一天天地增长，对社会现实的认识面逐渐扩大，看着这些无法无天的小鬼、流浪儿、小偷、卖淫的幼女，成长为很好的工人。

现在，如他所说的，他们送给他一份“很珍贵的礼物”——二百八十四个人写出了他们的自传，将自传送给了他。

高尔基引用了安·谢·马卡连柯为这些自传写的序言：

“当我付印第一百篇传记的时候，我体会到，我是在读我什么时候曾经读过的一部最动人心弦的书……我从字里行间感觉出，这些故事的作者不希望引起别人的怜悯，没有任何想头，这是孤苦伶仃的小人物简单而真挚的故事，这些小人物从来不指望得到别人的同情，至于风吹雨打，严寒酷暑的折磨，他们倒是习以为常，他们对不幸的处境已经处之泰然。”

高尔基见到流浪儿这件事，留给他十分深刻的印象，照他的话说，在他一生的余年中，将永远不会忘记。

一九二八年高尔基的国内旅游，为他提供了丰富的感性材料。他在索伦托时，经常收到苏联报刊，还能收到一些工厂小报，能经常看到苏联国内的情形，收到工人通讯员和农村通讯员的许多来信，这些来信有时能为他这位艺术家提供一些很有用的具体材料。但是同祖国的亲身接触，毕竟使他感受更深，将他最炽热的想象变成了信心，使他看到了为幸福而斗争的新人。

这次旅游和高尔基新发表的一些政论性文章，引起了侨民报纸和一些外国资产阶级报刊一阵疯狂的咒骂。

一九二八年白俄侨民阿·列文松在法国首要报纸《时代》上发表文章疯狂进行攻击，左倾杂志《欧洲》给高尔基寄来一封信，对这种攻击表示十分愤慨，要高尔基写文章回击。

高尔基回信说：

“你们在来信中十分感人地表示了你们对我的友好态度，我向你们表示衷心感谢。

“在阿·列文松先生的文章中，我看不出有一点可以使我难过的地方。他无非是重复了一遍我早就熟知的侨民报的一种说法，说我投靠了‘魔鬼’。对这一点，我只能这样说：如果真有魔鬼，而且居然能使我着了魔，那么，看样子，这就不是自尊心和名利心这样的‘小鬼’，而是因为痛恨创世主昏庸无道、不关心人间疾苦而起来造反的阿巴东[①]。不过我想，谈魔鬼并没有多大意思，因为有些人还在痴心妄想，在维护那种比地狱还坏一万倍的东西——现代国家那种罪恶的制度。我跟着‘布尔什维克’走，布尔什维克有没有压制自由？是的，我和他们站在一起，因为我赞成一切勤勤恳恳劳动的人享受自由，不赞成寄生虫和政客们独占自由……一九一八年我同布尔什维克争论过，闹过对立，那时候我认为，他们无法对付被战争弄得人心混乱的农民，一遇到农民，就会葬送掉工人的政党。后来我看清楚是我错了，现在我完全相信，尽管欧洲所有国家都在敌视苏联，尽管这种敌视造成了一些经济困难，但是俄罗斯人民已经进入了一个新发展的时代。”

这就是高尔基对西方社会舆论的回答。

三

第二年，即一九二九年，高尔基又去北方游览，到克姆、索罗夫基，又向前走，到穆尔曼斯克、赫宾冻土带。

索罗夫基是一个海岛，色调十分平淡单调，和高尔基看惯了的南方绚丽的风光大不相同。轮船从远处渐渐驶向海岛时，可以看到森林覆盖的一个个山冈，在山冈衬托下，现出一座教堂。到了近处，便可以看到这座教堂十分巍峨，照高尔基的说法，这是神话中大力士的神工——教堂的围墙和一个个圆形尖顶建筑，都是用各种色彩的巨石建成的。

高尔基来到犯人劳动营里，同犯人谈了话，和一些青年人谈

①阿巴东——圣经中统治地狱的魔王。——译者注

了话，看到了各种类型的人，回忆起了自己青年时代遇到的许多人。

“……他们大多数人的表现，确实说明他们已经有了一个最主要的认识：今后再像他们过去那样是不行了。”

高尔基看到有一些人，已经服满了刑期，却因为爱上了自己的工作，便留在岛上，勤勤恳恳地工作着。这个岛上的农场场长兼实验站站长就是这样的。他想在岛上播种三百公顷耐寒品种的小麦，还要种黄瓜，栽培蔷薇花，研究植物病虫害。他带高尔基去看了养马场，优良品种的大体形的母牛场，猪肉腌制场，奶牛场。有一个繁殖黑褐色狐狸、北极狐、黑貂的养殖场管理员也是这样的。这座养殖场面积很大，一层层的铁丝网，隔成一条条“街道”，铁丝围成的网格里面是一个个的小房子，有许多通道和像洞穴似的出入口，每一个网格里都布置了动物习惯的“环境”，有的栽了树，有的是放一些树枝。他甚至能将狐狸这样狡猾、恶毒的动物养得十分驯顺：狐狸爬到他的膝盖上，肩膀上，吃他手里拿的食物，看到有人走到网格边上，也并不将小狐狸赶进洞穴躲避。还有别的一些工作人员也都是这样的。高尔基谈到这些人时说得好：“这些人做的事情很重要，他们的工作很值得重视，要尽一切办法帮助他们。”

随后高尔基又到了穆尔曼斯克。

他在《在大地的边缘》这篇特写中，描写了这座新城市的诞生，使人鲜明地感觉到这种创建工作的重要性，看到国家建设宏伟的规模，看到国家建设遍及“大地的边缘”！

高尔基在特写的结尾时说：“边缘地区一片新气象。我们国家到处是新气象。只是很遗憾,国家的情形我们应该晓得,但我们却晓得太少太少,少得使我们感到惭愧。”

高尔基在穆尔曼斯克同一群青年——未来的新闻记者见了面。一个当时在场的人在回忆文章中记述了这次见面时的谈话。高尔基谈到首先应该注意的一些问题;指出一些万万不能忽视的薄弱地方,一定要重视其社会影响,要对缺点大胆进行批评;高尔基特别详细地谈到要学会观察、发掘新事物的特征,支持新生事物。

不难看出,高尔基对青年记者提出的希望,正是他本人的工作纲领。

“我很想多多工作。将我的小说第三卷写完,然后,我大概要做做新闻工作,这样可以更紧密地接触实际生活,主要的是可以接触青年。”

一九二八年写的这封信说明,高尔基还没有将小说写完,就一心盼望做新闻工作,而且不仅是盼望,不久就写成了一部新作品——一组特写《在苏联》。

这组特写是一九二八年苏联成就的见证。这里面不仅反映出生产的机械化和工业技术的发展推动苏联一日千里地前进,而且反映出人的精神面貌变了,对国家事业抱的是自觉的主人翁态度。高尔基一再着重说明这一点,一再提到必须对人进行教育改造,要将被迫做事的工人,或者遇事不冷不热的工匠,教育成为“自愿劳动的、朝气勃勃的创造新文明的艺术家”。

高尔基一提起笔来,他的思想便驰向遥远的过去,而过去便是他衡量今天最好的标尺。

阿塞油田采油场上一片宁静气氛，——这一点便足以表现出新采油场截然不同，旧社会采油场一片嘈杂声，一片轰隆声，那是高尔基记忆犹新的。

遇到工学团的往日流浪儿，他想起尼日戈罗得的少年罪犯营，在那里折磨死多少有才能的儿童。“这些孩子们悲惨的命运，是我过去记忆中最凄惨的印象之一”。

在特写中，在直接叙述之外，经常有一些插笔：在轮船上的谈话，走在农村路上的谈话，对资产阶级科学的评论，民间创作的历史，而这一切都是为了一个目的：说明人的志气能够创造奇迹，劳动能创造一切。

在谈到他的一个旅伴，查波罗什的一个同志时，高尔基说：“应当说，他是一个很有远见的人，他看得很清楚，未来的道路上有很多困难，但是这种困难他觉得不在话下。”

高尔基和他这位旅伴一样，看到未来的道路上有很多困难，而且前进的道路上“还有个人安逸的泥潭”，“可以看到，老一辈中有些人已经陷入了这种泥潭，甘心做了市侩的俘虏，全忘了当年为反对市侩进行过奋不顾身的、英勇的战斗。”

他在第聂伯尔工地看到巨大的岩石被炸开的情景。岩石低沉地嗡嗡响了几声，颤动了几下，就淹没在白色烟雾里了。过了一会儿，等硝烟散去，巨石变宽了，落低了，但是大体形状没有多大变化——没有一块小石头飞向空中。

一位陪伴高尔基的工程师解释说，原是不要求将石头炸得飞起来。全部爆炸力用来从内部破坏岩石，已经没有力量将岩石炸得粉碎和炸飞。

于是高尔基写道：

“我十分欣赏这种十分经济的爆炸方法。要是能将技术方面这种方法用到社会领域，那就妙极了。要不然，你就看吧，市侩阶层虽然在经济上被炸毁了，可是炸成了碎片，向四下里飞去，还会在我们现实社会中深深扎根。”

这些特写文笔犀利，具有政论风格。

这些通讯性质的特写，所以具有极高的艺术性，除了整个结构以外，还有大量色彩绚丽的细节描写：站在山上看到的巴库夜景，以及和那不勒斯夜景的对比；爱利宛尼沙龙亚美尼亚人的舞蹈；旧库尔斯克的情景；穆尔曼斯克午夜的太阳；第聂伯尔河上的风光；克姆与穆尔曼斯克之间林中的小憩以及篝火旁的谈话；想象中巨冰的流动，巨冰无法比拟的重量，石块的碎裂和撞击声，石块一面碎裂一面旋转，带起一股宽宽的、厚厚的冰流飞舞乱滚。

一九二九年的一张照片保存下来了。高尔基从北方返回列宁格勒，正在对基洛夫叙说自己的旅行，那姿态、手势描绘出高尔基特有的神情。基洛夫在一旁注意地听着。

高尔基作为《我们的成就》杂志的主编，要审阅大量来稿，给作者写信，约稿。

他给本书作者的信中说：

“天天事情搞也搞不完，——有什么办法呢？我平时自以为不是个拖拉的人。就现在我也是从早晨一直坐到深夜，阅读《我们的成就》的稿件。弄得我经常失眠。”

他经常收到读者的大量来信。这些信件往往能提高阿列克塞·马克西莫维奇的兴致。他写道：“我翻一翻‘俄罗斯’四面八方铺天盖地朝我涌来的信件，心想，将来要有人翻查我的文献，那可真够他翻的。”

在高尔基所收到的成千上万封来信当中，也有许多抱敌对情绪的人的来信。高尔基写了一篇文章《致苏联“麻木不仁的公民们”》，来回敬这些来信的人。

高尔基毫不留情、十分鄙夷地向劳动人民揭露了这些人的嘴脸，文章结尾说：

“人们要的是另外一种现实，不是他们那些人在其中生活惯了的那种现实。我看到，在我们苏联，这种创造新现实的速度是极其惊人的，我看到，一种新的力量，工人阶级的力量，已经很好地、创造性地发挥出来了，我相信工人阶级一定要胜利。

“我相信，因为我了解。”

谁也不会像高尔基那样了解沙皇俄国的苦难，他本人就是从苦难的深渊中挣扎出来的，他最了解沙皇俄国的肮脏、丑恶和人民所受的奴役。

谁能像高尔基那样了解这一切？于是他极力想把自己的体会告诉青年人，使他们痛恨过去，教导他们憎恶市侩作风，懂得市侩作风是资本主义的残余。

除了在《我们的成就》杂志工作以外，高尔基又创办和主持了《在国外》《文艺学习》《苏联建设》等几种杂志，筹备出版了几种丛书：《十九世纪青年的历史》《诗歌丛书》《名人生平》。

高尔基特别关心《名人生平》这套丛书，他亲自审稿，并且写道：

“这种传记不是要出一年、两年，只要对文明有最大贡献的人物的传记没有全部出完，就一直出下去。”

根据他的倡议，还出版了一些很有意义的东西，如《工厂史》《国内战争史》；每一项社会文化事业，凡是需要他帮助的，他都给予帮助和配合；有些和阿列克塞·马克西莫维奇有密切关系的事，如帮助青年作家和指导苏联文学界，那就更不用说了。“扫盲协会”如何开展工作的事，筹备北极年，流浪儿垦荒，创办全苏实验医学研究所，还有许许多多文化方面、国家事务方面的工作——他处处关心，或者提倡议，或者支持，或者直接参加。

他的兴趣和知识面之广、思维之敏锐、自觉精神之强，实非一般人所能比拟。

高尔基是一个责任心极强，工作特别深入、细致的主编。他不像我们现在的主编那样，只是看看各部门责任编辑编好而且拼成版的大样，他要阅读杂志或者丛书的全部来稿，亲自改稿，亲自给作者写信，亲自约他们为杂志写稿，用自己的工作精神来带动编委会的全体成员。

三四份杂志，还有三四种丛书——这大量的编辑工作，还只是他工作的一部分，此外他还要写政论，进行艺术创作，还要做一些社会组织工作。

非常遗憾的是，高尔基所编辑的一些文学政治性刊物、丛书，除《诗歌丛书》和《名人生平》丛书之外，随着高尔基的逝世，几乎全部停刊了。

《工厂史》。一九三一年十月十日，联共（布）中央通过了高尔基的建议。在“国家联合出版社”内，成立了一个新的出版机构——《工厂史》出版社。高尔基是其主要领导人之一。总编辑部决定在一九三二年——九三三年出版“工厂史”二十六种。许多工厂都成立了编委会。

《工厂史》丛书连续出版，其中附有高尔基和其他领导人的文章。第一本单行出版的是《斯大林格勒拖拉机厂的人们》，接着是尼·巴·巴亚林写的《列宁工厂》（过去叫谢米扬尼柯夫工厂），《往日的高山》——这是高山铁矿工人们写的一些故事，还有《白海—波罗的海运河》，等等。编辑部还收到《伊饶尔工厂史》《莫斯科—喀山铁路历史》。丛书中还发表过《柯尔宾工厂史》《莫斯科工具厂史》《“镰与锤”工厂史》的一些章节。

高尔基写道：“……我热烈祝贺工人作者在这项巨大、艰苦和十分重要的工作中获得了良好的、成功的开端。无产阶级通过这项工作，再一次说明有理由可以满怀喜悦，满怀豪情地相信，无产阶级的创造力是多方面的，是无穷无尽的。”高尔基写道，有些地方，工厂史的工作，是当作群众性的政治工作来做的，这种工作必然会在工人阶级中培养出一批一批的新人物。工厂的历史首先是工人阶级觉悟不断提高的历史，也就是工人认清自己的历史作用和认清自己有权进行革命的过程。

这项巨大的、政治文化性的国家事业竟被废弃了。后来又出过一本《地铁建设者的故事》，是一部分作家组织的。但总的说，“工厂史”方面的工作，在高尔基逝世后，就被弃置了。现在又有些人在讲，要恢复高尔基倡办的这项事业，并且指出，有些工厂里已经恢复了编写“工厂史”的工作。

《国内战争史》。高尔基在一九三〇年就写过一篇文章《人民应当懂得自己的历史》。他在这篇文章中写道：“国内战争的历史，是工人阶级取得伟大的历史性胜利的历史。革命文化战线上的每一名战士，新世界的每一个建设者，都应该熟悉这段历史。”

曾经由一部分著名的政治活动家组成了一个编辑部，但是到一九三五年才出了第一卷，一九四二年出第二卷，而且只叙述到十月社会主义革命中的一些事件。

现在也在重新实现高尔基的这一倡议。在较短的时期中便编写并出版了《国内战争史》第三卷和第四卷，最近即将出第五卷。“在阐述国家大事的时候必须注意，要还历史的本来面目，不要受个人崇拜影响而歪曲历史。”歪曲历史的情形，特别在一九四二年出版的第二卷中比较明显。

高尔基还打算出版一种历史丛书——《农村史》。高尔基只来得及在自己住宅里召集一部分同志讨论，并就这件事，写了两篇文章。

在高尔基创办与主持的杂志当中，还有一种是《农庄庄员》。这份杂志和《我们的成就》一样，幸运的是，阿列克塞·马克西莫维奇除了直接参加编辑以外，自己还经常为它写稿。

照高尔基的说法，培养新的农村干部，培养农庄的新式农民，是一项十分重要的大事。他曾千方百计地支持《农民报》，如今又面向农村办一份《农庄庄员》杂志，作为提高读者水平的专门读物。

他在《农庄庄员》上发表了许多描写旧社会农村的优秀小说，让庄员进行新旧农村对比。如同在《我们的成就》上那样，阿列克塞·马克西莫维奇也是在“向历史的法庭提供见证”。他写道，人们“因为千辛万苦地争一口面包而弄得互相疏远和对立”，写到省长下令毒打农民(《省长就是法律》),写到地方官审判农民(《鹰》),写到克拉斯奴赫村,在这个村里“三十七户人家中,有十五户永远缴不清税款,这十五户中,有五户完全破产”,这个村里的穷人,以及富人家的雇工,吃不饱肚子,日子过得十分艰难,十分凄惨(《公牛》)。

现在也想恢复这份杂志。阿·沙沃伦柯夫就为此发表了文章(《文学报》一九五七年第三十一期):

“阿·马·高尔基一些十分高明的主张,现在我们应该重新予以重视,应当重新出版政治文学性与科学普及性的杂志《农庄庄员》。我以为,这份杂志恢复出版,不仅能继承过去《农庄庄员》的优良传统,而且能发掘出办好杂志的真正的新形式……”

高尔基的许多远见卓识,今天重新受到重视。

四

“这寂静的夜,使我的头脑得到一时的休息,暂时摆脱一下一天来各种各样的,虽然是微不足道的烦恼,这寂静的夜,像是对着我的心灵低声在演奏一曲伟大人物和小人物共同创作的庄严的乐章,演唱一支新历史的美丽的歌曲,——这是我祖国的劳动人民如此勇敢地首先开始演唱的歌曲。”

这还是高尔基在回苏联之前,在意大利写的。

他经常收到从中央到工厂的各种大小报纸,经常收到工人通讯员、农村通讯员、军队通讯员的来信,有时一天达三十封之多,这样他就可以仔细地、怀着赞赏和钦佩的心情注视着国内建设的进展。

高尔基在苏联的游览,更增强了这种心情。

他同样也看到俄国工人的缺点,看到刚刚被消灭的资本主义制度的残余。

他写道,工人和农民“正在努力消除他们本身没有知识和文化水平不高的现象,正在克服他们身上根深蒂固的坏习气,这些坏习气是他们从资产阶级那里继承来的,是万恶的奴役人的世界传染给他们的”。

然而他看得很清楚,主要的一面是健康的:劳动人民已经深刻体会到知识的力量是无穷无尽的,自由的劳动是能创造一切的,正因为体会到这一点,他们正在学习“好好地工作,按照新的方式生活”。

用高尔基的话来说,将来研究俄国革命的历史学家,看到工人阶级在十年间做了那么多的事情,一定会感到惊讶的。

高尔基写道:

“符拉基米尔·列宁是一个有信心的人,他所以坚信不移,因为他了解得透彻……他看到并感觉到,周围有成千上万个新历史的创造者——他们是工人阶级的先锋队,是用列宁的思想、列宁的信念培育出来的,他们能够率领工人群众前进……”

那种无比高涨的“真正革命的干劲和移山倒海的劲头”,使高尔基十分钦佩,并受到很大的鼓舞。

他一贯维护革命的无产阶级,驳斥内外敌人的攻击,宣传苏维埃国家政治上的强盛。

过去,列宁曾给高尔基写信说:

“但是，如果您也愿意参加办政治报的工作，为什么不写些像《新生活报》上的《论市侩》一类体裁的东西呢？依我看，您已经很好地开了头，为什么不继续下去呢？”

高尔基在苏联报刊上完满地实现了列宁这一愿望。他的许多文章，是进行宣传鼓动的典范。

他极其鲜明、极其形象、坚持不懈地在宣传苏联的成就，阐述俄罗斯人民今天劳动的意义，阐述苏联各民族友谊和发展苏联各民族文化的意义。

高尔基在《无产阶级的爱国主义》这篇文章中，论述了帝国主义和法西斯主义：

“帝国主义和法西斯主义，在不同语言、不同民族的广大的无产阶级中，散播民族不睦和种族歧视的罪恶种子，这种罪恶的种子会变成种族仇恨，妨碍劳动人民觉悟的提高，认识不到他们的阶级利益是一致的——团结一致才是一条生路，全世界工人、农民只有走这条路才能得到解放，才能摆脱被压迫和无权的状况，不再给脑满肠肥的老板当奴隶。”

这种评论全世界性“市侩”的随笔，将资本家比作“脑满肠肥的老板”，向欧洲和美国的工人揭露了资本主义的实质。

单是这部分作品，就编成了一卷《政论文集》，还有一卷政论性的文学评论文章和具有政论性的大量信件尚未计算在内。

他在这几年中写了三百篇文章，发表在《真理报》《消息报》和其他报刊上。

《摧毁旧世界的飓风》《诽谤与伪善》《友好的呼应》《在红旗下》《致外国工人》和其他一些文章，都是出自这位国家文化活动家和苏联战士手笔的真正卓越的作品。

高尔基写文章揭露美国的法西斯主义分子，指出他们的“文明”就是用电椅子将黑人工人烧死（《美国资本家对黑人工人采用的恐怖手段》），他为了回答美国记者的来信，写了一篇长文章《“文明行家们”，你们同谁站在一起？》。

“你们责怪我‘宣扬仇恨’，劝我今后要‘宣传爱’。你们大概以为我很有本事劝工人听话：你们去爱资本家吧，因为你们的血汗是他们榨光了的；快去爱资本家吧，因为他们正在无情地毁灭大地上的珍宝；快去爱他们吧，因为他们把你们炼的铁拿去造大炮，又来杀害你们；快去爱那些坏蛋吧，是他们叫你们的孩子饿死的；快去爱那些为自己安逸、自己发福而杀害你们的人吧，去爱资本家吧，因为是他们的教堂教你们不要脱离愚昧的深渊。”

高尔基要美国知识分子看一看，历史给予俄国资产阶级知识分子的教训是多么严酷：他们不和本国劳动人民站在一起，正在无可奈何的牢骚声中消磨岁月，苟延残喘地过着亡命的生活，很快就会像牲畜一样地了此残生，最后落得个叛国者的称号。

在回答一家美国杂志的征询时，就“您怎样看美国文明”这一问题，高尔基写道：

“我以为，你们的文明，是我们地球上最丑恶的文明，因为它将欧洲文明中形形色色糜烂无耻的丑恶现象发展到了登峰造极的程度。”

高尔基对苏联人民的力量深信不疑，他是一位保卫和平的伟大战士。

“苏联工农群众不愿打仗，他们渴望建设一个人人平等的国家。但如有人来侵犯,他们将齐心协力奋起战斗,而且一定要胜利,因为我们顺应历史的潮流。”

高尔基的这一论断,完全被伟大的卫国战争证实了。

高尔基热切地盼望和平,盼望对人类有益的和平,有了和平,社会主义建设者靠自觉的劳动,就能按自己的要求去改造大自然,积累物质财富,变劳动为艺术。

他对妇女们、母亲们写道:

“战争的阴云眼看着就要将和平吞没,你们为何不发出你们庄严的呼声,谴责疯狂的战争叫嚣?……

“你们正在用母乳喂养婴儿、抚育他们长大成人,使他们对历史有所贡献——做一名工人,用自己的劳动对世界做出贡献,做一名英雄,做一个有益于人类的人,做一个天才,做一个光辉的思想家。现在有人要叫孩子们死亡,你们为什么不动声色,为什么那么平静?……

“母亲们!妇女们!你们有权利讲话,你们有权决定一切。你们创造了生命,你们就应当一齐起来保护生命免遭毁灭。”

但保卫和平,是和积极地揭露帝国主义的反动政策不可分割的。

高尔基的政论文章几乎涉及所有帝国主义国家的政府。“老板们争论些什么呢?”——高尔基问道,接着他回答说:“他们争论的是,哪一个强盗集团有资格抢得最多,哪一个有资格支配世界。”美国企业主拥有堆积如山的军事物资,赢得了大量的利润,还要赚得更大的利润:“因为业已证明,最赚钱的生意就是将人加工为残废人和死人的生意。”

欧洲知识分子在阿姆斯特丹举行反战大会,高尔基应大会邀请率领苏联代表团前往。

但是荷兰政府受帝国主义大国的指使,不准苏联代表团入境。

于是高尔基给大会代表们发去一份电报,痛斥了荷兰政府俯首听命的可耻行径,并希望代表们团结一致,反对帝国主义的战争阴谋。

"……剥削鬼、寄生虫、一贯抢夺别人劳动果实的强盗,正打算发动一场新的大屠杀,想阻挡、破坏人类改造大地、夺取大地宝藏的伟大进军。"

今天,在各国人民反战的愤怒声浪中,依然经常听到伟大作家和伟大政论家高尔基的呼声。

在高尔基的文献库中,还保存着一些资料,这是为写一部论述社会主义与资本主义经济的书籍而准备的。高尔基已写出这本书的提纲:资产阶级发展经济,就要"全面地加强对工人的统治"——加强雇佣性质的和殖民性质的奴役;在社会主义经济中,一切劳动和一切措施都是为了达到一个目的——求得苏维埃国家的独立自主、人民的自由和幸福。

高尔基热情赞美自己的国家,将它称之为"世界上最富饶的国家,又是一个丰富多彩的国家,因为它有极好的自然条件、丰富的地下宝藏,多方面的、光辉灿烂的文化遗产。这种光辉灿烂并不是为了自我陶醉而臆造出来的,而是客观事实,它逐日为年轻的科学和我们的艺术所证实"。

高尔基赞美道:

“伟大的人民，人民中伟大的力量放射出耀眼的光芒，照亮了全世界劳动人民前进的道路。”

高尔基对青年人讲的话，写的文章是很多的，多次号召他们忠于“我们强大的社会主义祖国”，在我们国家，所有的人都必须努力工作，完全彻底地改造旧的生活基础，在我们国家，从最大胆的想象，到变为真正的现实，其距离将会飞快地缩短。

“你如果是一个永远奋发向上的人，你就会看到千百万人在各自的工作岗位上勤奋工作的壮阔的历史画面……”

这是高尔基的豪言壮语，他并且一再断言，没有任何困难障碍，是列宁的党动员起来的工人阶级力量所不能克服的。

他号召要痛恨敌人，——敌人正在竭力破坏国家进行共产主义改造的伟大事业。

“国内十分狡猾的敌人正在对我们进行破坏，在食品供应方面制造紧张，富农对集体农民采用恐怖手段：凶杀，纵火，以及其他各种各样的卑劣手段；一切不甘心退出历史舞台的人都在反对我们，我们就有根据认为国内战争状态并没有结束。”

这篇文章写于一九三〇年十一月十五日，十天之后，发生了“工业党”事件。高尔基针对这一事件，不仅写了政论文章，而且写出了第一流的艺术作品。

可以看得出，约莫就在这段时间，他紧接着就动手写作《索莫夫和别的人》一剧。一九三一年二月就写成了。

索莫夫是一个高级工程师，同西方资产阶级有联系。他的别墅是暗害分子的“参谋总部”之一。他同工程师鲍戈莫洛夫和伊佐托夫共同策划进行破坏：积压设备，尽可能地阻挠建设的进展，积压资金，排挤不参加他们组织的人员，等等。

请看他们的一段黑话：

“鲍戈莫洛夫：简直透不过气来。

“伊佐托夫：嗯，是的。庄稼——旱了。

“鲍戈莫洛夫：您是说——要歉收吗？

“伊佐托夫：听说是的。

“鲍戈莫洛夫：那倒不坏，您以为呢？”

索莫夫是“很能干”的。他回想起自己同厂长、共产党员捷连季耶夫的谈话：“索莫夫同志，您是一个很出色的工作人员，我对您十分欣赏，我在想：我们自己能否很快就有这样的人才？”

只有他的妻子莉季娅，虽然不晓得索莫夫的暗害计划，却也感觉到他是“两面派”。

索莫夫同妻子交换意见的一场戏，是全剧的中心。索莫夫剥去自己的伪装，指望把莉季娅引诱过来参加自己的活动：“我是两面派？是的！不这样——是不行的！为了要达到我抱定的伟大目标，非这样过日子不可……我这个人从来相信自己的力量，相信我的使命一定能完成。我家祖祖辈辈都是胜利者……”

这是法西斯主义的思想逻辑，其先驱者便是尼采。索莫夫幻想靠西方资本家的帮助，组织法西斯政变。但是索莫夫比自己的同伙都聪明。他懂得，五年计划、社会主义竞赛，都不是空想，布尔什维克并不是傻瓜，他们是有嗅觉的，青年人是有作为的，是坚定的。因此，他嘴里所讲的一些话，说什么工人夺取了政权，但是管不好国家大事啦，他们的党要慢慢垮台的呀，群众不理解党的方针，农民反对工人啦，等等，——他嘴里的这些话，全都变成了歇斯底里的叫嚣。

索莫夫要试试前来参加建设的老同学亚罗佩戈夫的心思，隐隐约约地告诉他，工程师们要联合起来搞暗害，对他说，他们这些领导者是需要工人方面充分信任的。

“亚罗佩戈夫：我想，我是享有这种信任的。

“索莫夫：你！需要对我们大家都信任，不是你一个人！群众反对我们，不能不看到，他们的阶级感越来越强了。你给他们讲一点什么，给他们搞一点技术史的讲座。或是别的什么……他们可一点也不稀罕……

“亚罗佩戈夫：（一面笑着）他们对我可是了如指掌，一点也不见外。说实话，我就喜欢这样。”

亚罗佩戈夫觉得，他这些工程师同事们和工人们隔阂很深，他对此总要开开玩笑。但是他万万没有想到他是在一伙搞暗害的匪帮中间工作，只是在这伙匪帮被破获时，他才恍然大悟。

特别引人注目的一个人物是老工人克雷若夫。他是从外地工厂来找捷连季耶夫的。他在工厂里被认为是一个爱找事、好捣蛋的人，因为他要求查一查，工厂经过改造以后，生产为什么老是上不去。于是他抓起他记录了全部生产过程和一切故障的小本子，不远千里，来找老朋友捷连季耶夫。他谈到自己的旅途见闻，听得出那正是刚刚游览了全国的高尔基本人的声音：

“我这次到这里来，所谓逢山过山，遇水过水，见森林就穿，坐船就拉帆，我这么一看：这里在建设，那里也在建设，有的地方已经建设完工，我的妈呀，真不得了！人家干得可真欢，真有狠劲儿！当然啦，我听过报告，看过报纸，也知道外面情况，可是亲眼看看，毕竟又是一番景象。”

克雷若夫这个人物是极有代表性的。他的整个性格、语言，给剧本增添了极其鲜明的色彩。

总的说，剧中的人物典型是极其多样化的。可以说，这是当时生活的百科全书。

这里面有不接触实际生活的索莫夫的妻子莉季娅，她说：“城里人都不满意，噘着嘴过日子，发牢骚。说党员的坏话，讲一些古老的莫斯科笑话。”

这里面有过去的工厂主利索戈诺夫，他想尽办法对莉季娅行贿，跪在地上祈求索莫夫恢复他的工厂。他担心一旦发生政变，工厂回到他手里时，设备不齐全了。

这里面有索莫夫的母亲安娜·尼古拉耶夫娜，一个往日的阔太太，“举止高雅”，说起话来气派十足：“他们什么破烂都要搜集，什么废物利用啦，这是在俄罗斯呀！在欧洲面前多么丢脸！”这里面有季托娃，她在旧社会设立一个房间，专门提供“小方便”之用。安娜·尼古拉耶夫娜谈到她的时候说：“我们，当然啦，注定要和一切下等人打交道……”这里面有医生的女儿阿尔谢耶娃，她同情布尔什维克的工作，遇事不轻易可否。还有捷连季耶夫，国内战争时期曾经在阿尔谢耶娃家里养过伤。

他对副厂长德罗兹多夫说：“老弟，我日夜想她，想了三年……甚至于因此到现在还没有结婚。也许，这是可笑的……”这里面有老工程师鲍戈莫洛夫，见便宜就贪，盼望将来给苏联青年佩戴“斯托雷平式领带”[1]，他同利索戈诺夫、安娜·尼古拉耶夫

①指绞刑。——译者注

娜关系密切。

这里面有特罗耶库洛夫,“唱歌教员”,他在精神领域散布毒素,他对念念不忘当年“英雄事迹”的过去的游击队队员、现在是俱乐部主任的基塔耶夫说:“照你的天性说,你是个破坏者,你需要破坏,然而你却在建设,而且在歌颂建设,歌颂公家的事情,而不是歌颂自己的事情。”他对基塔耶夫进行腐蚀,唆使他开汽车撞死亚罗佩戈夫。

其实,特罗耶库洛夫是个历史教员,但是,照安娜·尼古拉耶夫娜对索莫夫的说法,“现在俄罗斯没有历史……”

剧中斗争是十分残酷的。荒郊中发现了被打伤的工人通讯员。俱乐部被纵火。玛莎·瓦洛娃被打破了头。捷连季耶夫说:“不久以前,富农向一个人开枪,射穿了他的右胸。他被送往医院时已经完全失去了知觉,等他恢复知觉后,第一句话是:‘我要躺很久吗?’你瞧,他怕耽误了工厂学校的入学考试哩,——原来是这么回事!青年是我们的优良产品。当然啦,也有废品,俗话说,‘丑儿家家有’,谁家能保险不出败家子?而且这个家庭有多大呀!”

高尔基刻画出这样一个“败家子”——做了特罗耶库洛夫精神俘虏的谢米科夫。

但是,一批积极、勇敢、活泼、朝气勃勃的青年都是勇猛向前的。共青团员米沙、勤奋学习的柳德米拉、听布尔什维克话的利索戈诺夫的儿子、科斯丘什卡·维亚佐夫、在斯维尔德洛夫斯克上学的克雷若夫的孙女、富农西兰季耶夫的女儿、共青团员玛丽娅、杜娘莎等,这些青年人给剧本带进一股乐观的暖流,他们是未来的象征。

在这一时期，党在农村中开展了消灭资本主义因素的斗争。富农们对先进的农民、党员、农村通讯员疯狂地进行报复。进行暗害活动的一些工程师，从一九二六年起就组织了“工业党”，根据国外的信号进行活动。外国反动派也行动起来了。英国政府捣毁我国贸易代表团，企图进行经济封锁。在波兰，我国大使沃伊科夫同志被杀害。在柏林，也学伦敦的样子，多次袭击苏联贸易、全权代表团。在中国，北京、上海、天津也多次发生类似的袭击事件，企图在东方挑起军事冲突。中国军阀终于组织了大规模的反苏示威，武装袭击中东铁路，两个月后又进袭苏联领土。这是帝国主义者发动反苏战争的又一次尝试。参加“工业党”的暗害分子，同亡命国外的俄国资本家和外国间谍相勾结，十分诡秘地进行暗害活动。他们的目的是想借助外国的干涉，推翻苏维埃政权，恢复资本主义。

高尔基通过剧中索莫夫别墅里一些登场人物的活动，十分出色地反映了这一场斗争。

第三章

一

一九三二年四月二十三日,我国文学生活中发生了一件大事。联共(布)中央通过一项改组文学艺术机构的决议。

这项决议,乃是以前党在文艺方面的一些方针措施[如列宁的一些文章,一九二〇年联共(布)关于无产阶级文化的决议,一九二五年联共(布)中央关于一些文学问题的决议,等等]的继续和发展。

决定撤销无产阶级作家联合会,所有拥护苏维埃政权、愿意参加社会主义建设的作家,组成统一的苏联作家协会,内设党组进行领导。

建立了以高尔基为首的苏联作家协会组织委员会。

党委托阿列克塞·马克西莫维奇领导改组各种文学机构,这是完全可以理解的。

高尔基一贯维护苏联文学界的团结，反对文学界的派别活动，各派的评论家们天天争吵不休，争吵中夹杂着许多题外的、吹毛求疵的意见和个人好恶。“文学家与评论家需要设法探索一条能够友好地共同为劳动群众的利益而工作的道路。”

高尔基坚持不懈地在探索表现新人物、表现新的现实生活的路子。一九二八年他对作家们说：“应当去探索、发掘和肯定新人物的积极特征……我想，必须将现实主义同浪漫主义结合起来。”

但是，高尔基不是满足于这两种原有方法的机械性结合。一九二九年他写道：

“我们文学家的工作，是一种很难做、很复杂的工作。不仅要批判旧的现实，不仅要揭露旧社会许多恶劣思想习气的传染性，文学家的任务还在于研究、表现、描写新的现实，从而肯定新的现实。必须学会在陈腐秽物闷燃的臭烟中，看到未来的火焰在闪烁、在燃烧。”

高尔基的这种探索，在同苏联作家的一些谈话中，在一些谈文学的文章中，虽然说法不同，但多次反复地讲，并一直坚持这种见解。一九三〇年，他提到评论家时写道：

“许多大目标完全一致的人，争论起来用的是对付敌人的腔调，充满了极其粗野的个人攻击，从这些争论可以看出，缺乏战友间的盛情，没有认识到主要方向的一致，——看到这一切，令人感到无比奇怪和十分痛心。”

使高尔基感到震惊的是一九二八年他回到苏维埃俄国后的许多新的感受。他最感到震惊的是社会主义普通建设者的迅猛成长。他号召苏联作家精心地表现新人物，给新人物以最大的支持。

一九三一年，阿列克塞·马克西莫维奇出席一次规模很大的作家集会，重新提出这个问题："是否应当探索一下，能否将现实主义与浪漫主义结合起来，使之成为第三种方法，这种方法能够用比较鲜明的色彩刻画今天英雄的时代，用比较高昂、比较相称的调子表现英雄的时代？"

一九三二年他向作家们说："要是现实主义方法限制着你们，无法将时代的英雄人物表现得比本人毫不逊色，那么你们就去探索新的创作方法，创造新的创作方法。"

高尔基就是这样一步步地在探索苏联文学的新方法。当时他还将这种方法叫作"多种侧面的现实主义"。

一九三二年，在尼基茨卡娅小街阿列克塞·马克西莫维奇的家中，作家们聚集在一起座谈文学问题。这天晚上，斯大林来拜访高尔基。他们两人跟作家们就代表大会的议题进行了长时间的交谈。

在谈话时，斯大林提议将高尔基所说的"第三种方法"叫作"社会主义现实主义"。

这一提议在作家们中间引起了热烈的赞许声。社会主义现实主义的原则，如高尔基所说的，是把肯定新的现实，真实地反映革命发展中的现实，作为自己的任务的。

但是一个流派名称的出现，通常总是在艺术实践为它的定名提供了大量材料的时候。比如说，普希金是一个现实主义作家，他却没有见过"现实主义"这一术语。

十九世纪六十年代，那时文艺作品中还没有出现过社会主义这样的字眼，尼·加·车尔尼雪夫斯基却在小说《怎么办？》中，借薇拉·巴芙洛芙娜的第四个梦，想象出社会主义的日常生活。且看，田野里干活的人们正在收割庄稼。"活儿干得多么快呀！"——薇拉·巴芙洛芙娜在梦中惊讶地说道。但还有更快的哩！差不多一切活儿——如收割、捆麦、运麦——都用机器来干，人差不多只要跟着走一走，或是坐在上面驾驶机器就行了。活儿一下子就干完了，回家吃午饭去。好丰盛的午餐！台子上花瓶里插满了鲜花。

傍晚。一座华丽的大厅。人们在欢笑、唱歌跳舞。他们上午把活儿干完了。谁没有将活儿干足，谁就感到欢乐不能尽兴。但这里只是人群的一部分。还有一些人在哪里呢？到处都有。很多人在戏院里。还有一些人在大学课堂里，博物馆里，图书馆里，有一些人在自己家里，想自个儿休息一下。在这种社会里，谁觉得怎样好，就怎样生活，在这种社会里，所有的人，也就是每一个人，都能满足自己的心意，怎么想就怎么满足。

这就是车尔尼雪夫斯基描绘的社会主义，是通过梦境描绘的，用的是浪漫主义手法。但是四十年后，当工人阶级已经壮大，而且开始显示出自己的力量和声势的时候，便出现了另外一种流派。

高尔基的《小市民》一剧（写于一九〇一年），可以叫作社会主义现实主义的雏形作品，同样，司机尼尔乃是文学中的新人物。尼尔说"谁劳动，谁就做主"，观众懂得，受到层层审查的剧本，没有办法表现得更明显了……高尔基曾经启发演员："尼尔这个人坚定不移地相信自己有力量、有权利按照他尼尔的想法改变现实及其一切制度。”在剧本《仇敌》(写于一九〇六年)中,这种倾向就表现得十分清楚了。全体工人都懂得,只有同工人阶级的敌人——资本家进行斗争,才能使他们走上新的社会主义的道路。

再看高尔基的长篇小说《母亲》。对于小说中人物来说,社会主义不是模模糊糊的梦想,而是工人阶级必将赢得的、合乎历史规律的现实。小说中的人物正是在朝着新的现实前进。因此,如高尔基说的,尽管现实环境“卑鄙龌龊的现象散发着剧毒和苦役牢的气息”,小说却依然充满了乐观、明朗的气氛。

等到一九二八年高尔基亲眼看到社会主义建设的宏伟气象,他就开始将自己的经验热情地传给苏联作家们,而且他最关心的事情是,将所有作家团结在一起,共同去完成支援社会主义建设者这一伟大的使命。

他感到十分高兴的是,这时出现了一批新作品,如菲·革拉特柯夫的《士敏土》、阿·绥拉菲摩维支的《铁流》、米·肖洛霍夫的《静静的顿河》、列·列昂诺夫的《索契》、阿·法捷耶夫的《毁灭》、符·伊凡诺夫的一些中短篇小说等。所有这些作品,都是新的文学范畴的作品,这种文学后来称为社会主义现实主义文学。这种文学在不断地发展,不断地在创造和扶植用布尔什维克精神对待现实的正面人物。这种文学,正是凭借这些为新的现实、为社会主义新生活开辟道路的新人物形象,培养读者的革命情操,培植他们的革命精神。

“社会主义现实主义”的概念是不断在扩充和发展的。

高尔基在一九三三年的一封信中谈到一九一七——一九一八年他和列宁的“意见分歧”，并且谈到，不仅就认识事物的深刻和理论的无比正确性来说，列宁是高明的，而且除此之外，还有一点，列宁也是高明的。

阿列克塞·马克西莫维奇写道：

“这‘还有一点’，就是观察事物的高度，只有具有能够从未来的角度观察今日现实的远见卓识的人，才能这样去观察事物。现在我们大家都开始意识到，‘社会主义现实主义’是我们在文学中必须遵循的新原则，我以为，正是这种观察事物的高度，这种远见卓识，应该作为这个‘社会主义现实主义’的基础。”

这时正在筹备召开全苏作家代表大会。

高尔基写道：

“我们的第一次全苏作家代表大会，是一件有深远意义的大事。这是文学界的一次大检阅，是文学界向祖国作的一次汇报。”

在代表大会召开以前的一段时间里，作为苏联作家协会组织委员会主席的阿列克塞·马克西莫维奇，全力以赴地在进行着工作。

一九三三年九月七日，他在组织委员会主席团扩大会议上做了一次讲话。他号召全体作家提高创作水平，就是说，要更好地去熟悉我们的国家和读者。他说：“读者在成长，国家在一日千里地前进……惊天动地的事迹在不断地涌现。这是我们应当去熟悉的。应当投身于其中，应当研究其过程。”

他派出一批批的俄罗斯作家到兄弟共和国去。这些作家去这些共和国的任务是熟悉民族创作，进行评价，并组织翻译。他指出，孩子们还没有作为主人公出现在文学中，还必须创立优秀的儿童文学。他十分关怀培养新的文学骨干，提出了创办文学研究所的问题，并且一再说，不能坐等成立文学研究所，应该立刻着手培养工厂里和许多文学小组的青年。

对于阿列克塞·马克西莫维奇来说，没有比出现一个新的天才、新的有才能的工作人员更高兴的事了。他在会议上提到有千百个青年作家，分散在苏联各共和国、各地区，他们的作品已在各地编辑出版了几十种文集和文选，他要求对这一支新作家的队伍加以指导。

阿列克塞·马克西莫维奇兴奋地说：

"我们面前展开的工作是艰巨的，也是了不起的。同志们，我热切地希望大家投身到这一工作中去。"

代表大会开幕日期定在一九三四年八月十七日。确定由高尔基做关于苏联文学的总报告。

阿列克塞·马克西莫维奇在代表大会上的发言，号召苏联文学界团结一致，以创立社会主义现实主义的创作原则。

"我们是在这样一个国家开会，在这个国家里，无产阶级和列宁的党所领导的农民，赢得了施展自己的本领和才能的权利，在这个国家里，工人和农庄庄员每天都从多方面证明自己能够运用这种权利。"

阿列克塞·马克西莫维奇在他所主持的第一次全苏作家代表大会开幕式上所做的重要讲话，是这样开始的。

高尔基在报告中一再强调劳动过程的作用，强调劳动过程是艺术创作的源泉和基础，揭露了资本主义文化的实质，指出资产阶级从来不把文化看作整个人类智慧发展的必然结果。

资产阶级极力维护和加强对世界的统治，千方百计地压抑劳动人民智慧的发展，但终不免世界上还是出现了新的创造性的动力——无产阶级。

列宁主义的共产党，消灭了沙皇俄国全国范围内的资本主义，为工人和农民夺得了政权。苏维埃国家的目的是要使所有的人享受平等的文化教育，尽力使人类的劳动成为人力控制自然的一种艺术。“我们苏联忠实的文学家，就是要以这一伟大目标为立脚点，来看待、评价和从事自己的创作。”

笔者回想起了这一天的情景：高尔基站在大会讲坛上，面对着全体与会者，几千只眼睛热切地望着他，他讲话吐词清楚，沉着有力，那声调正是在号召全体与会者齐心协力行动起来。这是一次鼓舞人心的报告。

许多外国作家出席了大会，他们来自法国、德国、丹麦、西班牙、美国、捷克斯洛伐克、瑞典、希腊、荷兰、土耳其、挪威、英国、奥地利、中国和日本。

很多人发表了立场鲜明、充满革命精神的讲话，日本作家土方讲话的第二天，日本政府就声言对他要进行严厉惩处。

德国作家让·里沙尔·勃洛克回忆到阿列克塞·马克西莫维奇在讲坛上的情景时写道：

“我目不转睛地望着他。这个多年疾病缠身、身体衰弱、上了年纪的人，却也奇怪，竟显得那样刚劲有力……他的报告，是社会主义文化的文学宪章，不仅永远记载在书本上，而且永远留在我的记忆中。”

经过苏联作家广泛的讨论(有二百人在大会上发言),可以看得很清楚,社会主义现实主义,在形式与方法保持无限多样化的前提下,为创作探索开辟了广阔的道路。

在大会上发言的有列·列昂诺夫、菲·革拉特柯夫、伊·爱伦堡、康·费定、符·伊凡诺夫、阿·法捷耶夫、阿·托尔斯泰、尼·吉洪诺夫、阿·苏尔柯夫和其他许多著名的作家。

费定说:“苏联作家们在发言中表现出共同一致精神。在文学领域这种共同一致,表现在艺术内容的思想性一致上。”

法捷耶夫说:“我们文学的基本特征就是:这种文学,就其立脚点来说,是**社会主义**的文学,因为我们搞文学,就是要在新现实与旧现实的斗争中,支持社会主义的新现实。”

符·伊凡诺夫说:“我们应当探索新的创作方法……社会主义的作家应该是懂得艺术科学的人,就是说,在深谙本行业的技巧以后,应当学会,每当一种新现象出现的时候,及时地发现每一种新现象,想象每一种新现象,用布尔什维克学说的观点,即阐明现代和未来时代的学说的观点来观察每种新现象。”

列昂诺夫说:“……就是这样,必须写出无愧于时代的作品。要做到这一点是不容易的,我们根据切身的经验都很清楚这一点。有时候觉得,要想担当起摆在我们面前的任务,得有三倍、十倍的脑力、精力、魄力和技巧才好呢。”

伊·爱伦堡说:“资产阶级对他们的作家提出的社会要求是供他们开心,或者用臆造的悲欢离合使他们忘却必然灭亡的命运。我们的社会对我们提出的社会要求,那是另一种。我们写书,是为了帮助自己的同志建设自己的国家。”

阿·绥拉菲摩维支问，我们文学中这样巨大的力量是从哪里来的呢？接着回答说："来源于一点——来源于苏联文学界本身那种无比昂扬的精神、朝着共同目标奋发前进的精神和在艺术创作方面内部广泛的一致性。"

还有很多别的作家发言，谈到苏联文学在创作原则方面的一致性。

高尔基在闭幕词中谈到，文学家们这种内部的思想上的统一，是联共(布)中央一九三二年四月二十三日决议的成果，决议谴责了一些文学家由于一些与苏联文学的伟大任务毫不相干的原因而进行的派别活动。

二

阿列克塞·马克西莫维奇在苏联作家代表大会上热情地谈到了民间口头创作。

高尔基一向不断地在作家当中宣传，要关心和热爱口头创作。

他写道：

"要经常地、坚持不懈地磨炼自己的武器，要研究无限丰富、有很强表现力的、优美的民间语言！这种语言能够帮助你表达出极其微妙的思想与感情。"

这番极其精辟的话表明，高尔基给予口头创作以多么高的评价。但还不只如此。他在一封论及口头创作的信中，谈到口头创作语言的无限丰富和语言的纯洁。高尔基在为阿拉伯童话集写的序言中写道，童话能够帮助作家丰富自己的想象力，更主要的是能够丰富作家那种“干巴巴的语言和贫乏的词汇，有的作家也总想‘丰富’自己的词汇，但往往采用的是‘地方话’‘土话’，或者是‘随心所欲’生造的毫无意义的词语”。

一九三四年，在代表大会开会之前不久，高尔基在文学界发起一场纯洁语言、扬弃语言糟粕的运动。这件事是费·潘菲洛夫引起的，因为潘菲洛夫在讨论《磨刀石农庄》这部小说时，坚持说生造“闷卧”这样一个词是应当的。

高尔基写道：“我认为有责任坚决反对使用一些不恰当的‘土话’和一切语言中的糟粕，坚决反对将俄罗斯文学语言弄得芜杂不堪，因此我请文学家同志们注意这样的情形：大家都承认，俄罗斯民间语言，特别是各种动词形式的俄罗斯民间语言，是具有很强的形象性的。当我们听到蜷缩、皱眉、抽搐等词，就可以看到脸色与姿态是什么样子的。但我看不出‘闷卧’的人的脸色和身体姿态是什么样子的。‘闷卧’这个动词造得十分牵强、没有道理……”

高尔基还列举了其他一些作家使用的一些土话……

“还可以举出几十本书，这都是本年度的‘产品’，满篇是这一类的胡言乱语，简直是明目张胆地、有时简直叫人觉得是存心作弄读者和亵渎语言……

“必须坚决扬弃文学中的语言糟粕，提倡语言简洁、明了，提倡脚踏实地地提高技巧，不这样就不能准确地表达思想。”

参加高尔基发起的这场讨论的作家，有费·潘菲洛夫、阿·绥拉菲摩维支、里·席弗尔林娜、叶·别尔米津、阿·托尔斯泰、米·斯洛尼姆斯基、米·肖洛霍夫、马·夏金娘、谢·伊凡诺夫、符·基尔顺、瓦·伊利英科夫等。所有的作家都感到这个问题和自己的工作有切身关系,踊跃地参加了讨论,有的参加口头讨论,有的在《文学报》和《列宁格勒文学》上发表了文章。高尔基为此写的文章有《一点争论》《致阿·谢·绥拉菲摩维支的公开信》《论语言》《和青年作家谈话》等篇。

《真理报》支持阿列克塞·马克西莫维奇的观点:“我们的党和政府,整个苏维埃国家,都是要求在提高质量的前提下,提出和解决一切社会主义建设问题的……纯洁语言这样的问题,在我们的文学中是表现得十分尖锐的,因为我们的文学,我们的报刊每天都要用这种语言同千百万劳动人民讲话,我们就是要提高这种语言的质量。”

高尔基为俄罗斯文学语言的纯洁进行了斗争,他认为这是在磨炼文化武器。但他并不到此为止。从关心俄罗斯文化,进而关心苏联文化,关心所有兄弟民族的文化,多少年来,高尔基对于了解和传播与俄罗斯民族有历史联系的各民族文化,是何等地重视!他多么想将各民族文学作品翻译成规范的俄罗斯语言。

在十九世纪九十年代,阿列克塞·马克西莫维奇就打算由同仁出版社出版格鲁吉亚、鞑靼、波兰、拉脱维亚、亚美尼亚各族文学选集,并为这件事自己付了经费。但是事情停下来了。因为高尔基对译文很不满意。

一九一二年,他写信给“莫斯科作家书籍出版社”说,要是出版各民族作家文集这件事,不是由以做生意为目的的出版企业来承办,而是大俄罗斯作家们协力合办,则是完全及时的,是十分重要的。

阿列克塞·马克西莫维奇写道：

“做这样一件十分有益、十分必要的事情，能够很快地重新巩固俄罗斯文学界在品德方面与政治方面已经动摇的声望。”

从信中可以看出，高尔基是和一些民族的作家通过信的，也宣传过他十分重视的这件事。

同年十二月，有一些格鲁吉亚人写信给阿列克塞·马克西莫维奇，建议他担任主编，主持编辑他们筹备出版的俄译格鲁吉亚作家选集。

他回信说：

“主持编译工作，实感力不胜任，倘若诸位认为有此必要，自当勉为其难。”

高尔基尽管工作浩繁，还是要求将格鲁吉亚历史和格鲁吉亚文学史方面的一切书籍都告诉他，而且凡是这方面的书籍，只要手头有的话，都要求寄给他。他要求将译稿尽快地寄给他，要按印刷品邮寄，不要按包裹寄，因为包裹邮寄太慢。了解他的工作效率和工作中兢兢业业精神的人，是不难想象他主持编译工作的情形的。

但是这件事中途受挫，至今阿列克塞·马克西莫维奇的文献资料库中还保存着一大扎翻译手稿。

只是在临近革命的前数年中，高尔基已来到彼得堡，主持《帆》出版社的时候，他在俄罗斯文学界一些著名人士的配合下，才好不容易地组织出版了几部这一类的文集。已经出版的有亚美尼亚文学、拉脱维亚文学、芬兰文学等几部厚厚的选集；还有欧洲文学选集、乌克兰文学选集没有来得及出版。

到了苏维埃时代，阻碍着传播民族文化的沙皇时代的检查制度已成了过去，而主要的是苏联各民族之间实行了布尔什维克党的民族政策（建立兄弟共和国、发展具有统一内容的、多种语言形式的苏联文化等等），翻译出版各民族文学作品，才成为高尔基职权以内的事。

可以说，高尔基不管考虑文学团体中哪一个大的问题，都要考虑到兄弟民族文化问题。

一九二〇年，在莫斯科马什柯夫巷内高尔基的住处，高尔基和列宁会面时，谈到必须促进苏联各民族文学发展的问题。

一九二八年高尔基回到苏联不久，在喀山、埃里温[①]、梯弗里斯，同各民族作家进行了多次谈话。

也就在这个时候，他在积极筹备出版各加盟共和国文学选集。

他写道：

“我们需要很好地彼此了解，今天比过去任何时候都需要，我再说一遍，因为我们前进的目标是一致的，我们担负的事业是共同的。”

他给卡维·纳泽米的信中说：

“可以奉告：国家出版社拟出版若干种‘苏联各民族文学选集’，不言而喻，鞑靼的文学家们也必须参加这套选集的选编工作。”

阿列克塞·马克西莫维奇亲自向国家出版社力争出版这套文

①埃里温是亚美尼亚的首都。——译者注

选,并且亲自发出许多像给卡维·纳泽米那样的信件。

但特别是在苏联作家代表大会之前,高尔基积极、热情地倡导俄罗斯作家去接近各民族的文化。他向俄罗斯作家宣传各民族文学创作,派他们到各兄弟加盟共和国去,盼他们带回令人高兴的成果。

他给阿·谢·谢尔巴柯夫的信中说:

"……我们的文学家——指的是俄罗斯文学家们——总的说,读书太少了,尤其是'少数民族'的书,简直没读过,——需要让他们去读一读,看一看,能够看到兄弟民族许多文学家写得并不坏,而且有些比他们写得还好。"

在代表大会上,高尔基做过关于苏联文学的报告之后,接着做了关于乌克兰文学、白俄罗斯文学、鞑靼文学、格鲁吉亚文学、亚美尼亚文学、塔吉克文学和其他民族文学的报告。有五十多个兄弟民族出席了代表大会。约有六十名代表就民族文学发表了讲话。

阿列克塞·马克西莫维奇在开幕式上,谈到了作家协会的意义。

"其意义在于,我们各共和国的不同民族、不同语言的文学,将成为一个统一的整体,不辜负苏维埃国家无产阶级、世界各国革命的无产阶级和全世界对我们友好的文学家们的期望。"

高尔基对待与伟大的俄罗斯文学如同一家的各民族文学,十分热情,十分喜爱。他特别关心翻译问题。他在一封信中写道:"要是将苏联每一民族的每一部作品,都翻译成苏联各个民族的各种语言,那就太理想了。"

这一宏伟的愿望，使他获得了“各民族文学之父”的称号，也就不足为奇了。

高尔基要求定期出版各兄弟民族当代文学作品丛书，每年最少出四期。后来定名为《各族人民的友谊》的一种丛刊便是这样创办起来的。现在《各族人民的友谊》已成为每月出刊一期的杂志。

高尔基说，各民族文学蕴藏着无穷无尽的财富，——达格斯坦民间歌手苏里曼·斯塔尔斯基出席代表大会，这恰好成了高尔基言论的明证。斯塔尔斯基身穿山里牧羊人的服装——短短的棉袄，高高的皮帽——来到了大会会场。

原来同他在达格斯坦见过面的彼·巴甫连柯，谈到他和阿列克塞·马克西莫维奇见面的情景时说道：

“苏里曼·斯塔尔斯基屏息凝神地走进来，那样子不知怎地显得更加干瘦了，他走进圆柱大厅主席台后面一个小房间，高尔基正在这里等他。他看样子本想问一下，见阿列克塞·马克西莫维奇该行什么礼……可是没有来得及问。高尔基已经十分谦逊地微笑，满面春风地望着客人，快步向斯塔尔斯基迎去。

“‘久闻大名，幸会幸会。’——他俯下身子，对个子不高的斯塔尔斯基这样说，客人没想好该怎样讲，有些发窘……但是窘态一会儿就过去了。斯塔尔斯基用他那一向低沉的、唱歌般的声调同高尔基讲起话来了。

“‘我真高兴，我俩都是老头子，那我们就讲得来了。’他那口气特别亲热。

“他们并肩坐下来，通过翻译谈了起来，那样子简直像是几十年的老朋友。”

斯塔尔斯基用本族的语言朗诵了自己向大会的献诗，朗诵用的是富有表情的音调，伴随着富有表情的手势。

阿列克塞·马克西莫维奇在闭幕词中说，人民歌手苏里曼·斯塔尔斯基使他十分敬佩。

高尔基说：

“我看到，这位不识字，可是智慧绝伦的老人家坐在主席团里，嘴里嘟念着，他在作诗哩，过一会儿，这位二十世纪的荷马，就朗诵起诗来，真是语出惊人！

“苏里曼作的诗犹如诗歌的明珠，对于创作出这样的诗的人，要倍加爱戴。”

高尔基说，今后必须广泛地介绍各兄弟民族的文化，他表示希望能够在莫斯科设立一所“全苏剧院”，让苏联各民族的演员都能熟悉各民族的戏剧艺术，并通过戏剧艺术熟悉祖国人民过去和今天的文化生活。

虽没有设立“全苏剧院”，但是在莫斯科举办了各民族文化旬，这些文化旬，是检阅每个民族文化的盛大节日，是整个苏联艺术生活中的一件大事。

三

他对苏联作家第一个要求，也是一贯的要求——是要对现实认真思考，向英雄的社会主义建设者看齐，向工人阶级的先锋队看齐。

他要求勤奋地进行创作，要求文学在夺取共产主义胜利的斗争中发挥最大的作用，要求文学在情致、内容和语言方面都要面向全体人民。

有时他觉得，一本好书因为语言特点成为障碍，不能使全国各地的人都能看懂，或者这本书不易翻译，便不能在使用俄语范围以外的地方发行，这时他是何等难过！

他写信给列·马·列昂诺夫，谈到他写的长篇小说《獾》：

“这部小说是站得住脚的。我衷心地祝贺您。有一点很遗憾：小说写得不够简洁。很不容易译成各种外文……当代俄罗斯文学特别应当考虑到，欧洲有一部分真心想认识俄罗斯的人的关切之情。欧洲一些正直的人已经开始感觉到，我国正处在新生的痛楚的前夜，他们有很多地方要向我们学习。”

高尔基认为，苏联作家应当为全世界所了解，应当成为社会主义胜利的宣传者、社会主义思想的喉舌。

他直到一生的最后日子，都在号召苏联文学界全心全意地完成自己的崇高使命，我们都知道，他鞠躬尽瘁，以自己伟大的精神感化着苏联作家。

正是由于这一原因，并且因为他倡办了不少极有意义的文化事业，他暂时搁置了自己的艺术创作，显然他心里一直记挂着他的巨型作品《克里姆·萨姆金的一生》还没有完成。

他写了成百上千封信，连最天真无邪的问询也要回答，不管这些问询是来自偏僻的角落，还是从俄罗斯哪一个“夹缝”里跑出来的，——他这样有求必应，有问必答，并不仅仅是由于心地善良。他往往是从来信来稿中看出了天才的萌芽、顽强的毅力、上进的决心，一旦发现此类端倪，就立即作答。

他给诗人阿胡缅的信中说：

“不应当将全部精力用在自己身上，而应当将全世界放在自己心上；诗人是世界的回声，而不仅仅是自己心灵的保姆。”

他给一位年轻作家的信中写道：

“什么是天才？天才就是热爱工作，善于工作。必须将自己的一生，将自己的全部力量献给自己选定的事业……你们生活在最有意义的时代，这是开天辟地以来最有意义的时代。就如你们每个人都热爱新社会，热心建设新社会一样，千百万人渐渐都要投身新社会的建设，一齐动脑筋、想办法，齐心协力建设新社会，这是多么了不起的事情。”

高尔基帮助过的人，在创作中给予鼓励、赞助、教导，使其成为作家的人，是数不清的。如果他发现的不过是天才的火星，那他就努力使其变成熊熊燃烧的大火，决不吝惜自己的精力；如果发现一个人有为共同事业服务的良好愿望，那他就向这个人敞开自己的胸怀。

他那辉煌的语言艺术才能、丰富的创作经验、视文学上每一新人新作的出现如同个人成就的博大精神、多年来的热情感召和组织领导工作，使他很自然地在苏联文学界占有中心地位，而且可以说，在二十世纪二十年代和三十年代，没有一个作家没受过高尔基的影响，有的是在这一方面，有的在那一方面，有时候是帮助、关怀、出主意，有时候是手把着手地教写作。

高尔基写道：

“我是一个热爱文学的职业读者。每来一本新书，当我翻开新书时心里总是十分激动，巴不得从书中发现某种新颖的、可喜的、天才的东西。”

一个记者问他，为什么俄罗斯文学界出版的书，他都要阅读，他作了如上答复。

有一次，作家符·雅·扎祖勃林在信中对阿列克塞·马克西莫维奇说，关于西伯利亚青年作家们的一些情形，就不讲给他听了，因为“文学界一批一批的小青年已经够他缠的了”。

阿列克塞·马克西莫维奇写了一封意味深长的信回答这个问题。

阿列克塞·马克西莫维奇写道：

“您可晓得，这里面有一个缘故，就是我从来没有忘记，自己在十二至十六岁时，还是个识不到几个字的少年，十七至二十二岁时，也只是一个呆头憨脑的小伙子……您可晓得……我过去遇到多少才华出众的人，只是因为在他们发奋上进的最紧要关头，没有得到支持和帮助，终于湮没无闻。我对待‘文学界小青年’的态度便是由此而来的。他们同我有双层的血缘关系——他们有远大的目标，又愿意走我走过的道路，我走这条道路已摸索到一些经验，他们却还一点也没有。有不少旁观者——是的，确实有不少人，连我自己也在内——看起来，我爱和‘小青年’打交道，这未免可笑；我也常常看错了人，但是，没有什么事比看人容易的了……不过我正确判断出一个小青年的真正价值的时候也不少。这一点是我非常高兴、非常满意的；看错人，我倒不怕，不过我自己首先因此付出了代价。

“我这个人一向诡计多端，将这些事讲给您听……暗藏着一个用心：要您也这样对待‘文学界小青年’。我记得，普希金和托尔斯泰也曾经是小青年，我相信我们今天也会出现伟大的、甚至天才的艺术家。”

从高尔基这些想法中可以看出来，他那深情关怀别人的精神是何等高尚，又是何等热情地期待着别人的创作才能得到有效的发挥。就在这同一封信中，他将自己对于“创造一切奇迹”的人的爱护，称作他的一种爱好，“甚至可以说有点儿上了瘾头”，这种说法是十分确切的。

高尔基不仅自己关心所有成长中的和初学写作的作家，而且还促使别的作家关心年轻人，这从他给符·雅·扎祖勃林的信中可以看得很清楚。

但是不要以为，高尔基是在马马虎虎一写，便把自己的东西一股脑儿寄给他的“数以千计的文学小青年”。且看他给“查波罗什市文学小组成员们”的回信：

“你们寄来的文学习作写得既不认真，又不严肃，我觉得你们是‘闲得无聊’开玩笑的。我收到几百份稿件，论文化水平比你们差得多，但是从这些稿件中看得出一个人真诚地想用自己的声音讲一讲自己的心里话。从你们写的东西中，我看不出这一点……对于像你们这样的习作，我可没有权利详细提意见，因为我没有时间。”

高尔基在四十年的过程中对青年作家多方面的帮助，必将载入国家文化的史册，这是高尔基巨大而浩繁的工作的光辉例证之一。

当时是“小青年”的这批青年作家当中，有多少人后来成了名作家，有多少人驰名国内外，有多少人在完成了一生的事业之后已经离开了我们……

高尔基在这方面的工作，只有伟大的萨尔蒂柯夫-谢德林在某种程度上能够与之相比，萨尔蒂柯夫-谢德林在主编《祖国纪事》杂志的时候，培养出了整整一代作家。

萨尔蒂柯夫-谢德林在一封给尼·康·米哈伊洛夫斯基的信中说："大家都知道，我不是一个敷衍塞责的主编，是一个很厉害的主编。"

高尔基也是这样一个"很厉害的主编"。

他对作家的要求是很高的，有这样一件事情可以说明这一点：

有一位作家寄给他一本特写集，并附信说："我能写的东西都在这里了，再也写不出来了。"

阿列克塞·马克西莫维奇看完了这本特写集，给他回信说：

"……您讲的话我才不信。我觉得，不知何故您不肯多写。您似乎有点儿怕，要不就是——恕我直言！——您太懒，懒得写……有道是'有力必出'！您是有能力的，您自己已经证明了这一点，就是说——您要把能力拿出来。"

于是阿列克塞·马克西莫维奇给这位作家出了个题目，建议他再写一本书。

高尔基要求是很严格的。他批评缺点是不讲情面的，决不因为年轻或没有经验而放松要求，他要求作家不断地学习。

有一位作家给高尔基的信中说："作家不可能是一个万事通。"

高尔基回信针锋相对地说：

“如果这是您的坚定不移的信念，那您就趁早别写作，因为这种信念说明您不善于学习，或者是不愿意学习。一个作家应当尽可能地见多识广。可是您竟为自己的知识浅薄辩护。”

阿列克塞·马克西莫维奇将这位作者严肃地责备了一番之后，在信的结尾温和地对他说：

“我认为您是一个要强的人，有毅力的人，从您身上可以看得出有天才的苗头。您能不能试试学习写作呢？应该这样做。”

高尔基的“瘾头”就是，他爱从来信或来稿中想象其人，猜度这是什么样的人，有什么要求，有没有天才的苗头。阿列克塞·马克西莫维奇常常有猜错的时候，但是他还是在不停地看稿，挖掘天才。

阿列克塞·马克西莫维奇常说：“怀疑——对一个艺术家来说，是一种极好的品性，自命不凡——是一大祸害。”他遇到有人自命不凡而又不肯踏踏实实工作，总是十分气愤。

高尔基给一位作者的信中说：

“您的来稿几乎满篇都是胡说八道，庸俗不堪入目，无须我一一列举了。不单单是写得很坏，而且坏得可耻。我是带着实在难过的心情写这封信的。在苏联怎么会有这样一类文学家？会有对读者全无尊敬之感的文学家？尽管是这样，尽管丝毫不想对读者尽什么社会责任，尽管文字狗屁不通，却还在大言不惭地说：‘我和我的创作小组……’‘我的创作小组’——这是否说，您是小组的组织者和领导人，是这本乱七八糟的书的作者？……我这封信很不客气，但我是通过您告诉所有像您这样的作者：要好好想一想，学会老老实实工作。您应当懂得，在我们苏维埃社会条件下，工作做得很坏，总是因为工作不老实。”

高尔基给另外一位文学家的信中说：

“您的这些小说使我产生的想法是：真奇怪！在我们的国家里，千百万人全力以赴地在创造新的生活方式，成千上万的青年人在上大学，并且青年人当中已经出现了几十位大科学家，工人阶级每年都在输送许多政府干部和发明家……一个人生活在这样一个国家里，生活在这样的人民中，竟是什么也看不到，只看到一些饭桶和傻瓜……但是，您就很有些才能，您的责任是，要全面地发挥您的才能。”

阿列克塞·马克西莫维奇认为，踏踏实实、顽强不懈、兢兢业业、有时候还是相当艰难困苦的劳动——乃是文学事业的根本。

高尔基是文学创作劳动的伟大导师。菲·革拉特柯夫、米·肖洛霍夫、维·希什柯夫、符·巴赫麦季耶夫、阿·法捷耶夫、列·列昂诺夫、康·费定、符·伊凡诺夫、彼·巴甫连柯、尼·吉洪诺夫以及苏联文学界其他许多知名作家，都是在高尔基的影响下成长起来的，他们将高尔基视作自己文学创作中的导师。

康·费定回忆道：

“不管高尔基在谈到文学时是何等严肃，他总是使作家产生一种极其强烈的感觉：你是主人，好好干吧，要把文字这一行干好，这是你的事业……他教导作家对文学事业产生信心，理解文学事业的伟大意义。”

彼·巴甫连柯回忆在高尔基家度过的一些夜晚的情景时说道：

“你一面坐着喝茶，一面听阿列克塞·马克西莫维奇讲话，你会突然感觉到，你是普希金的同行战友，你和屠格涅夫、车尔尼雪夫斯基、列夫·托尔斯泰、契诃夫是一家，你是他们合法的继承人和学生，谈何简单！”

菲·革拉特柯夫回忆到自己和阿列克塞·马克西莫维奇的一次长谈。那是高尔基邀他去谈的，要他谈谈自己的童年和青年时代。随后并要他保证，一定要毫不隐瞒地全部告诉读者。“不应当回避惨痛的现象和丑恶的现象，因为这些现象在过去是大量存在的，是不可避免的；但要着重写正面的、乐观进取的现象，而且要渲染得非常鲜明。”菲·革拉特柯夫完成了自己的保证，甚至在犹疑不定的时候，耳边总是响起阿列克塞·马克西莫维奇督促他的声音：“这是很要紧的，非写不可。”于是他写成了《童年》《无人管的人》两部小说。

符·伊凡诺夫回忆高尔基教导他写作的情形时说：他从西伯利亚给高尔基寄去一个短篇，高尔基很欢喜。这位作者高兴极了，便一下子给高尔基寄去了“一大捆”小说。高尔基回信说，这些小说写得不太好，还得下工夫，还得学习。国内战争结束后，符·伊凡诺夫来到饥饿的彼得格勒找高尔基。鞋底脱落了，他是用生锈的铁丝系住的。

“‘您得去把鞋子修一修。再去弄点东西吃，找个房子住……但是先得给我多少讲一点您的事情。您准备写什么？’

“……小说写好之后，我便拿给高尔基。他兴奋地搓搓手说：

“‘这小说明天咱们来谈一下。’

“我上午去找他……我看到他的脸色和笼罩在他周围的气氛是那么冷峻，有点儿叫人摸不着头脑。

"'……您这几篇小说还欠功夫、太粗糙。不能发表。'他顿了一下,又说:'您这人是有才华的。怎么会写成这样?'"

符·伊凡诺夫拿起小说,呆呆地回到自己住处。看样子,这就不行了。过一会儿他想起来:"他不是说么:小说还欠功夫。这就是说,要下工夫,动脑筋,实干。"他又写了起来,三天三夜,几乎没离开写字台。到第四天,所存的面包都吃光了。但是一篇小说也写成了。这篇小说就是《游击队员》。他便向高尔基要面包吃。

"下午收到这样一封信:

"'我的朋友,您怎么弄得面包都没有吃的!您可以照常去科学宫领面包。鞋子也归科学宫修理。'"

第二天上午,科学宫给作者送来一双鞋子。过了一天,送来一张单据:"发给符谢沃洛得·伊凡诺夫鞋子一双。"又过了一个星期,他从科学宫内大理石台阶边经过,阿列克塞·马克西莫维奇在上面将他喊住:

"伊凡诺夫,我有一样东西给您,在我房里,您等一下!"

他拿来的是一双靴子。

"阿列克塞·马克西莫维奇,我已经有三双了,"我深受感动地说,"够穿很久的了!"

"不算多,总要穿的,拿去吧,多写一些好小说就行了。"

这是高尔基给符·伊凡诺夫贺喜,祝贺他的文学活动迈开了第一步。

高尔基对一位青年作家的一段话是很有代表性的:

"……您要是能做大事,就不要叫琐碎事情缠住。多下工夫,多读书,多观察人,激发自己的感情。总而言之,如果你已经决心从事艺术创作，就不能怜惜自己！

“从事艺术，必须使心灵颤动，充满激情。”

阿列克塞·马克西莫维奇看到作家轻率、华而不实的创作态度，感到最难过、最痛心不过了。

他给一个成名心切的作者写信说：

“……您对文学创作的态度极不严肃，华而不实，这是因为您的名声来得太便宜了。”

他给一位对创作缺乏热情、马虎从事的文学家的信中说：

“毫无疑问，您是一位有天赋的人，但是，恕我直言，您又是一个工作很坏的人，做事情过于潦草，看起来，您不能体会工作的愉快。”

他审阅过一位初学写作者的第一批稿件后，给他写信说：

“总的说，要放开胆子！但是，要学习！这是最要紧的，而且要永远学习，学到老。”

他回答另一位记者的信中说：

“您问：怎样写作？要这样写，就好像您在历史长河审判真理与谬误争讼的法庭上做见证人，法官又是您最好的朋友，他的公正无私，您是无条件信赖的，您一点不想对他隐瞒，甚至也无法隐瞒。”

高尔基发表这种充满深刻哲理的见解的时候，正在写作他最重要的著作——四卷史诗《克里姆·萨姆金的一生》。

这部史诗包括了几乎半个世纪的俄罗斯历史，高尔基写这部小说正是这样的：在历史长河审判真理与谬误争讼的法庭上做一位见证人，——阅历何等丰富、见识何等高深、何等伟大的一位见证人！

他是多么热切地希望进行创作，常常说，“创造一切奇迹”的人永远不死就好了。

他给本书作者的信中说：

“要是能将人创造成永恒的，譬如说，就像宇宙那样，那要更合理，也要更合算。”

对于他来说，一个人的长寿是不够的，他要求生存的时间是无限的，这是否因为，他本身旺盛的创作力是永不枯竭的呢。

第四章

一

阿列克塞·马克西莫维奇给谢·巴·鲍得亚乔夫的信中说：

“我给您写信极少，因我实在抽不出时间。您怕是不能想象，我有多少东西要写。譬如昨天我就收到十七封信，今天十四封，其中有相当一部分需要郑重其事地给予回复。我自然不好叫苦，因为‘既然套进了辕索，就不能说拉不动车’。但我还有一些文章要写，还想写一个剧本，我的《克里姆·萨姆金的一生》还没有写完。右臂关节痛……总而言之，六十三岁年纪，不比当年了。”

阿列克塞·马克西莫维奇尽管工作十分繁重，也并没有丢开戏剧创作。

高尔基热爱戏剧。他认为，戏剧是一种最受欢迎的、大众化的艺术，最能感动和怡悦观众。戏剧能感染千百万人，他十分看重这一点。

阿列克塞·马克西莫维奇在给鲍得亚乔夫的信中所谈到的那个剧本，一九三二年秋天在舞台上演出了。

这一剧本——《耶戈尔·布雷乔夫和别的人》——写的是一九一七年二月革命前夜一个商人家庭中发生的事件。

《耶戈尔·布雷乔夫和别的人》很快得到观众的好评，认为其政治意义深刻，结构紧凑，剧中人物语言有丰富的表现力。

剧情发生在外地一个省城。

布雷乔夫是一个富商，出身于纤夫家庭（"我父亲从前赶木筏子"），靠毅力和拳头自己打通了发财的道路，娶了一个商人的女儿，得到了极其富有的陪嫁，妻子说他，"真是一只雄鹰！"

他成了资本家以后，还在不断地扩充自己的财富，在掠夺——"自幼儿杀人如麻，抢得金银堆成山"，——他引用壮士诗这样说。

但是，他在年轻时代看样子对此是有过一些怀疑的，后来被资本主义的发财狂给压住了。如今，到了一九一六年，他对资产阶级的一些做法和风尚产生了反感，曾几何时，他还是其热心的代表。

如今，"人们像变戏法的一样，简直是从空中捞钱"，他感到不顺眼了。

布雷乔夫的经纪人巴希金对布雷乔夫的妻子说：

"到处都能拣到钱，就好像钱袋破了，漏得到处都是钱，叫花子也能变成大财主……陀斯季加耶夫肥得连纽扣都扣不上了，一开口总是成千论万的。可是叶戈尔·瓦西里耶维奇却好像脑筋蒙上了云彩。前两天他说:‘我过去没干过正经事。’这是什么意思?”

这是什么意思——巴希金不晓得,布雷乔夫的妻子也不晓得,——她还以为这指的是布雷乔夫多年的浪荡行为呢。

布雷乔夫当然是一个风流浪子。但是如今透过他的浪荡行迹,看出他对周围一切的反感。

他从伤兵医院回来,说道:“伤了那么多人,看着都叫人害怕……”巴夫林神甫插话说:“但是战争不仅仅能破坏,而且又能丰富经验,又能……”布雷乔夫打断他的话说:“有些人在作战,有些人在做贼。”

他向每一个到他家里来的人询问,什么是“真理”。巴希金为了销呢子的事,要去贿赂别特林格将军,前来向他请示,受到他的诘问:

“布雷乔夫:喂,怎么说?不幸的战争?……对谁不幸?

“巴希金:对我们。

“布雷乔夫:对谁——对我们?你不是说:千百万人因为战争发了大财吗?那又怎么讲?

“巴希金:那意思是说……老百姓不幸……

“布雷乔夫:老百姓——庄稼人,他们是死是活——全都一样。这才是你的真情话。你的真理……

“巴希金:咳,您这是什么话呀?这算是什么真理?

“布雷乔夫:最道地的真理!这就是真理。我说得干脆些:我的事情是赚钱,庄稼人的事情是种出粮食,出卖商品。此外还有什么真理?”

布雷乔夫向每一个到他家里来的人追问,什么是“真理”,追问的目的不是想揭露，而是要使自己弄清楚，资产阶级现实社会是不是已经成为烂疮。

布雷乔夫正患着肝癌。疾病使他放下了多年经营的生意，触发了他的许多疑问，使他对周围许多人的态度更加恶劣。

他同女修道院院长麦拉尼娅争吵。布雷乔夫做的生意中有麦拉尼娅的一部分资金。她拿上帝末日审判恐吓他，他揭她伪善的面目。

他打败了对方，弄得对方狼狈不堪，感到这就是“真理”，他的目的就是要揭开对方卑鄙龌龊的老底。

巴希金败阵服输。手拄拐杖、头戴修女帽的麦拉尼娅张皇失措，以致失去她那女修道院院长庄严的仪态。巴夫林神甫偷偷溜走，被布雷乔夫弄得无地自容。

布雷乔夫不想死。不管向他提供什么单方，他都抱一线希望。说不定有效呢？于是，蠢货、骗子手，都给推荐来了。

吹喇叭给人治病的火灾报警员承认自己是骗人的，又说，要是有人相信，骗人就不必害臊，听到这话，布雷乔夫十分高兴。

他说：“这话说得好！巴夫林神甫就说不出这样的话来！他就不敢说！”

他听到吹喇叭的人的名字叫加夫利洛，就叫他使足力气吹①。

他看到家里人和客人们都跑了进来，便大声喊道：

---

①圣经故事中有一个大天使加夫利洛吹喇叭宣告世界末日来临。这个吹喇叭的人恰好也是这个名字。布雷乔夫灵机一动，叫吹喇叭的人拼足力气吹喇叭，宣告世界末日来临。这里流露出他面临穷途末路、意识到必然会与资产阶级社会同归于尽的心理，也表示出他对周围人们的仇恨。——译者注

“加夫利洛，对他们大声吹！这是大天使加夫利洛在宣告世界末日来啦！”

布雷乔夫以这种发疯似的、悲剧性的恶作剧方式，宣告“世界末日”的来临，宣告世界就要毁灭，并且对偷窃、欺骗、掠夺进行了“严厉的谴责”。

而与此同时，家里人却在盼望他死，以便继承遗产。

他的妻子克谢尼娅对巴希金说，当初不该嫁给布雷乔夫的，应该嫁给他巴希金。还说，她的女婿兹奉佐夫和她的女儿瓦尔瓦拉，等布雷乔夫一死，会把她的家产骗得一干二净。巴希金说：“完全可能。这是一场战争！兵不厌诈——既不讲廉耻，也不讲怜悯。”

布雷乔夫深深地感到，“这个臭气熏天的帝国是要灭亡的”。陀斯季加耶夫和兹奉佐夫之流，则恰恰相反，以为资本主义制度还会有繁荣昌盛之日。

兹奉佐夫是个律师，立宪民主党人，一心想飞黄腾达，想在本省取得权势，想当部长；瓦尔瓦拉一心想着举办政治沙龙；陀斯季加耶夫希望做几笔巨额的生意；他们都认为布雷乔夫的一些行动十分古怪、十分荒诞。

剧本十分朴实严谨，使观众耳目为之一新，给舞台艺术带来一股真正健康的清新气息。剧本之朴实严谨，不是一般人所能想象的。瓦赫坦戈夫剧院导演鲍·扎哈瓦回忆剧院排演该剧的情形时说：

“……我们将各幕戏划分成许多场次，重新安排台词，这么一来，这一幕的一些台词跑到另一幕去了；我们编了序幕，剧本中又增加了读报、读诗等场面,有的地方我们简直是不知深浅,自己编造一些尾白,冒昧地插进高尔基写的台词中去。”

结果这一切改编完全是画蛇添足,因为剧本不论在结构,在语言方面,都是浑然一体、非常精炼的。

剧中有三条情节线索。第一条线索——布雷乔夫为了活下去在进行挣扎,挣扎得十分激烈,终于意识到,他是没有力量战胜死亡的。“天意如此”——他重复巫者普罗波捷伊的话说。

第二条线索——布雷乔夫同他周围的一些人在斗争,这些人盼着他死,钩心斗角,搅作一团,死死地咬住遗产,都想撕下一块大一点儿的。举出他叫吹喇叭的事,要医生断定布雷乔夫是精神失常,为的是将来到法庭上可以否认他的遗嘱。

第三条线索——二月革命渐渐逼近,大有荡涤剥削制度之势。布雷乔夫从自己本身的经验看出,资本主义掠夺性的法律并非天经地义,他深沉地说:“问题不在于沙皇……而在于根本……”陀斯季加耶夫和兹奉佐夫之流,却指望靠资产阶级革命进行投机。在该剧结尾时,布雷乔夫在巫者普罗波捷伊跳神之后气得喘息不止,陀斯季加耶夫却说:“游行队伍来了……应当参加进去。”

在只有三场戏的一个不大的剧本中,作者写进了多么复杂、多么丰富的内容。

阿·尼·托尔斯泰给阿列克塞·马克西莫维奇的信中说:

“您在艺术上朴实严谨,如今达到了最高峰。艺术本应如此——写最重要的东西,用的是经过推敲的语言——简洁、朴实——决不矫揉造作。这个戏给人以丰富而深刻的印象。您是创作中的老手,竟然在艺术上显得这样年轻,这样虎虎有生气,真是了不起……”

高尔基写出《耶戈尔·布雷乔夫和别的人》，扭转了苏联戏剧发展的方向。这是决定性的一步。“决不矫揉造作”，不拘泥于戏剧程式，不追求浅薄的美，不用反复的说教，不从形式上模拟，不追求戏剧噱头，高尔基就这样“简洁、朴实”地写出了一个十分复杂、十分矛盾的人物。不仅布雷乔夫，几乎所有的人物，连最小的群众角色在内，在艺术上都是有血有肉的。这许多人物构成了极其宽阔的社会画面。虽然从未明言，可是读者与观众却明显感觉出：剧情正是发生在社会主义革命的前夜。

第二本戏《陀斯季加耶夫和别的人》，一九三三年开始上演。剧情发生在一九一七年七月、九月和十月[①]。

如果在第一本戏中我们看到的只是社会主义革命暴风雨的预兆，那么在第二本戏中革命暴风雨已经来临。

群众运动风起云涌，工人、士兵经常在工厂里、大街上举行大规模集会。

许多人麇集在商人俱乐部里——临时政府委员、同业们讥讽地称之为“省长”的兹奉佐夫，神气活现的立宪民主党人、他的妻子瓦尔瓦拉，陀斯季加耶夫，别特林将军，黑帮分子聂斯特拉司尼和古宾，商人特罗耶库洛夫和采洛瓦尼叶夫，工厂主李索戈诺夫，巴夫林，退职警察莫克罗乌索夫，麦拉尼亚。他们惊慌失措，不知如何是好，不知下一步该怎样行动。

①二十世纪三十年代初高尔基曾经构思写三个剧本，构成一组。第一本即《布雷乔夫和别的人》，第二本便是《陀斯季加耶夫和别的人》，后文提到的第三部，没有写成。几本戏中大多数人物是贯穿始终的。如陀斯季加耶夫在第一本戏中便是重要人物之一。——译者注

只有陀斯季加耶夫在细心观察，倾听，拼命说俏皮话，心里揣摩着，今后该如何对付。

第二幕中，米拉尼亚和布尔什维克里亚比宁大吵一场之后，叫道："咱们居然混到这种地步！又不能逮捕他们……眼看着强盗在光天化日之下行凶，可是又不准抓。这算什么世道？"陀斯季加耶夫回答说："抓——是不行的！自由嘛。"

于是他沉思起来："要是又出来五千、一万个这样的里亚比宁又怎么办……也许还要多呢……嗯……抓不得。可要是在要害之处……在看不见的地方暗算他们呢？"

在这里我们可以看到，陀斯季加耶夫因为自量敌不过里亚比宁，已经在筹划暗害活动了。

当恐慌万状的巴夫林带来十月革命的消息时，陀斯季加耶夫却若无其事地说：

"这么说，彼得格勒已经成立了一个新政府，一个工人政府了？那又怎么样呢？我们祖父和曾祖父都是工人出身，父辈和工人们一块儿共过事，为什么我们就不能对付呢？"

巴夫林伤心地喊道：

"——哦，瓦西里，叶菲莫维奇，您这玩笑开得叫人难受！……"

陀斯季加耶夫可没有闲情逸致开玩笑，他在很巧妙圆滑地周旋着，就在这天晚上显示了他的巧妙圆滑。有两个黑帮分子——聂斯特拉司尼和古宾——来找他，要他参加一项密谋，并且准备武装进攻工人、士兵代表会议。

陀斯季加耶夫同他们进行了政治性的谈话，谈得不落形迹，同时也探出了他们的秘密,而当士兵前来逮捕黑帮分子的时候,他指责起这两个来客“到这里来是带有不可告人的心思的”,说他“简直连听都不愿听,这一点,巴夫林神甫可以证明……”

但是陀斯季加耶夫却没有能溜掉。

最后一场戏写了一个“大胡子兵”。

“大胡子兵”——是一个群众角色,但是高尔基认为很有分量。陀斯季加耶夫一伙感到十分惊愕,这个士兵在这儿竟是看守他们的。戏的结尾便是他和被捕的人的一段对话。

高尔基看过一次彩排之后,对演员们讲了一次话,谈到“大胡子兵”时是这样讲的:

“这个人物要演得很确切。这是一个史诗化的士兵。他一生中什么世面都见过,他还做过马夫,他对什么事情都不是靠理解,而是靠感觉,实实在在感觉到“就得这么干”。这是那个时代的一个典型人物……他经历了一九〇六年以来的风风雨雨。经历过一九一二年连纳大屠杀,看见过同伴们所遭受的苦难,群众所遭受的苦难。这是群众中的一分子,是一只手上的一个指头。我不是要说,他是从历史的角度体会到这种痛苦,而是他亲身感受到的。因此,要他特别激动,特别多讲话,那是不必要的;他讲话平心静气,他不会欣赏杀人,但也不会心慈手软。如果有必要,自己也会开枪杀人……”

《陀斯季加耶夫和别的人》一剧,便是以这样一个史诗化的人物结尾的。

当笔者在筹备出版马·高尔基选集(第二版)的时候,曾经征求阿列克塞·马克西莫维奇的意见,要不要将当时已经写好的这两个剧本收入选集。阿列克塞·马克西莫维奇于一九三二年十二月二十一日回信说:“《布雷乔夫和别的人》与《陀斯季加耶夫和别的人》都不要收入,等我写好第三本戏,一并单行出版。”

第三本戏,据阿列克塞·马克西莫维奇说,叫作《里亚比宁和别的人》。

遗憾的是,高尔基因为事情繁多,这本戏没有写出来。所以感到遗憾,是因为里亚比宁是一个真正的布尔什维克。在《陀斯季加耶夫和别的人》一剧中,里亚比宁表现出聪明、乐观、有见地,他大胆地率领群众前进。高尔基只让他在第二幕中出现,但仍不失为高尔基创造的光辉形象之一。在高尔基的戏剧作品中,舞台上的“小世界”往往反映的是“大世界”,即历史。里亚比宁便是如此,他差不多只是一个群众角色,却表现出一个政治领导者、宣传鼓动者和群众老师的风貌。他教佳钦怎样写传单,称赞顿纳特讲话讲得好,十分幽默地向修道院女仆塔伊西娅做宣传,——形象何等丰满,栩栩如生,简直是写活了。所以,可想而知,第三本戏的内容必然是极其丰富动人的。

就阿列克塞·马克西莫维奇一九三二年十二月二十一日的信来判断,可以预期,他在一九三三年能写成这本戏。

一九三三年十月七日,阿列克塞·马克西莫维奇在瓦赫坦戈夫剧院看过《陀斯季加耶夫和别的人》的一次彩排之后,向剧院全体人员讲了话,对《陀斯季加耶夫和别的人》剧中人物提出了自己的看法。顺便也谈到剧中有哪些人物将在第三本戏中出现。

兹奉佐夫的妻子瓦尔瓦拉,据阿列克塞·马克西莫维奇说,将成为一个凶恶的反革命。兹奉佐夫将是“法律辩护员”,或者干脆是一个“会计师”。陀斯季加耶夫在新经济政策时期又走红，——他住别墅，举行宴会，自己还有小汽车。格拉菲拉（布雷乔夫的女仆）已经是党的一位工作人员，参加过国内战争。舒拉（布雷乔夫的私生女）“将向左转”。聂斯特拉司尼寄希望于庄稼汉（富农），他相信，“庄稼汉是不会变心的”。

从高尔基写的草稿和笔记中，我们可以看到某些补充。最大的一点补充，是格拉菲拉的死。里亚比宁在法庭上进行控诉。很明显，她是被富农害死的。卡尔梅科娃十年之后仍然同里亚比宁一道工作。塔伊西娅入了党，有些人指责她，说她“做过尼姑”。同志们在维护她。

草稿中有不少名字，不少人物是我们所不知道的。有一个农民，是富农的狗腿子，一切照富农的眼色行事，还有共青团员谢尔盖依卡等等。

但是也有我们在《索莫夫和别的人》一剧中看到的一些人物——工程师亚罗佩戈夫、富农西兰季耶夫、唱歌教员。

高尔基写完《索莫夫和别的人》之后，很快就开始写《布雷乔夫和别的人》一剧。《布雷乔夫和别的人》的创作，显然对《索莫夫和别的人》的命运是有影响的。这本戏阿列克塞·马克西莫维奇没有拿出来。不知是他不满意这本戏呢，还是想重新整理一番，以便将它纳入另一组剧本，——创作另一组剧本的想法是他构思《布雷乔夫和别的人》一剧时产生的，——但是，他想重新修改这一剧本，却是看得很清楚的。

一九三三年发生了一件事——少先队员巴维尔·莫洛佐夫，在他的父亲配合下，被富农们杀死。这件事使阿列克塞·马克西莫维奇十分震动。

高尔基决定在戏中反映这一事件，因此在草稿中，“唱歌教员”谈到菲利浦二世与唐·卡尔劳斯，谈到彼得大帝与其子阿列克塞，谈到伊凡雷帝及其儿子，并说都是历史注定要他们杀害儿子的[①]。根据草稿还无法推断，高尔基究竟想怎样写。

有一点是清楚的：他已经在一组剧本中表现了资产阶级在十月革命中的覆灭，现在想在这组戏中表现农村的革命，表现我党同富农的残酷斗争，表现以富农为代表的经济制度的覆灭。但是，关于这个时期的戏，留给我们的仍然只有一个——《索莫夫和别的人》。

二

早在一九二七年阿列克塞·马克西莫维奇便说过，他想写一本关于新俄罗斯的书。

他未来得及创作这部作品。但是他晚年许多手迹说明，他一直在构思这部作品。

他的特写集《在苏联》，像是这部书的草图，《英雄的故事》——像是这部书的一些个别画面。

地板打蜡工人、国内战争中的英雄扎乌萨伊洛夫，成为农村社会主义经济积极建设者的贫农妇女安菲莎，从红军中复员归来

①菲利浦二世是西班牙国王，与其子卡尔劳斯不和，卡尔劳斯死于狱中。彼得大帝、伊凡雷帝都是俄国历史上有名的皇帝，都曾处死自己的儿子。——译者注

的、如今在领导建立集体农庄的青年小伙子，——这都是高尔基笔下“既平凡，又伟大的人物”。

高尔基死后，从他的手迹中找到许多这一类的片段材料。我们且列举其中一部分：

第一个片段：

“生活并无多大意思，只是一种普普通通的生活。我这一辈的年轻人，过的都是这样的童年生活。”

从这两句开场白可以看出，所讲的故事应是属于这一类的。故事叙述者十六岁时志愿参加了红军，红军派他到白军中去执行一项任务。白军发现了他。将他逮捕。“他们折磨我们非常残酷，简直惨不忍睹……有一个同志，被他们用绳子套在头上，将绳子勒紧，用一根木棍子绞，绳子一直勒到骨头，眼珠子都凸出来了。”

第二个片段是《小伙子与姑娘们》。

“这是我的一些记录，是在不同的时期记的。我怎样听来就怎样记，一点儿没有夹杂我的个人创作。”

一九二〇年，尤金尼奇进攻彼得格勒。

“当时，我们大约有三十个人卧在地上……正前方，白匪在射击，子弹呼啸，战斗十分激烈！……突然发现左侧在灌木掩映之中，有一座独家宅院，这东西真叫人讨厌！而且从侧面对我们形成居高临下之势……同志们都有些疑虑：——这座房子会压住我们的火力的，撤离这里吧。

“大家已经从地上跃起来，开始撤离了。有一个和步枪差不多高的小鬼忽然喊道：‘同志们，不要走！我们来打仗，难道是要在敌人面前退却吗？我们要将这房子拿下来，要不就毁掉，同志们，冲啊！'他于是带头冲过去，有十来个人随他冲去，结果，房子没能占领，自然也没有毁掉，只好撤离……这时一个同志对我说：

"'那个小鬼呢？'

"'是啊，'我说道，'是要找到那个小鬼。'

"可是，他不见了，连他的名字我们都没有来得及问……"

第三个片段《茅塞顿开》。

这是一位守卫者讲的故事：

"在我参加的国内战争中，打仗是极其干脆的：在国内战争中，知道是在同谁打仗和为什么同他们打仗。可是沙皇发动的战争，就是说，帝国主义战争，就是一桩模里模糊的事情了，我现在倒是弄懂了，才不模糊呢，明明是一件十分肮脏的事情，可是那时候，我第一次打仗，又懂得什么呢？……布鲁西洛夫进军以后，我才恍然大悟。我们抓了大量的俘虏，我一看——就把他们五脏六腑看得清清楚楚！原来他们也是和我、和我们这些人一样，不敢反抗，没出息。我对他们说：'你们落到这一步，看你们怎么办？怎么会听那些混蛋东西、龟孙子的话，怎么搞的？……你们把你们混蛋的上司干掉，不就行了吗？怎么能听这些混蛋东西摆布？'我就这么朝他们喊，我是实心实意打心眼里对他们讲的……这时有一个士兵，是彼得格勒一个制钉工人，插嘴了：'鲁柯夫尼柯夫，原来你是布尔什维克呀！'我问：'为什么这样讲？'我当时甚至还有点怕哩，因为军官对我们讲到布尔什维克，那口气可严厉呢。那个士兵——他姓什么我记不清了——于是给我讲，是什么原因造成这种状况的。他讲着讲着，我于是懂了：对呀！我想：

‘原来是这么回事儿！嘿，这一下子我懂了，我过去为什么不懂呢？我明白了……’这个士兵讲到我心眼里去了，使我挺起了腰杆子。打从这时起，我就做了一名布尔什维克，从头到尾参加了国内战争。

“打仗一直打到一九二三年，后来身体太坏，支持不住了。不管怎么说，负过三次伤，被俘过，被打得死去活来，又害过两次伤寒，不管是谁，都是支持不住的！”

毫无疑问，这也是《平凡而伟大的人们》这组故事中的一篇。

第四个英雄人物是以书信形式写出来的：一个奥龙人“要到阿尔汉格尔斯克去打英国佬”，志愿参加了红军。负伤，被俘，跑到挪威，在挪威捕鱼，又跑回来，“在坦波夫省打安东诺夫匪帮”，入了党，做村苏维埃书记。遭到富农袭击、毒打，右肋打进一颗子弹，他亲手打死一个富农，去住了十一天医院，后来到工厂工作。

最后一个片段是：《神气人物叶菲姆·扎鲍特金的故事》。

“忽然之间，跳出来一个人！你瞧那样子——全身武装披挂，一身铜纽子放光，好不神气！简直像是两只腿的神像显灵了，真是威风凛凛！一下子窜上高台，两手挥舞着，讲了起来：‘同胞们，快来救救祖国吧；丈把高的德国人，还有许许多多别的鬼子，从四面八方攻进来了，我们要灭亡啦。’

“这时，蜡烛工厂的师傅索基林柯也跳起来说：

“‘算了吧！有两种祖国，一种已经有了，另外一种，还没有出现。要我们去保卫的是哪一种祖国？’

“又一个站起来说：

“‘扎鲍特金公民是在胡扯，扎鲍特金这号人他们才不怕德国人哩，他们把里加奉送给德国人，为的是要欺压老百姓，他们和德国人穿一条裤子，勾结起来欺压工人和贫苦农民。我们需要的祖国——是要把全部土地归农民，所有的工厂归工人，全部政权归工人农民；像这种讲漂亮话的人，连同他们的武装带、铜纽子，滚他娘的！'”

他们参加了国内战争，同邓尼金进行游击战，“我们总共剩下四十个人……有些人牺牲了，有些人像鸡毛一样，被吹得星流云散……我们三个五个一伙，到一些村子里去，装作是拥护白军，去找他们的……实际上我们有的是去探路，有的是去破坏桥梁……在一个车站上还弄到了煤油——烧了一个仓库，里面都是军需食品。有一次出去几个同志，没有回来，叫富农打死了……当然，也经常有贫苦农民、牧民帮助我们……我们在柯洛潘诺夫克一个铁匠家里，还有另外两三个地方，设有联络点。有一个很了不起的女战士，丈夫被打死了，她在一个哥萨克人开的榨油厂做工，这个妇女十分有本事，对我们帮助很大。她也被打死了。她身体是很结实的，我们一个同志看到她被毒打的情形……惨不忍睹……”

这些故事都应归入《英雄的故事》。笔者所以有这种看法，因为有这样一件事。有一次，我曾经问阿列克塞·马克西莫维奇，为什么一九三二年出版的《英雄的故事》一书只收了三篇故事。他回答说，他收集了许多材料，够写一部大部头的书，暂时出版这本小集子，为的是让这些故事早日和读者见面。

他于是讲了国内战争的一些英雄，都是一些默默无闻的人，实际都是英雄。他讲的故事我大都记不清了，只记得他讲得很有意思。可是，这个“神气的人”扎鲍特金的故事，我却记得很清楚。显然，阿列克塞·马克西莫维奇准备写一部描写苏联生活的大部头的《英雄的故事》。

高尔基准备写一部描写苏联生活的书，写许多默默无闻的人，他们正在完成改造国家的伟大使命，这一点，还有一件事可以证明。

一九一七年，他记录了这样一个场面。有一个大胡子士兵，头戴钢盔，身背步枪，穿的是十分破旧的军大衣，右臂用绷带吊着，站在大街上，四周围了有一百五六十人。许多人在斥责他，可是他纹丝不动地说：

“有些人说布尔什维克怎么不好——全是胡说八道！布尔什维克没有顺他们的心，叫工人和农民夺取了政权，他们没办法理解，所以就胡说八道。过去没有这样的事情，所以就理解不了。他们难以相信，因为这事情叫他们不快活……”

“这个士兵为了回答许多人的嘲笑，挺着胸膛向人群走去，一面挥动着左手，说：

“‘戴礼帽的先生，我老实告诉你：我们一定要把土地夺回自己手里，非夺回不可！我们要叫土地变个样子……’

“‘会变得像西瓜一样圆啦。’有一个戴便帽的先生讥讽地插嘴说。

“‘会这样的！’士兵斩钉截铁地说。

“‘大山也要铲平吗？’

“‘怎么不能？如果碍事。大山也要铲平。’

“‘河水也要倒流啦？’

“‘叫它往哪儿流，就得往哪儿流。老爷，你觉得好笑吧？……’

“回到家里，我记下了这一场面，记的时候，依然如闻其声，如见其形。我十分珍视这一场面，希望用来作为我构思已久的一部书的结尾。能有这个士兵给我作一部书的结尾，太可贵也太重要了，因为在他身上看出了一个人的觉醒，看出了一个新社会、新历史的创造者的精神面貌……如果他还活着，没有在国内战争的战斗中牺牲，想必他也正做着我们伟大时代的平凡工作。”

每当高尔基深入观察苏联现实生活时，总要满怀激情地想到这一形象。不难看出，《陀斯季加耶夫和别的人》一剧中的“大胡子兵”，也就是这同一个形象。

一九三五年，苏联一个剧院决定上演高尔基一九一〇年写的剧本《瓦萨·日列兹诺娃》。阿列克塞·马克西莫维奇听到此事后，通知剧院说，他不久可以寄去新的改写本。

果然，他寄去了该剧的新改写本，改写本做了很多根本性的改动，实质上成了一个新剧本，重新发表在《第十九年》丛刊第九期上，标题是：《瓦萨·日列兹诺娃》——改写本。

我们前面讲到，一八九八—一八九九年高尔基写了《福玛·高尔杰耶夫》，揭露了实业家这一阶级的实质，揭示了这个阶级最昌盛时期内部已在逐渐溃烂的过程。

高尔基在《个体的崩溃》一文中写了小市民，小市民当年曾经充满朝气，兴旺一时，有足够的力量“维护本身的利益”，生产条件没有超出个体力量所容许的范围。

“但是，随着技术的不断发展，以及市场竞争和资产阶级发财欲望的不断增强……个体的力量越来越不能适应大生产事业的要求……我们可以看到，资产阶级中神经衰弱症和犯罪现象越来越多,并且可以看到在资产阶级家庭的第三代中,就出现了不少典型的败家子。”

所以,高尔基提出工业资产阶级“败落”的主题,是有其社会背景的。

从这些理论性的阐述中,我们可以看出,《阿尔达莫诺夫的家业》这一题材的出现是很自然的,好比是为这些理论的阐述所做的一幅壮观的插图,这一题材显然当时没有写出,但进入高尔基的创作构思已经二十余年了。

在第一次革命的那些年里,高尔基搁置了这一主题。

但在一九〇五——九〇六年第一次革命之后,这时剥削阶级不仅稳定了下来,而且看起来好像在某种程度上更强大了,高尔基便重新提出了俄国资产阶级内部在崩溃和社会性的败落问题。

他提出一个问题——资产阶级究竟还能有多大作为,尽管它如今重新在统治着,而且也正是这个阶级当年创建了俄国的工业。

于是高尔基写了《瓦萨·日列兹诺娃》一剧。

取其姓为“日列兹诺娃”,用意是很楚的。在尼日尼-诺夫戈罗得有一句不怎么中听的俗话:房子是石头的,人都是铁心肠的。所以取其姓为“日列兹诺娃”[①]。

瓦萨是属于承袭祖业的一代商人。高尔基十九世纪九十年代在《福玛·高尔杰耶夫》中就写过这一类人——马亚金、舒洛夫等等。

①“日列兹诺娃”原文意思是铁的。取其冰冷、坚硬的特性,借喻铁石心肠、心狠手辣。——译者注

他如今写的是一个纵横捭阖的人物，此外，还是一位母亲。

在高尔基看来，妇女、母亲，乃是世间创造性生活的源泉。

对于高尔基来说，母亲这一主题，有怎样的意义呢？几乎全部《意大利的童话》都贯穿着这一主题。其中有一篇是这样开头的："让我们来歌颂妇女——母亲，因为母亲是所向无敌的生命的不尽的源泉。"——这篇童话叙述一位母亲去找侵略者铁木儿，要求把孩子还给她。

阿列克塞·马克西莫维奇非常满意这篇描写铁木儿的童话。德维尔地方的共青团要他推荐自己的作品，他说："你们就印发《意大利的童话》中那篇《母亲》吧。"

在他看来，这一主题是有极大意义的。一九二六年他在给米·马·普利什文的信中写道："我可是十分喜欢妇女——母亲这一主题的，我一直没有间断过构思这一主题。"

如今，瓦萨·日列兹诺娃也是一个母亲，而且剧本的副题也是《母亲》。该剧的主题，却是与母亲这一概念水火不相容的。

这个母亲——是一家工商业的老板，这个母亲——瓦萨——对自己的子女都要下毒手。为的是什么？为了支撑无人接替的家业。家族正在败落。

瓦萨在支撑着家业，但是她花在家业上的心血，而且是大量的心血，都是徒劳的。和她很亲近的儿媳妇柳德米拉说："我们家里就没出过好事情。"

不过剧中也有一个细节，是用来说明和象征这个人本来是可能有所作为的，这就是瓦萨培植的花园。

柳德米拉说："好妈妈，您的花园真美极了！我从小就喜欢花园，如今，每当我在花园里散步时，我总想到您，因为是您将大地打扮得这么漂亮……能将大地打扮得花团儿似的，这该多好！”

将大地打扮得花团儿似的，这对高尔基来说，意味着什么呢？

在高尔基写的长诗中，华西里·布斯拉耶夫说，他要：

……走一辈子——到处建造城市，
到处将教堂建筑，将花园开辟！

尽管瓦萨·日列兹诺娃这个不可一世的人物在自己的家庭中，在自己的商业活动中，总归是胜利者，但道义上的灭亡却是毫无疑问的，戏的悲剧性就在这里。这本戏是以瓦萨的话为结尾的：“我没有安宁的时候，从来没有安宁过。”

她毒死丈夫并没有换来安宁，心机用尽也没有换来安宁。

在这本戏中，如同当时构思中的《阿尔达莫诺夫的家业》一样，还看不到“结局”。如今，到了一九三五年，这种“结局”——社会主义革命的胜利——已经来临。于是高尔基寄出了新剧本。

在新剧本中，他不仅写出了瓦萨在道义上的灭亡，而且特别尖锐地表现出像她这样一种社会势力必将灭亡。

瓦萨是一家伏尔加轮船公司的老板，收养着自己小小的一个孙儿，希望将他抚养成人，由他继承自己的家业。她这个当妈妈的，对自己几个不成器的孩子，全是信不过的。但是，剧中出现了另一个妈妈——女革命家腊塞尔。

在这里，复现了《意大利的童话》中的题材——妈妈索还被俘的儿子，要从铁木儿——威风十足的伏尔加轮船公司女老板手里夺回自己的儿子。

瓦萨派自己的心腹人安娜到宪兵司令部去告发腊塞尔，自己也在家破人亡的残局中死去。

在《瓦萨·日列兹诺娃》的这一稿本中，一切都不同了：登场人物、各种类型都不同了，瓦萨的父称也不同了，不叫别特洛夫娜，而叫波利索夫娜，姓也不同了，不叫日列兹诺娃，而叫赫拉波娃；日列兹诺娃——这里用的是她那当过船长的醉鬼丈夫的姓。

一切都不同了，花园依然如故。柳德米拉不是儿媳妇了，而是个傻里傻气的女儿，瓦萨就是准备将花园传给这个“正派孩子”的。这个正派孩子却是个傻瓜和糊涂虫。

这便是改写后《瓦萨·日列兹诺娃》一剧的“结局”。

第五章

一

医生们曾经嘱咐阿列克塞·马克西莫维奇要到索伦托去过冬天。他一连去过了几个冬天，后来就决意不去了。

他不能远离祖国，祖国正在一日千里地前进，社会主义建设日新月异，因为他直接参加了各项工作，经常得回答许多问询，处理来信，接待来访者。

一九三三年春季，他从海路经伊斯坦布尔和敖德萨回国，从此再也没有离开过苏联。

别人给他在克里米亚南岸，靠近弗洛斯（即捷谢里），找到一个冬季气候宜人的地方。他便住在这里，除了进行一些别的工作和接待来访者之外，就是写作《克里姆·萨姆金的一生》，想尽快地完成这部著作。

高尔基在《克里姆·萨姆金的一生》中，运用了大量的新材料，创造了不少新的叙事方法。这部长篇史诗，证明他的创作力是永不枯竭的。

小说反映出许多历史事件之间错综复杂的关系，表现了许多人物在几十年生活中的悲欢离合。

大量的人物在读者眼前一一经过——各种类型的资产阶级分子、各种派别的知识分子、农民、工人、“各种身份”的人物。

一九二六年夏天，高尔基就拟定了将小说分为三卷的写作计划。

最后一卷创作（从一九二八年秋天开始）的进度，比前两卷慢了，因为阿列克塞·马克西莫维奇一九二八年回到苏联以后，在苏联文化界担任了大量的组织工作和编辑工作；这一时期，也是他的文学活动新时期的开始。这时他大量地写政论文章，此外还要创作短篇小说和特写，并且还在写剧本。

一九三一年，阿列克塞·马克西莫维奇决定发表《克里姆·萨姆金的一生》新写成的一部分，不再等全书写完。这一部分后来被称为第三卷，里面写的是一九〇五年十二月莫斯科起义波澜壮阔的场面以及接踵而来的一些事件。

阿列克塞·马克西莫维奇将此书寄给罗曼·罗兰时，在附信中将这一部分叫作第三卷的第一部，并且告诉他，还剩下十个印张了。

一九三二年十二月二十一日，阿列克塞·马克西莫维奇写信给本书作者说：

“我正在写《克里姆·萨姆金的一生》。材料像喷泉似地涌来！材料过多，对于我们竟也成了一件难事。”

就这样，十个印张又变成了厚厚的一叠手稿，在作者死后出版时便成了小说的第四卷。

手稿写到二月革命的一些场面时中断了，可以说，是突然中断的，——因为死亡，高尔基没有写完他创作了十年以上的这部作品。

最后一卷依然是草稿，没有完工，有的地方还欠功夫，各种不同的稿本中都有一些场面发生重复。但是，细读手稿，还是能将全文大致连贯起来读通的，并且也能确定一些稿页上的许多添写部分应当插到什么地方。

多条故事线索的发展，人物的转换，人物性格的发展变化以及人物的归宿——这一切没有高尔基那天才的艺术之笔精心描绘是不行的。

阿列克塞·马克西莫维奇晚年一封信中说，每当他回想过去，回想日期、事件发生的前后顺序时，他发现自己脑子的“负荷功能”开始“出问题”了。

他写道，但是，“我对身姿、脸型、景物的视觉记忆”依然是很强的。“这就能够纠正我理性记忆的错误。”

历史小说作家创作作品靠研究材料和创造性的想象。高尔基创作长篇史诗则靠想象和记忆。

要将几百个人物表现为生动的形象，这些形象必须具有社会意义、合乎历史实际，而且要写得栩栩如生，每一个人物都要使人一见难忘，——要创作这样的作品，需要何等艰巨的创作劳动，需要多么不同寻常的记忆力！

但是同时，高尔基的小说也不能认为是冷漠地叙述往事的一种“历史纪事”。

高尔基最后的一部创作，同时也是对于伟大人民争取幸福、战胜统治势力和旧社会残渣余孽的斗争的一次最后的战斗献礼。

塑造出克里姆·萨姆金——书中这样一个中心人物，为什么如此重要呢？

因为这个人物是和社会生活环境以及历史时代紧密地联系在一起的，作者巧妙地使这个人物的经历与时代的历史交织在一起，这个人物超越了本身的范围，并且因为进行了高度的艺术概括，已经成为世界文学典型之一。

阿列克塞·马克西莫维奇在苏联作家代表大会上说：

“关于市侩，我们过去和现在都写了很多，但是还未能用一个人物、一个形象将市侩特性体现出来。必须通过一个人物将市侩特性描绘出来，而且要写得像浮士德、哈姆雷特等世界典型那样丰满。”

萨姆金刻画得合乎历史实际，有一系列的文字材料可以证实，这类材料从高尔基青年时代就有了。

阿列克塞·马克西莫维奇年轻时就注意到，有的年轻市侩常常拿出一套套的哲学理论作为自己的幌子。

当时许多优秀人物注意到这些资产阶级好逸恶劳的代表人物，感到十分担心，将他们称作“八十年代人物”。

譬如，十九世纪八十年代后期民主知识分子的领袖尼·瓦·舍尔古诺夫在一篇文章中，对当时的资产阶级青年做了这样的评价：

"十九世纪八十年代人物——是一些讲求实际到了家的人物。他们对一切事情格外冷淡,没有任何理想和抱负,格外爱惜自己和自己的身体,在任何情况下都不肯做一丝一毫的牺牲。"

这是对萨姆金这一类型的人物十分恰当的评价。必须看到,高尔基正是从历史环境的最深处挖掘出这一人物,并加以概括,达到了世界典型的高度,从而塑造出这一形象。

二十世纪初,在第一次革命蓬勃发展时期,这一类人物一面是格外地"爱惜自己和自己的身体",一面极力装成拥护革命的样子,但他们一心盼望革命风潮早日过去,到头来他们又可以在资产阶级上层社会知识分子中取得一席稳固而安全的位置。

毫无疑问,高尔基多年来十分留心观察这些经过乔装打扮的市侩,并且在《小市民》《避暑客》中描写了这样一些市侩。这些人在某种程度上都是他的"旅伴"[①]。难怪他在这部史诗里面写了萨姆金在一九〇五年一月九日那一天将一些文件转交高尔基本人的场面。

"进来一个人,个子高高的,高高的颧骨,头发黄中带红,穿着一件奇怪的上衣,没有纽扣,是在左边用钩扣扣住的;脚上穿的是一双深筒靴;别看那一头的头发那么长,而且直挺挺的,这人很像是一个便装的士兵。他用手擦了擦眼睛,向左边一个门走去,萨姆金将屠罗波耶夫写的东西递给他,他激动地朝萨姆金的脸上、朝手里的东西匆匆看了一眼,一言未发,便同莫洛佐夫一块儿

①本书前面提到,高尔基年轻时曾和一个人相伴漫游了一段时间,结果那个人欺骗了他。他后来将此事写成了小说《旅伴》。这里便是借这种含义,比喻一些曾经和他一起"革命",后来走上反革命道路的知识分子。——译者注

走了。”

阿列克塞·马克西莫维奇谈到萨姆金时，写道：

“一九〇五、一九〇六年以后，我对这类人物十分厌恶。以前，从我年轻时起，对这类人就不大信得过。”

正是在这个时候，——一九〇五、一九〇六年第一次革命之后，——高尔基开始构思：将这种类型的人物概括为一个形象。

萨姆金一类人物，在反动年代里，曾经红得发紫。

神秘主义、唯美主义、色情充斥文坛，这都是害怕革命再一次爆发的不同表现。同时资产阶级知识分子中的头面人物号召要忠于专制政体，如他们在《路标》这本集子里说的，要用刺刀保卫它，不能让它受到“老百姓暴乱”的侵犯。

高尔基在苏联作家代表大会上说：“……从一九〇七年到一九一七年这十年，完全够得上称为俄国知识界历史上最卑鄙无耻的十年。”小说第四卷有很大一部分是写这一段不光彩的时期的。

应该说，这是高尔基的讽刺手法最卓越的表现之一。出色地描绘了这样一群人面临民主新高潮时的恐惧心情。只听得风声不时地传来，那是革命战士们的工作所引起的反响，为首的革命战士便是布尔什维克库图佐夫，这是一位坚强、愉快、十分令人喜爱的人物。

第四卷和小说前数卷一样，提供了丰富的历史知识。但最后一卷在艺术技巧上达到了更高的程度，风格更为简洁，材料编排更为严密，而且行文叙事波澜起伏，空前生动有力。

整个第四卷是一个有机的不可分割的整体，几乎无法分段进行剖析。只能讲得出有哪些精彩的场面，这些场面可以加入俄罗斯散文最高成就之列。柳托夫自杀，狱中别兹别托夫在塔基里斯基和萨姆金面前受审，塔基里斯基被杀，萨姆金探访富农，——萨姆金探访富农的场面，其讽刺之辛辣，从谢德林以后，俄罗斯文学中还不曾有过。萨姆金的追随者、市侩式的民主主义者、战争时期成为投机商人的德洛诺夫这个人物也是写得十分丰满的，如他自己说的，他"第一次尝到了革命的耳光"。

各种意见争论不休，各种事件层出不穷，有小事，有大事，令人悲伤的事，使人发笑的事，——这里边却有一个人眼望着各种大事暗中打主意，他藏而不露，很少讲话，小心翼翼——这个人就是克里姆·萨姆金。

"时光过得飞快。时光自知是没有形迹的东西，便在一篇篇激烈的言论和一连串的空话之中无声无息地流逝，连一丝一毫灰碴儿也不留下。克里姆·伊凡诺维奇·萨姆金听到许多事，有许多事他也身在其中，但是像悬在空中似的，冷眼看着波澜壮阔的时代大势从身旁流过。许多事情从他眼前过去，有的触及了他，刺痛他，叫他难受，有时还叫他害怕。但是，一切都会过去，他依然不动声色地在做生活的观众。他觉察到，他对自己韧性的自我欣赏，他的独立不羁精神，越来越强了。他还不能自诩是一个心若止水的人，因为凡是遇到直接涉及他个人的事，他心里总是无法平静。"

克里姆·萨姆金是一个什么样的人物？是以"精神高贵"为掩护的一个市侩。这样一个生活在无产阶级革命蓬勃发展时代、被历史的巨雷吓破了胆的市侩，是旧世界死心塌地的奴才。

他十分自负，八面玲珑，一心想凌驾于众人之上；十足地圆滑、虚伪、口是心非；又胆小如鼠，决不同对手进行任何正面冲突；并且最贪图享受、个人舒服和精神安逸。

为了追求这样的个人生活理想，再不肯认真行事，他玩的是两面取巧的把戏，——正是因为这样，他干尽了背叛、出卖的勾当。

小说中通过精心安排，各种叛卖活动都有一条黏性的线，好像是自动地从四面八方伸到这位“忠实的”萨姆金身上。

萨姆金常常以“独立不羁”和“韧性”自诩，他说，因为这样他才逃避了“现实的压力”。而实际上他逃避的是日益高涨的群众觉悟对他造成的压力，因为他觉得私有者的社会才会有舒适、温暖的生活，只有这样的社会他才感到亲切。萨姆金是资产阶级最忠实的奴仆。

当资本家别尔德尼柯夫要他去干一桩欺诈的勾当时，这位“独立不羁”的萨姆金叫道：“您发疯了！”别尔德尼柯夫将他按在墙上，直截了当地对他说：“你倒是个聪明人！你的聪明管屁用！能不能用你的聪明堵窟窿？”

萨姆金确实只能用自己的聪明给资本主义堵窟窿。这是在资产阶级同无产阶级革命进行殊死搏斗时期，穿着高贵的知识分子外衣的一条不折不扣的资产阶级走狗。

高尔基将萨姆金始终置于似乎要同革命进行搏斗的境地。一九〇五年的许多事件是通过萨姆金的观感反映出来的，但是这些事件并未因此失去其重要色彩，相反，倒是更鲜明地呈现在我们眼前。

“看起来，各种事件的声势越来越大了，而且都在朝着一个方向迅猛地飞奔，他能记得的只是一些响亮的，像是闪光的连在一起的字眼，只是一些像报纸标题那样简短的句子。报纸在大声疾呼，一些讽刺性杂志粗野地发出嘘声，卖报人在叫喊，人们都在叫喊，每天都有新的题目：'水兵起义！'——一个声音这么一喊，跟着又有一个声音隆重地宣称：'争取八小时工作日！'萨姆金还没有来得及将这两件事情联系起来好好想一想，又听到：'彼得堡工人代表苏维埃决定：争取八小时工作日的斗争暂停。宣布举行罢工，抗议杀害喀朗施塔得水兵；黑海舰队起义。'每天都有人在讲，农民捣毁地主的庄园，有的感到恐慌，有的感到高兴。夜里萨姆金经常看到冬日茫茫的大地上，到处是焚烧房屋的大火山，照耀得大地如同白昼；一根根火柱像从大地深处升起，四面八方，在白得耀眼的土地上，农民起义的浪潮，恰像是一座座爆发的火山，发出天崩地裂的巨响，喷吐着黑色的岩浆。"

当莫斯科涌现出林立的街垒时，萨姆金住的房子恰好落到了两个街垒之间。同士兵进行战斗的场面，街垒守卫者的活动，打死保安局奸细的细节，萨姆金对革命的恐惧——这一切，高尔基都写得如闻其声，如见其形。

皇家禁卫军、谢苗诺夫炮兵团从彼得堡开来了，守卫者撤退到布列斯尼亚以保存革命实力。

萨姆金轻松地舒了一口气，但继而一想却有些着慌："我无意地和作乱的事有些牵扯，会被看作有意参加的……"

过了几天，他已经在窗前观赏消防员拆除街垒了。

"萨姆金看到，冰块飞开，露出街垒的骨架，两个消防员砸开一条长沙发的椅背，将里面填塞的破麻团往外掏，又一团一团地扔给另一个消防员，那人跪在地上，在制服袖子上擦火柴；一根一根的火柴擦着了又熄灭了，但终于有一根燃了起来，这个消防员将它朝破麻团里一插，欢蹦乱跳的火星很快就向四面八方窜去，火星不见了，突然变成了红色的火苗；这时，有一个消防员举起一个大桶，将桶里装的碎草、刨花撒到火上；冒起了一阵灰色的浓烟，这位消防员将大桶罩到烟火堆上去，烟冒得更浓了，可是过了一会儿，从大桶底下吐出了红红的火舌……

"'真好看！'萨姆金小声地说……

"他觉得这情景很动人，他似乎觉得街垒烧得可惜，可同时不知为什么又觉得值得感谢。"

萨姆金就是这样从"审美的角度"观赏了莫斯科起义的结局。他甚至觉得，消防员们个个都像古罗马军团的武士。

萨姆金因为怕将自己当成街垒的构筑者，便离开了莫斯科。

萨姆金过了两年以后回到他住的房子，突然看到管院子的尼古拉，他原是街垒守卫者，起义失败后到乡里去了。

"又回来啦？"萨姆金问道。

"嗯，又回来了。克里姆·伊凡诺维奇，农村里也不好过，还有点儿可怕。"

"是怎么一回事？"

"官府对一九〇五年的事十分恼火。弄得庄稼汉不得安生。我有一个堂弟，判了四年苦役；还有一个邻居，是一个聪明能干、安分守己的庄稼汉，也给绞死了。为了多少年前一点屁大的事，连婆娘也要处罚！官府简直搞得……不像话！"

萨姆金想："他是做了暗探呢，还是认为我……依然是他们的人呢”,——这两种情况他觉得都很危险。他于是又离开了莫斯科,但是莫斯科起义的事,他脑子里还是摆脱不掉。

一九一四年,他因为法律上的事,同富农杰尼索夫和符洛林柯夫一起来到诺夫戈罗得省,碰到了庄稼汉马克西姆·洛夫佐夫。洛夫佐夫是代表农民团体前来提要求的。

“都要怪一九〇五年的事……莫斯科的事真害死人。”杰尼索夫愁眉苦脸地插嘴说。

“一点儿不错!”符洛林柯夫附和说,“莫斯科的事害死我们,害死俄罗斯……确实如此,一点不假!……是的,都怪莫斯科的事。一九〇六年,本村的庄稼汉谢尔盖·鲍斯特尼柯夫回到村里,他在莫斯科给人看了三年院子,原来也是一个安分守己、脾气温和、会干活儿的汉子……他也干起这类事情,结果给抓了起来,带到诺夫戈罗得,给绞死了。现在办事情很干脆:今天判了,明日一早就执行。”

萨姆金后来还是免不了听到有人提起这一类的事。“无意之中碰到的一些熟人”——街垒的守卫者,经常让他碰到,躲也躲不及。

萨姆金常常碰到火线上的“雅柯夫同志”;常去找德罗诺夫取钱的鲍雅尔柯夫还在那里工作;他看到铜匠的学徒当了新兵;德罗诺夫的朋友杜那耶夫做了拼版工人;拉夫鲁什卡成了无产阶级诗人,萨姆金经常在列昂尼德·安德列夫家里碰到他。

在一九一七年以前的许多年中,萨姆金一直觉得莫斯科事件像影子一样地跟定了他。

萨姆金十分不满意布尔什维克的报纸“讽刺、挖苦、语气粗鲁、表达意思一点不含蓄”。但他觉得无可奈何的是,“他们的材料都以社会科学的道理阐述得清清楚楚,叫他驳也驳不倒”。

萨姆金狂热地想在资产阶级社会中取得有权有势的地位,但他的才能和毅力都不够用,既当不了作家,又当不成政党领袖,也干不上临时政府的部长。根据未定草稿来看,他在二月革命之后,被派往前线去劝说士兵,在自发性的撤退时被炮车撞死了。

小说现有的结尾是:在道利达宫里,二月革命的第一天,在一片嘈杂、喧嚷、拥挤、混乱之中,有一个士兵坐在地上修理机枪。

他什么都不去管,用两腿将机枪夹住,专心致志地在检修。

这是第三次用士兵作为十月社会主义革命战斗的预兆。他一心一意地在修枪。

从未定草稿中可以判断出来,小说中的园场是列宁回到彼得格勒的场面。还保存着描写这一场面的一些零星字句:

> 萨姆金来到芬兰车站广场观看列宁回国的情形,站在工人群众中。
>
> 装甲车周围,挤得水泄不通……
>
> “社会主义革命万岁!”
>
> 声音不高,但全场都能听得见。
>
> 人们波动着。
>
> “喂,听见没有?”
>
> “列宁同志,我们准备好啦。我们都懂得,同志,你说是不是?”

"伊里奇！——就这样的，"一个人走上前去说道："您好，伊里奇！怎么样？"

他不知怎地进入群众中去，不见了，消失在人群中了，但是群众声势显得更大，似乎更雄壮了。

他讲的话十分简单、扼要、有说服力——这就尤其叫他听着不入耳。

萨姆金觉得，列宁是他的敌人。

回想起来觉得很奇怪，觉得很遗憾：这个人名声那么大，千万人都听他的话。

小说没有写完。高尔基自一九二八年起担负的大量工作，使他搁置了《克里姆·萨姆金的一生》的创作，只是有时候，如他在给谢·巴·鲍得亚乔夫信中那样，谈到他的工作太忙时，才想起"我的《克里姆·萨姆金的一生》还没有写完"。

这时他的健康状况越来越坏了：有时一天需要给他输供大量的氧气。这时他倒是顽强地动手写起小说来了。一九三五年秋天，他给本书作者的信中说："我正在写《克里姆·萨姆金的一生》。想在今冬完成。"下一封信中又说："我在拼着老命写。"

一九三六年三月二十二日。他好像预感到自己不久于人世，给罗曼·罗兰写信说：

"天天在干，一样都没干成，疲劳得要命，而且——真有点儿扫兴——今天我大量咯血。这自然不要紧,不过总是十分讨厌,特别讨厌的是家里人、朋友们露出惊慌的神色,有的还安慰我:不要害怕!可我怕的就只有一点:这颗心不等我的小说写完,就停止跳动。”

果然不出所虑:小说没有写完。

一九三六年六月十八日,高尔基与世长辞了。

二

高尔基辉煌的历史功绩是,在工人阶级与资本主义进行决战的时代,他写出大量的艺术作品,启发广大读者群众的革命觉悟;他的功绩是,用自己的艺术作品、政论,以及直接参加组织领导、参加革命工作,不断地提高群众为共产主义胜利而斗争的战斗意识。

一九一〇年,符·伊·列宁在论俄国伟大作家列夫·托尔斯泰的文章中写道:

“通过他的嘴说话的,是整个俄罗斯千百万人民群众,人民群众已经憎恨现代生活的主人,但是还没有去同他们进行自觉的、一贯的、坚持到底和不调和的斗争。”

而马克西姆·高尔基,则是不仅已经憎恨“生活的主人”,而且已经在“同他们进行自觉的、一贯的、坚持到底和不调和的斗争”的千百万被剥削群众在文学中的代言人。

历史表明,一个伟大的作家——群众的代言人,他的一生,本身似乎就象征着群众觉悟艰苦的提高过程,象征着群众顽强不息的战斗历程。

他写道：

“我渐渐地形成了顽强不屈的性格。生活环境越艰苦，我觉得自己越坚强，甚至也越聪明。”

可以说，高尔基与之一同成长的俄国工人阶级，随着他们反抗封建专制国家与资本主义剥削制度斗争的发展，同样也感到自己越来越坚强，越来越聪明。

当迎接新俄罗斯降生的暴风雨来临时，高尔基成了这暴风雨的报信人和号手。哺育高尔基的群众力量，首先是民主力量中的先进分子、工人阶级及其政党。

高尔基整个文学活动饱含着一种热烈的希望，希望唤醒人民积极发挥创造性的力量。他在一封信中写道：“‘前进——向上！’——您晓得，这是我的老一套，——也许我就只有这一套了。”

寥寥几个字，何等凝练。但是这里面反映出整个时代前赴后继的无数次奋斗和一次次伟大的胜利。

论意志、论劳动，高尔基都称得上英雄好汉。他在一九一〇年，在他的文学活动遇到困难时写道：“我这个够倔的俄罗斯人，年轻时就装够了火药，火力够多年用的。”

确实，高尔基一生表现出惊人的毅力。在第一次俄国革命前夜，他的名字是革命暴风雨的旗帜，他在列宁领导下创办了第一份公开发行的布尔什维克报纸，参与发动莫斯科十二月起义，在国外进行宣传，揭露进攻祖国的反革命势力，在反动年代里，他紧密地同列宁配合进行工作，给布尔什维克的刊物热情地写文章，予以支持，在一般性的刊物上，从不停息地发表战斗性的文章，提倡民主主义的文学，反对文学表现颓废、忧伤、卑躬屈膝、色情、放荡和宗教的伪善说教。

在侨居国外的年代。高尔基就经常和列宁通信。高尔基在他的列宁回忆录中写道："他对我的态度，是一个严师和一个和善的、体贴入微的朋友的态度。"

确实，列宁给高尔基的许多信中饱含着友谊，饱含着列宁对高尔基的生活、工作条件和健康状况的极大关怀，同时，如果高尔基在政治上迈错了步子，如果发表了与无产阶级斗争的理论和实践相悖谬的错误观点，列宁也决不放松对他的严肃帮助。

一九一七年，高尔基不能理解和正确估价无产阶级革命的力量和声势。但是布尔什维克的正确性和他与工人阶级血肉般的密切关系，消除了他认识上的动摇，使他摆脱了外来的影响，使他的精神力量投入社会主义新社会的事业中去。

布尔什维克党、党在苏联的一切活动，对他来说，乃是鼓舞他进行艺术创作和写作大量的政论文章、从事大量的组织工作的不尽的源泉。

他伟大的艺术创作，久已获得世界历史意义。一八九九年，高尔基的一些作品就已经译成德文、法文和英文。《福玛·高尔杰耶夫》和《三人》在欧洲和美国有很多版本。

法国民主作家查理·路易·菲利普一九〇一年写道："出现了一位才华惊人的俄罗斯新人物——高尔基。"同一年，杰克·伦敦写了一篇论《福玛·高尔杰耶夫》的文章，文章中说，本书作者是"一只牛虻，用力在螫人类沉睡的良心，要将良心螫醒，推动它去为人类战斗"。

但是这一切只不过是《底层》一剧取得巨大成就的前奏，该剧最初在柏林上演，随后遍历欧洲各国的舞台，引起文学界极其热烈的评论。

高尔基因一月九日事件被关进彼得罗巴甫洛夫监狱的时候，伟大的法国作家阿纳托利·法朗士写道："像高尔基这样的人，是属于全世界的，全世界都应当起来保护他。"

一九〇七年，高尔基写成了《母亲》，直接影响了欧洲无产阶级。资产阶级读者冷淡了。但是这部小说成了各国无产者家喻户晓的书。高尔基成了无产阶级文学，或者如我们现在听说的，社会主义现实主义文学的创始人。

英国作家拉甫·福克斯在伦敦纪念高尔基的大会上谈到《母亲》时说："全世界有不少人开始参加政治活动是受了《母亲》的影响。"安得列·维奥里斯写道："年轻时候读了《母亲》，我受到极大的启示。"昭捷弗·菲尔曼写道："高尔基不仅是属于他自己的国家的。他是国际无产阶级敬爱的诗人。"德国作家约翰内斯·贝歇尔在报告中说："马克西姆·高尔基不仅仅是无产阶级人道主义的奠基人。在世界文学史上，他是第一个实现人道主义的人。"萧伯纳写道："高尔基的人物身上都带着革命的气味。"伯恩哈德·克勒曼写道："我认为马克西姆·高尔基是第一个无产阶级作家、伟大的诗人、革命预言家。"艾尔斯金·柯尔杜艾里写道："他是真正的无产阶级作家。高尔基的一生及其著作具有世界意义。"

在法西斯刑讯室中受尽摧残的反法西斯战士、革命作家埃里希·米萨姆谈到高尔基时写道："现代人还无法判断现代作家今后能够在历史上生存多久，但是可以从一个作家对世界大事进程的影响来衡量他的价值。”

亨利·巴比塞、海因里希·曼、马丁·安德森-尼克索、列奥纳尔特·弗朗克、埃普顿·辛克莱、约翰·高尔斯华绥、伯恩哈德·克勒曼、克努特·哈姆生、西奥多·德莱塞、若尔日·杜阿米尔、雅柯勃·瓦谢尔曼、托马斯·曼、阿尔杜尔·什尼茨列尔、塞尔玛·拉绮洛敷、格拉则阿·杰列德拉、谢尔沃特·安德森、路易·阿拉贡、约翰·斯坦贝克、萧伯纳、赫伯特·威尔斯,还有很多别的作家,都评论过高尔基。甚至有一些在思想气质与创作方法上与他迥然不同的人,都推许他为伟大的艺术家。“我还没有遇到别的现代作家,能够像他一样使我这样感动。”(克努特·哈姆生)“高尔基首先是一个具有雄伟气魄的人,一个使人崇拜、使人爱戴的巨人。有过不少伟大的作家,但是从来没有一个人能够像高尔基这样,将千百万工人与农民的命运,写进自己不朽的作品。”(埃普顿·辛克莱)“他的作品永远是无人能超越的杰作。”(赫伯特·威尔斯)

欧洲文坛上这些名家,尽管在政治观点上与高尔基往往大相径庭,但承认他在世界文坛上的伟大作用,因而对他如此推许。

思想风格相近的作家,认为他是人民群众的代言人,是俄罗斯人民的喉舌。李昂·孚希特万格写道:“通过马克西姆·高尔基作品中的形象,全世界所听到的不是若干个别的俄罗斯人的呼声,而是第一次听到整个俄罗斯人民的呼声,而从俄罗斯人民的这种呼声中,听到了所有被压迫、被奴役人民的呼声。”孚希特万格说,西方有不少评论家,极力想故意不提我们时代这一最伟大的俄罗斯作家,“休想将马克西姆·高尔基从世界文坛上抹掉。到处有他的足迹。高尔基的著作培育着读者,也培育着作家。”

斯蒂芬·茨威格在维也纳纪念高尔基的讲话中说:“高尔基洞察一切的慧眼,是现代有数的真正奇迹之一,其观察之真切与准确,在现代艺术界,我还不知道有哪一个能够差强与之相比。他像一面水晶做成的仙镜,没有一丝神秘主义的阴影,没有一毫虚饰的痕迹,既不扩大,又不缩小,不歪曲,也不扭斜,不粉饰,也不掩盖,——这双慧眼看得既准确又清楚,而且准确无比,清楚得惊人……高尔基这种慧眼的由来就是真理。”

斯蒂芬·茨威格是奥地利大作家,这样评论高尔基,可见他对高尔基是何等敬佩。

海因里希·曼写道:

“高尔基扩大了文学创作领域,为世界文学开辟了新的途径,指明了新的前景。”

亨利·巴比塞的评论文章开头这样说:“我认为马克西姆·高尔基是最重要的作家之一,甚至从我们的社会观点来看也是最重要的作家。依我看,这首先是因为其作品的文学价值,也就是说,因为其作品的优美和强烈的感染力。”

著名的美国作家谢尔沃特·安德森高度评价高尔基对现代作家的影响:“我们有谁没有受过这个人的影响,没有受到他的人道主义精神、他的天才的影响?他是整个现代创作真正的父亲。”

雅柯勃·瓦谢尔曼写道:

“伟大的艺术家和热情的宣传家马克西姆·高尔基,无疑是影响现代整个欧洲文学的一位作家。”

德国大作家贝托尔特·布莱希特着重强调高尔基的影响,他说:“高尔基的创作在俄罗斯文坛和世界文坛上毫无疑问具有崇高的艺术意义和政治意义，这是用不着任何证明的……《母亲》即使不是写得那样动人，甚至仍不失其巨大的意义与影响……”

亨利·巴比塞、路易·阿拉贡、约翰内斯·贝歇尔，还有一些西班牙的反法西斯作家，虽然途径各有不同，但都是直接受益于高尔基的学生。

但如果要论作家之间真正的、有益的友谊和互相影响，那自然要数罗曼·罗兰和高尔基之间的关系。

罗曼·罗兰写道：“……我将自己的根朝欧洲深处伸去，为的是要插进俄罗斯人民肥沃的土层，插进苏联深处沸腾的丰富生活中去吸取养料，插到最后，我的根碰到了高尔基的根。两个人的根在地下亲热地交错到一起。这会儿，我们这两个处在欧洲两端的同志的血都混在一起了。”

从高尔基写第一封信要求罗曼·罗兰为孩子们写贝多芬传的时候起，两位伟大作家在创作上互助协作已经有二十年了。但是，罗曼·罗兰回忆过在这之前他对高尔基的初步印象。他写道：“他年纪比我轻，可是那时我觉得他比我年长，因为他在欧洲已经极有名气的时候，我刚刚开始写作。我曾经讲过，他有一张照片，是同托尔斯泰在雅斯纳雅-波良纳照的，是我们的小小编辑室中唯一的装饰品……这两个形象是我们的自由和真理的卫士。”

罗曼·罗兰说，《约翰·克利斯朵夫》有一部分是照他们的共同看法写成的。确实如此。

《欣悦的灵魂》[①]，特别在后两卷中，就其对各种社会问题的态度，就其对资产阶级文化的批判，就其愤懑的情致、探索民间创作

①这是罗曼·罗兰的另一部巨著。——译者注

以及其积极的革命人道主义，都可以明显地看出高尔基的影响。《欣悦的灵魂》的哲学社会思想的设计，都紧密地联系着两个朋友之间不止一次讨论过的、有时候是“默契”的议题，这样的议题同样也成为高尔基作品的主题。

一九三五年，罗曼·罗兰来到苏联，在他的同志和好友高尔基家里度过了几个星期。罗曼·罗兰很想学会俄语，便可以和高尔基直接倾谈。高尔基对罗曼·罗兰的影响是特别显著的。

罗曼·罗兰写道：

“列宁去世以来，高尔基的死，乃是人类最大的损失，这是千百万人的感觉，也是我的感觉。”

高尔基影响所及，不仅限于西方，而且也遍及东方。中国人民将伟大的作家鲁迅称为“中国的高尔基”。

鲁迅是同一切旧传统彻底决裂、为现实主义的人民艺术披荆斩棘的先锋战士。鲁迅的朴实风格，他对民间创作、民间谚语、口语的热心探索，都是受过高尔基影响的。

革命取得胜利，中华人民共和国成立之后，中国将高尔基推许为最伟大、最敬爱的作家。高尔基作品的翻译和出版额大量增加，高尔基成了人民伟大的老师和良友。

* * *

一九五一年六月十日，在莫斯科白俄罗斯车站前的广场上，也就是一九二八年欢呼跳跃的人民群众迎接作家从国外归来的地方，举行了伟大的俄罗斯作家马克西姆·高尔基纪念碑隆重的揭幕仪式。

首都人民纷纷来到纪念碑前，将鲜花献到纪念碑脚下，直到深夜人流不息。纪念碑前，很快地堆成了一座花山。

人民默默地、怀着深沉的敬仰心情川流不息地向作家献花，又一次反映出全体人民的热爱，人民热爱这位天才的俄罗斯作家、伟大人民的伟大儿子、为和平和共产主义胜利冲锋陷阵的战士。

岁月在流逝，但我们永远不会忘记高尔基。他如今还同我们战斗在一起，反对战争狂人企图将世界推入新的战争深渊；他如今仍在共产主义建设者的队伍里，奋勇战斗，夺取共产党最终目标的胜利。

译后记

高尔基在世界文学史上占有划时代的地位。他是无产阶级文学的奠基人。他培养了一代苏联作家，世界上许多现代作家都受到他的熏陶。他是人类文明史上有着深远影响的灿烂的明星。

鲁迅评价高尔基时说："他的一身，就是大众的一体，喜怒哀乐，无不相通。"（《且介亭杂文末编·关于太炎先生二三事》）这是很中肯的。高尔基和鲁迅一样，"俯首甘为孺子牛"是一个方面，另一方面便是"横眉冷对千夫指"。高尔基一生与无产阶级的敌人，与混在人民营垒中的市侩势不两立，对他们的进攻从不停息。在翻译过程中，他与人民血肉相连的感情，对敌人、对市侩水火不容的态度，常常给我们很深刻的教育。

这本《高尔基》初版于一九五八年，是《名人生平》丛书之一。本书作者格鲁兹杰夫是最有权威的研究高尔基的学者，又是高尔基生前的好友。他以研究高尔基为终生事业。一九二五年发表第一本专著《马克西姆·高尔基》，以后相继出版《高尔基的青年时代》《高尔基的生平与遭遇》《高尔基的生平与创作》《现代欧洲论高尔基》《高尔基》《高尔基及其时代》《柯罗连科与高尔基》《高尔基与法西斯主义》，电影脚本《童年》《在人间》，话剧剧本《阿廖沙·别什柯夫》以及《回忆高尔基传》等。格鲁兹杰夫一九六〇年去世。这本《高尔基传》是他最后完成的一部著作，可以认为是他毕生研究高尔基的总结。

本书是根据苏联青年近卫军出版社一九六〇年版本（第二版）译成的。

本书主要是力冈译的；第二部中近四万字是戴皓翻译，经力冈校订的。

这样一本传记作品，涉及的知识面很广，我们的水平有限，译文中错误、不妥之处在所难免。望读者和翻译界同志给予指正。

译　者

一九七九年十月